余 菁◎著

世界大变局下
跨国公司的演进与成长

Global Mindset

The Evolution and Growth of
Multinational Corporations in an
Era of Global Transformations

全球思维

经济管理出版社
ECONOMY & MANAGEMENT PUBLISHING HOUSE

图书在版编目（CIP）数据

全球思维：世界大变局下跨国公司的演进与成长 /
余菁著. -- 北京：经济管理出版社，2025. -- ISBN
978-7-5243-0226-1

Ⅰ. F276.7

中国国家版本馆 CIP 数据核字第 2025BZ4979 号

责任编辑：乔倩颖
助理编辑：杜羽茜
责任印制：张莉琼
责任校对：蔡晓臻

出版发行：经济管理出版社
　　　　　（北京市海淀区北蜂窝 8 号中雅大厦 A 座 11 层　100038）
网　　　址：www.E-mp.com.cn
电　　　话：(010)51915602
印　　　刷：北京晨旭印刷厂
经　　　销：新华书店
开　　　本：720mm×1000mm /16
印　　　张：16.5
字　　　数：290 千字
版　　　次：2025 年 4 月第 1 版　　2025 年 4 月第 1 次印刷
书　　　号：ISBN 978-7-5243-0226-1
定　　　价：68.00 元

目录
Contents

上篇

中篇

上　篇

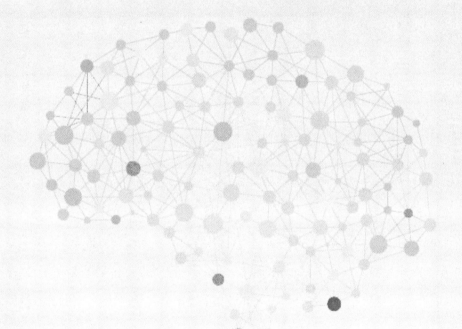

| 第一章 |
导论：国际视野与全球思维

在 2020 年 7 月 21 日的企业家座谈会上，习近平总书记指出："希望大家拓展国际视野。有多大的视野，就有多大的胸怀。"中国企业要发展壮大为具有全球竞争力的世界一流企业，必须拓展国际视野，应运全球政治经济形势变化，不断提升管理心智。

国际视野与我们的世界观有关，世界观是我们观察世界的方式。世界，是我们视界中的世界。视界，是视野之力所能及的范围边界，是连接视野之内的世界与视野之外的世界的门径与枢纽。国际视野是我们眼中看向的世界——立足中国，放眼全球，以视界的最大可能性所看到的一个完整且连贯的世界。美国学者卡斯（Carse，1986）指出，无限游戏参与者的每一步都是朝向（新）视界的进发，有限游戏参与者的每一步都在视界之内。拓展国际视野，意味着学会理解和重塑我们视界中的世界，努力从视界之内的有限游戏迈向视界之外的无限游戏。唯有不断拓展国际视野，中国企业才有可能想象、创造并抵达在我们现有视界局限之外的新世界。

西方国家的现代化历程告诉我们，人类世界的重大进步与发展，建立在改变对世界的理解方式的基础之上，关键是要拓展视野，突破主导人们观念的旧世界观和建立新世界观。15 世纪末，西方神学家和社会大众坚持认为"地球是平的"，当时的航海家和水手们是最具有国际视野的一群人，他们像今天的我们一样先行接纳了"地球是圆的"的常识。在那个时代，西方人普遍认为，从欧洲向西航行到亚洲不可行，但意大利探险家哥伦布（Christopher Columbus）坚信，从西班牙向西比向东更能接近远东地区。1492 年扬帆起航时，哥伦布带着他独特的国际视野去探险，成为最早完成跨大西洋航行和发现美洲大陆的人，为世界建构了全新的地理观念。之后，葡萄牙探险家麦哲伦（Ferdinand Magellan）的远征队实现了哥伦布向西航行至远东的探险计划，于 1519~1522 年完成了第一次环球航行，为地球勾勒出了一个完整的、可环绕航行的世界地图——尽管麦哲伦本人殒命于此次航行途中的菲律宾麦克坦岛。同一时期，

全球思维：
世界大变局下跨国公司的演进与成长

波兰天文学家哥白尼（波兰语：Mikołaj Kopernik；英语：Nicolaus Copernicus）将自己的视界投向天空，提出了"日心说"（Heliocentric Theory），颠覆了已流传上千年的古希腊天文学家托勒密（Claudius Ptolemaeus）的"地心说"。一个世纪后，即 17 世纪初，伽利略（Galileo Galilei）用望远镜发现了推翻"地心说"的科学证据——尽管他本人因此在生命的最后十年里被罗马宗教裁判所判处终身软禁。

今日我们的后见之明是，哥伦布和麦哲伦拓展了欧洲有关世界的已知地理边界，哥白尼和伽利略纠正了有关宇宙、科学与宗教方面的错误认知，这些开拓者们付出了不小的代价和牺牲，成就了载入史册的丰功伟绩。据美国历史学家彭慕兰（Pomeranz, 2001）的"大分流"（The Great Divergence）理论：1750 年之前，欧洲和东亚在经济社会多个方面发展水平相当，在此之后，欧洲迅速拉开了与东亚之间的发展差距。造成"大分流"的原因，不仅有欧洲通过殖民从美洲大陆获取了大量的初级资源，也有欧洲因重视科技进步而获得了开启工业革命的先发优势。可以说，欧洲自大航海时代以来一路高歌猛进，直到进入 20 世纪，其视界才阶段性、系统性地走向了停滞不前。奥地利作家茨威格（Stefan Zweig）在其回忆录《昨日的世界：一个欧洲人的回忆》中描绘了两次世界大战前夕欧洲社会精神的病态。在他的笔下，昨日的世界是欧洲整体性地陷入难以再拓展其视野的困境世界，是一个再也寻找不到蓝海的绝望的世界，人们陷落在困境中厮杀与求生。在考验人类智慧的极限动荡中，欧洲的政治家、军事家和科学家获得了掌控权，作家、诗人、艺术家、哲学家和人文社会科学研究者的思考力受到遮蔽、钝化并退场，数以千万计的普通人走向了悲剧人生。

20 世纪中叶，欧洲结束了两次世界大战的苦难，中华人民共和国的成立彻底结束了旧中国半殖民地半封建社会的历史。通过 40 多年的改革开放，中华民族实现了从站起来到富起来，再到强起来的伟大飞跃。中国经济社会发展取得的巨大成就、中国始终坚持的和平发展道路立场，一度使我们认为，历史上的战乱与纷争离我们、离当代社会已经非常遥远了。然而，俄乌冲突与巴以冲突警醒我们：战争在 21 世纪的今天依然存在着，对身处冲突中的人们而言，动荡不安是他们每天正在经历的、是他们的世界；同时，也是昨天、今天和明天的世界不容忽视和不可抹去的一部分。

在全球化的今天，我们必须放眼看世界，在当前中国安稳的经济社会发展环境下意识到全球仍存在战乱冲突地区动荡，中国企业更应走出中国、走向世界，要具备更加宽阔的时空观，学会适应和融入多种多样的意识形态体系，看清楚我们这个时代世界的演化规律，去看清楚复杂交织多变的现实世界的底色，去看清楚时代剧变中起伏更迭的企业管理思想与实践动向，去拓展企业管理者有关未来发展可能性的想象空间和行动能力。拓展国际视野，将引导中国企业在面对困境时积极改变视界，推动现状跟随思想和行动的转变而发生积极的改变，进而帮助这些企业摆脱困境。就像哥伦布发现美洲一样——美洲其实一直存在于这个世界，只不过不存在于 15 世纪之前绝大多数欧洲人的视界。由于受到了对东方世界想象的强烈驱使，欧洲人才最终走出了陈旧的和错误的世界地理认知框架，继而开创了西方几个世纪的现代化进程。面对当前全球政治经济的复杂形势，中国企业亟待拓展国际视野，勇敢突破并跨越现有视界的局限，坚韧地向充斥不确定性的未来进发，唯有如此，我们才有可能进入既定视界之外的辽阔世界。如果被困缚在既定视界内，隔绝于全球市场体系中的无数潜在机会之外，我们就无法突破旧的世界秩序去建立新的世界秩序。

一、跨国公司应以全球思维为使能器

国际视野，能够赋予我们以战略远见去预判全球趋势、机会和挑战的实践能力。有志于发展壮大成为世界一流企业的中国企业，应该如何拓展国际视野呢？众多的企业管理教科书通常会为跨国公司给出各种建议：制定企业的国际化战略、增强跨文化沟通能力、提高在全球市场的本地化运营水平、加快数字化转型与商业创新、发展跨境战略伙伴关系和联盟网络、提升响应全球需求变化的敏捷性和灵活性等。本书的理解是，拓展中国企业的国际视野，关键是要以全球思维为使能器。全球思维对应的基本思维逻辑是，要学会从中国之外的视角来看中国企业发展的问题，对国际政治经济形势或全球政治经济形势做出总体判断，然后，再来分析和思考有关中国企业发展的具体问题。按照奥布莱恩和威廉姆斯（O'Brien & Williams，2020）的理解，"国际政治经济"和"全球政治经济"这两个概念可以混用，如果对它们做区分的话，可以用前者表述 1980 年之前的现象，而用后者来表述 1980 年以来全球化进程加快后发生的现象。① 本书中的"国际"与"全球"这两个概念，大体上也可

---

① 　奥布莱恩和威廉姆斯对两个概念所作区分的时点并不是严格的，而是与时俱进的，"1980 年"是他们在 2020 年第 6 版书中所用的时间节点，在 2016 年的第 5 版书中他们所用的时间节点是"1975 年"（O'Brien & Williams，2016）。这本身也是提醒读者要学会动态观察和理解国际（全球）政治经济问题变化的一个例子。

参照此理解做混用。

　　运用全球思维，从全球政治经济现象所涉及的宽广的时空背景来考察全球市场的运行，需要我们将跨国公司的发展问题看作政治经济学问题，而不是国际商务理论或国际经济理论所讨论的纯粹的经济学理论问题（Supple，1989）。在较长的发展过程中，研究跨国公司的学者形成了一种主要关注短期的技术经济因素的狭隘的思维惯性。按照这种思维惯性，跨国公司被视作一种"经济动物"，以在全球范围内生产和销售商品为使命，其政治和社会影响被忽视了（Rugman，2006）。英国经济学家、国际商务领域著名的雷丁学派（Reading School）开创者邓宁（Dunning，2001）指出，跨国公司的经营活动植根于深厚的时空背景条件，关系到广泛的、非经济性的政治、社会和意识形态的影响变量，牵连到非常复杂的自然环境因素及相关的社会问题、体制机制因素和道德伦理准则（Meyer，2004）。邓宁（Dunning，2009）认为，跨国公司在其母国和东道国的资源能力和市场机会构成了跨国公司活动的物理环境，同时，国家或地区的文化传统、意识形态和社会制度规范组成了跨国公司活动的人文环境，以上两方面的因素共同作用于跨国公司的经营实践。

　　从长历史周期来看，一切与地域空间变化相关的跨国经营活动，都是在特定政治经济制度背景下发生的。作为最早的跨国公司，1600 年设立的英国东印度公司与 1602 年设立的荷兰东印度公司，各自在其国家的特许经营制度下兴办起来。19 世纪中期，在各国公司法背景下，有限责任公司制度变得流行起来，催生了西方早期现代跨国公司的茁壮成长（Reckendrees et al.，2022）和第一次全球化浪潮。20 世纪的两次世界大战及战后的"冷战"改写了全球政治经济的格局，主导世界经济的西方国家及跨国公司经受了严重动荡。直到 20 世纪的最后 20 年，随着"冷战"结束、中国改革开放、欧美国家的私有化浪潮和互联网技术经济的兴盛，世界才迎来了第二次全球化浪潮。这一轮全球化浪潮中的重要变化之一，是新兴经济体的跨国公司开始大规模登上全球政治经济舞台。过去 10 年间，全球政治经济又陷入了动荡，2016 年的英国"脱欧"公投、2017 年的特朗普就任美国总统、各国民粹主义的兴起以及 2018 年以来的中美博弈，全球政治经济形势中涌现出来的越来越多的现象表明，国际商务领域与跨国公司主题的相关研究文献主要遵循的经济分析这一传统焦点已经过于狭隘了，经济分析只不过是更加广泛和综合性的社会科学视角中的一个元素（Casson，2021）。

　　卡斯（Carse，1986）指出，视界，是不应该受到时间或空间限制的。以全球思维拓展中国企业的国际视野，就是要摆脱国际商务理论或国际经济理论中的传统思维惯性，在研究主题、内容和思维方法上突破狭隘视界和思维的局限，以更宽阔的时空观来理解和分析复杂的现实问题，然后，才有可能得出正确的观点，进而产生符合世界运行规律的改造世界的积极行动。莱茵史密斯（Rhinesmith，1992）指出，全球思维是一种接近世界的方式，一种从更加广阔的视角审视和扫描世界的思维倾向。有全球思维的人倾向于以特定的方式接近世界，他们愿意将世界视作为各种矛盾力量的平衡产物，通过不断反思自己有关世界的"视界"的有限理解，来保持对自己与他人在认知上的开放心态，以及在行为上的无限可能性。斯里尼瓦斯（Srinivas，1995）指出，全球思维，代表了对世界的某种好奇心，代表了看到在更大空间背景和时间框架下的目标的能力。在我们应对世界的复杂性与不确定性之时，全球思维总是能够为特定的事件提供新的解释和意义以及行动方向上的新启示。

深入实践、发展全球思维，已经成为全球管理者有效应对全球竞争的必要条件。对跨国公司在全球市场上建构长期竞争优势而言，全球思维是至关重要的，这使其在学术界变成了一个越来越重要的议题。2005年，美国亚利桑那州立大学雷鸟全球管理学院（Thunderbird School of Global Management）以这一主题举行了专题研讨会，随后又邀请了相关学者撰文成集。其中，利维等（Levy et al.，2007）指出，全球思维反映的是跨国公司管理者的认知能力，是一种高度复杂的认知结构，其基本特征是在全球和地方层面上对多种文化和战略现实持开放态度和表达，以及在这种多样性中进行调解和整合的认知能力。全球思维的复杂性，主要来源于全球制度与文化的多样性。全球思维，使跨国公司管理者在复杂情境中能灵活处理国际政治经济形势中的关键信息，使其能驾驭全球市场，从而能更好地适应全球竞争格局。具体而言，全球思维可以帮助我们实现在思维方法上的三个转变。

1. 突破地域空间上的思维限制

中国企业要突破狭隘视界和思维的局限，首要任务是要努力突破地域空间上的思维限制，学会以更加开放包容的地域空间观念，采取东西方之间无所谓先验性的孰优孰劣、孰高孰低的思维方法，实事求是地应对将自身发展壮大为跨国公司的实际需要。叶等（Yip et al.，1997）对63家跨国公司的研究表明，一个国家在文化传统中的全球化或国际化导向的程度，是影响该国跨国公司战略及经营表现的重要因素。一个国家跨国公司的文化传统越全球化导向，就越能中立地对待不同国家和民族的差异，同时也就越有助于这个国家的跨国公司推进国际化战略。突破地域空间上的思维限制后，中国企业能够更好地适应全球范围内的不同文化环境，努力确保自身做出那些始终与全球发展目标保持一致的包容性决策，充分考虑来自不同地区文化的多样化观点，最大可能地接纳高度多元化和差异化的不同文化意识，通过对不同地区市场进行深刻且精微的洞察，广泛推动跨文化的交流与合作，更好地应对全球性的挑战和机遇。

在多元互联的世界中，中国企业要突破地域空间的思维限制，一方面，应避免被"以我为主"的思维惯性所框定。大量实证研究表明，一个跨国公司的海外分支机构，如果被其母国或总部的地理或文化优越感所主导和趋于封闭性思维，通常不利于其走向海外市场和推进国际化战略。走出国门的中国企业，应该学会换一种思维、换一种眼光看世界，才有可能真正走出中国、走向世界。另一方面，中国企业也需要避免以美国或西方思维范式为"唯一的锚准点"（Dicken & Miyamachi，1998）。当今的国际市场体系是长期由欧美国家势力主导并构建起来的，在这个体系中，符合欧美国家利益诉求和行动惯例的思维范式一直处于明显占优的地位。恰如沈卡（Shenkar，2004）所指出的，现有国际商务理论研究者及实践者缺乏必要的知识基础和工具，使他们无法以更加复杂和更加丰富的方式对待在西方文化或西方主流规范之外背景下的跨国公司丰富经营实践。这已经成为西方世界国际视野日渐衰弱无力而难以再拓展的一个表征。中国企业不能步其后尘，在"换思维"和"换眼光"时，不应该寄希望于简单地给自己装上一个符合西方标准的脑袋或换上西方的眼光，就能一劳永逸地解决国际化运营中的所有挑战与问题。

2. 突破时间周期上的思维限制

中国企业要突破时间周期上的思维限制，首先要努力克服短视的思维局限，然后，要通过加强历史学习，来拓宽自身视界在时间维度上的延展性。王汎森（2024）指出，历史的思考，是全景式的掌握，包含有历时性因素和复杂因素的交互，是用长程的眼光，析一时一地之事。截至目前，大多数有关跨国公司理论与实践的研究工作是相对短视的，它们受到相对短时间周期内人们的情绪状态与有限理性的局限，总是希望得出清晰的因果关系和明确一致的研究结论。这些一味追求理论或实证研究中的确定性结论的理论观点，在真实世界的跨国公司实践中往往滞步难行。只有深刻觉察到理论在时效上的有限性，研究者们才会学会尊重企业实践活动的流变性，以包容性的研究目标、灵活多样的研究方法和形式多样的数据来源，去开展与跨国公司复杂实践背景相关联的归纳性研究工作。这样的研究工作能够帮助人们整体性地理解在长时间周期里出现过的泛化多变的因素，以及纷杂的地理的、经济的、政治的、技术的、环境的、社会的、文化的、人类学的等各学科知识之间的复杂组合关系，进而更加充分地理解和把握当代全球政治经济形势的变化趋向。

琼斯和洛佩斯（Jones & Lopes，2021）指出，应大力开展跨学科合作，加强现有的跨国公司研究工作与国际商务史研究工作之间的对话，帮助减少研究者的偏见与冲动之见，使之更有可能接近世界的真相，运用那些经历了时间周期波动检验的相对可靠的历史经验，来系统性地应对当前全球政治经济中充斥着的种种不确定性。苏普尔（Supple，1989）指出，跨国公司的问题在成为一个成熟而明确的历史研究主题之前，实际上就存在于同时期的经济观察和政治焦虑世界中——跨国公司不仅有历史，而且只存在于历史中。琼斯和卡纳（Jones & Khanna，2006）呼吁，将历史带回国际商业研究领域。巴克利指出，国际商业史是国际商务理论研究的累累硕果的试验场，能帮助我们理解不同时期的不同参与者的不同观点（Buckley，2021），以及那些隐藏在文化冲突与历史证据中的导致全球政治经济发生结构性变化的关键因素。韦贝克和加诺（Verbeke & Kano，2015）也支持"历史理论化"，他们倡导在历史背景下定位和解释理论论点，以扩展国际商业研究方法工具包和帮助建立更好的理论，如可以加强研究跨国公司的发展历史，如何应对不同历史事件的冲击，在不同时空环境中的国际化模式、管理实践和组织结构等。克服短视思维，跳出自身的局限，需要我们加强历史学习——以史为鉴，正是时间这双无形的手的不断推移，让全球政治经济形势与跨国公司经营发展实践发生着各种精妙的变化。

3. 提高应对复杂现实挑战的思维韧性

莱茵史密斯（Rhinesmith，1992）指出，具有全球思维的人永远不会满足对事件的一种解释，他们总是在追求更宏大和更广阔的图景——他们既关心当前事件之所以发生的历史性的背景，也在广泛的全球视角的基础上关注当前和未来的变化趋势。一旦管理者突破地域空间和时间周期上的思维限制之后，他们就将拥有这种能够应对复杂现实挑战的思维韧性，从而具备更好响应和解决当前全球政治经济形势下不断涌现的新问题与新挑战的能力。

首先，提高思维韧性，意味着要将宏观的、长期的分析与微观的、短期的分析结合起来，去充分理解那些与跨国公司经营活动紧密相关的地理空间因素及由此生成的影响企业实践的、宏观的、长期的因素，这样才有可能为跨国公司微观的、短期的经营活动提供有效的理论指导。当今世界，在宏观层次上存在众多的看似矛盾却又并存不悖的政治经济现象，如全球化与逆全球化、经济民族主义与全球主义、经济自由主义与政府政策干预等交织成一体。在微观的和相对短促的时间线中，一部分国家忧心于制造业空心化和丧失先发技术优势的困境，处心积虑地要以经济民族主义来构筑国际竞争的堡垒。但在长历史周期里，全球化是主旋律，经济增长与繁荣不会囿于一隅之地，而是会像水一样流动到全球未开垦之地。所谓的"逆全球化"和经济民族主义的阻力，正如日本经济学家赤松要（Akamatsu，1961）所描述的"弓往后拉的那种推动箭向前的力量"一样——只要弦不断，以阻力为弦的全球化和全球主义将发展得更快、射得更远。面对不同视界下复杂形势中的权衡与较量，我们需要提高思维韧性，学习观察、理解、接纳并适应那些不可阻挡的时代趋势。

其次，提高思维韧性，意味着将技术经济与政治、社会文化等综合性因素结合起来思考，而非将不同性质的因素割裂开来。面对跨国公司这样的多面相的模糊概念和复杂现象，研究者应该适应研究问题的特性，灵活选择和综合使用不同的研究方法，发挥不同理论假说在促进深层次理解和综合构建有效理论中的积极作用。奥布莱恩和威廉姆斯（O'Brien & Williams，2016）指出，国际政治经济学自20世纪70年代中期成为一门学科后，至今已经发展成为国际关系研究中的一个独特的子领域，形成了自己独特的理论和方法，以汇集来自多个学科的相互竞争的描述和相互冲突的解释框架。如果只做片段性的思考，根本无法深入理解一切跨越国家边界的复杂政治经济现象。在相关领域里充斥着大量理论，它们对分析单位、制度性质和行动者动机有不同的基本假设。但每一种理论都可以指出一些证据来支持自身存在的合理性，从而使之有助于解释某些类型的现象，以及适用于给定时空背景条件的特定情境。从本质上讲，有些理论彼此之间是水火不容的，研究者需要增进对不同理论或政策假说的理解，学会调和各种来自不同方向与路径的理论观点。

最后，提高思维韧性，意味着尽最大努力去理解和想象未来世界的丰富可能性。每一个跨国公司都构成了一个独特的、具有多重目标、企业边界与组织结构不那么清晰的企业生态系统，而这个生态系统同时又嵌入在多个跨越时空边界的跨国商业系统的复杂结构之中，是后者的一个又一个难以完全分割开的有机组成部分。纳鲁拉等（Narula et al.，2019）指出，根本不存在所谓的典型的跨国公司。面对全球政治经济形势中的风险与不确定性，爱德华森和马里诺娃（Eduardsen & Marinova，2020）综述了134篇相关文献的研究情况，其基本观点是：每个跨国公司都有自己独特的态度与应对方式，这恰恰构成了每个跨国公司的高度异质化的企业国际化战略的动态过程。

中国古语云，君子不立于危墙之下。但这不适合用来描述所有的跨国公司的行为。在变幻莫测的全球政治经济舞台上，跨国公司的行动从来不是整齐划一的。即使在最艰难的时局下，仍有跨国公司像追风者和冲浪者一样行事，它们无惧风险（Casson & Lopes，2013）。众多史料证据表明，当一个国家的制度环境条件变得非常不利且经营风险持续加大之时，大多数跨国公司会选择退出，但仍然有一部分跨国公司选择留下来。一项对英国跨国公司的研究显示，对政治风险的判断总是带有主观性，不同的跨国公司及其管理者很有可能对风险来源与其性质好坏持有不同的观点。出于各方面考虑，在对政治风险与威胁的感知增加的情况下，一些跨国公司的投资活动仍有可能进一步增加（Smith-Hillman，2005）。这些跨国公司不断改变自身的战略和结构，不断培育和增强在恶劣环境中求生的能力，以保持经营活力和组织韧性。勇敢的管理者总是直面战略决策中的风险因素，他们像棒球运动员一样，或者击出全垒打，或者是三振出局（Sanders & Hambrick，2007）。

二、跨国公司应有全球思维的管理心智

当今世界的跨国公司面对的是一个高度复杂的全球政治经济系统。无论研究者如何尝试根据产品技术、企业战略、组织架构、商业模式、国际化路径、创新网络和知识管理等不同方面的相似性，来捕捉跨国公司发展的共性规律，但到目前为止，跨国公司仍然是一个像"万花筒"般变幻莫测的研究对象，其行为时常是即兴的、流变的和充满矛盾冲突的。我们甚至可以说，现实中跨国公司的世界是混乱无章的（Dicken & Malmberg，2001）。美国社会学家和经济史学家沃勒斯坦（Wallerstein，2004）是现代世界体系理论的提出者，他指出，将历史学、经济学、社会学和政治学这四门学科的知识加在一起，实际上也只帮助我们研究了世界的一小部分。下文将从管理学视角回顾已有学者的理论贡献，在他们看来，对跨国公司的管理者们而言，最重要的任务不是提高哪一方面的管理技能或哪个学科的知识经验，而是需要不断培养和提升与国际视野或全球思维相适配的管理心智，确保跨国公司的管理者始终能够从有关世界的一堆乱麻般的思绪中厘清战略思路与行动原则。

管理理论研究者对"全球思维"这一概念的关注，始于他们在 20 世纪 80 年代末和 90 年代对全球企业现象的思考。莱茵史密斯等（Rhinesmith et al., 1989）指出，全球思维是适应全球竞争需要的、超越国界的思维和行动能力，具体包括全球性的战略意图、全球环境扫描、全球竞争策略、全球团队与联盟管理、全球性组织架构和全球领导者的个人效能管理等。斯里尼瓦斯（Srinivas，1995）依托于莱茵史密斯（Rhinesmith，1995）的研究，提炼了符合全球思维要求的八种心态（见图 1-1）：一是对更大的视野与背景的好奇心；二是接受复杂性及平衡矛盾冲突；三是对多样性的包容与敏感性；四是在惊喜和不确定性中寻找机会；五是对组织过程而非组织结构的信念；六是专注于持续变化、改进与终身学习；七是扩展时间视角；八是系统思维。对相关研究的综述表明，全球思维关系到管理者个体心理认知、文化意识和知识结构等众多因素，基于全球思维所发展出来的特定管理技能，可以帮助跨国公司在全球市场上获得竞争优势，并在国际商业环境中快速成长（Kossowska & Rosiński，2023）。弗伦奇（French，2018）指出，全球思维不仅对跨国公司至关重要，它对任何希望在全球化世界中生存和繁荣的组织而言，都是必不可少的，因为它提供了一种思维框架，能够帮助组织与个体理解和适应全球环境。可以这么理解，符合全球思维的管理心智应该如唐代的施肩吾所言，"大其心，容天下之物"，唯有如此，我们的见识与视野才能不断扩大，不断获得勇气与智慧，从无数事件中识别出那些有转折性意义的"关节窍要"（王汎森，2024），进而才能适应复杂性的全球政治经济形势，驾驭不同时间线的交织交错以及不同力量之间的拉扯、碰撞、较量与随之而来的无穷变化。

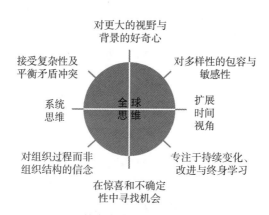

图 1-1　符合全球思维要求的八种心态

凯迪亚和穆克吉（Kedia & Mukherji，1999）指出，管理者越来越需要成为有全球视角（Global Perspective）的全球管理者。全球视角包括以适当的技能和知识为支撑的全球思维（Global Mindset）。两位作者探讨了"什么是具有全球思维的正确的管理心智"的问题。面向国际国内市场，企业管理者可以表现为持有四种不同心智的角色（见表1-1）：一是防御者（Defender），以国内市场为中心，对其他市场和文化不感兴趣；二是探索者（Explorer），密切关注国外环境，以期增加自己的业务，但国内市场始终占据主导地位；三是控制者（Controller），愿意在国际上做出更大投资承诺，但坚持民族中心主义，坚持将母国文化、价值观和经营管理方针加诸海外业务，强调必须在维护母公司各种利益诉求的方针下加以利用海外市场机会；四是整合者（Integrator），他们是面向全球市场的高效的管理者，擅长利用差异去协同集成复杂现实世界中的众多不同元素。在上述四种角色中，防御者是无全球思维可言的管理者，探索者和控制者是拥有有限的全球思维的管理者，而整合者是真正拥有开放的与集成性的全球思维的全球管理者。

表1-1　跨国企业管理者的四种心智

	坚持以本国市场为主导	不坚持以本国市场为主导
坚持本国文化价值观	防御者 （Defender）	控制者 （Controller）
不强调坚持本国文化价值观	探索者 （Explorer）	整合者 （Integrator）

综合斯里尼瓦斯、莱茵史密斯、凯迪亚和穆克吉的观点，一旦跨国公司的管理者具备了全球思维的管理心智，他们将有无限潜力去开发全球市场中的一切机会，通过整合全球资源来创造最大价值。面临艰难时局，当其他企业困守于竞争激烈的国内市场时，这些管理者将勇敢地进军海外；在国际化进程中遇到难以预料的困难与阻力时，这些管理者将应势而变，勇于开拓或构造出全新的海外市场机会；面对不同地区的文化认知体系，这些管理者将超越各种地域文化的思维束缚，以动态适应环境变化的卓越思维能力，创造性地承担起全球发展的重任。

第一，管理者如果缺少国际视野或全球思维的管理心智，就不可能有海外投资活动。以色列特拉维夫大学管理学院第一任院长阿哈罗尼（Yair

Aharoni），是观察企业海外投资活动的早期研究者之一。基于对 38 家美国企业在以色列的投资活动的研究，阿哈罗尼指出，海外投资决策很少是一个单一的、明确的决定的结果，相反，它们是通过倡议、探索和承诺的积累而产生的，在此过程中，组织中的高层管理人员的作用是至关重要的，他们需要具备国际视野或全球思维，这是触动他们发起与实施海外投资决策的关键因素（Aharoni，1966）。卡森（Casson，1985）从理论层面关注到了企业家在对外直接投资活动中承担的重要角色。科利（Corley，1989）和阿切尔（Archer，1990）通过对英国知名企业的案例观察，论述了企业家精神在英国跨国公司国际化发展中的关键性作用。无论是在两次世界大战期间，还是在两次世界大战后，这些企业家的远见、领导力和战略决策，对其企业的国际化战略和全球扩张均产生了深远的影响。有远见的企业领导人，能够帮一家跨国公司在海外市场上大展拳脚；而缺乏远见的企业领导人，会让一家原本久负盛名的跨国公司在海外市场上遭遇惨败。

赫曼（Herman，1994）认为，全球环境是一个由众多地方和区域经济以及许多独立而有影响力的政治实体连接而成的世界。面对复杂且高度不确定性的全球环境，不同的管理者有可能做出截然不同的反应。为顺应全球化的大势所趋，从国际视野或全球思维来重新思考企业的业务活动，需要超越国家和文化的地理界限，破除资源、人才、创意、资本和信息的层层障碍，跳出王汎森（2024）所说的以"我"为核心的层层牵缠与包裹和满眼所见的"当下"的束缚，立足于全球环境的特点来进行思考。面对同样的外部环境条件，不同的管理者因为其教育背景、工作经验、个人特质、思维方式的不同，以及所拥有的人力资本和社会资本的不同，会对外部环境条件形成不同的认知，进而做出大相径庭的决策（Adner & Helfat，2003）。对希望将业务扩展到国界以外的组织来说，具有全球思维的管理者是一笔财富（Arora et al.，2004）。只有那些放眼看世界，有独到世界观的管理者，才能够看到其他管理者看不见的市场机会，才能够形成国际视野或全球思维及与之相适配的管理心智；也只有这样的管理者，在对外部环境的深入理解和适应的基础上，才具备在不断变化的复杂环境条件下进行管理的能力，并从最深层推动战略变革及与之相配套的组织结构和管理流程的深刻变革，进而才能培育和发展出那些有希望成功融入世界的跨国公司。全球思维对应的是管理者在适应全球环境下的冲突与矛盾的过程中所发生的思维方式和管理心智的根本性转变，也是培育新眼光和培育新能力的转变，还是从对相对单一关系的思考扩展到同时考虑多重现实关系，并在这个更加复杂的现实世界中巧妙地采取行动的转变（Lane & Maznevski，2019）。

第二，管理者如果缺少国际视野或全球思维的管理心智，企业国际化进程将难以持续。约翰逊和瓦恩（Johanson & Vahlne，1990）在研究企业国际化进程时指出，国际化在很大程度上是企业在国外市场建立关系网络的过程。任何关系网络，都是在从事商业活动的人与人之间形成和逐步发展起来的。人们习惯通过观察那些操作性的和易于定量分析的数据来衡量跨国公司的国际化活动。管理者的认知与思维方式尽管难以观察与度量，却是企业国际化的诸多影响因素中最不容忽视的因素。一个企业在迈向国际化的早期阶段，要从无到有地建设和发展关系网络，与此同时，企业管理者需要渐进式地发展自己的全球思维能力。莱恩史密斯（Rhinesmith，1992）认为，全球思维和个人品质或特征之间存在着明确的联系，一个人的特定性格可能先于一种心态，也可能是一种心态导致一个人的某种特定行为，而这种行为反过来又帮助塑造和强化这个人的相关品质或性格特征。这种思维方式与个人特质两者之间的互动关系决定了全球思维是一种后天习得而非完全靠遗传的个人特质（Arora et al.，2004）。

每一位跨国公司的管理者，都应该努力把提升有全球思维的管理心智作为自己的终身修炼。在高度不确定或动态变化的海外市场上，高层管理人员在感知、关注、分析和解决问题等方面表现出来的管理异质性，将不断累积形成巨大的企业绩效差距（Helfat & Peteraf，2015）。在国际化进程的早期阶段，有良好管理心智的企业管理者会关注国外市场并意识到跨国经营的重要性。更重要的是，他们不能满足于已有的管理知识和技能，而是需要在实践中积极主动地发展全球运营所需的新知识和新技能。在这个过程中，他们会认识到不同国家市场、制度与文化的独特性，赋予海外机构必要的自主权，学习采取不同的经营策略方法。在国际化进程的高级阶段，他们将成长为高效的全球管理者或全球领导者，成功构建出符合全球运营整合需要的组织架构，自如地实现全球目标、全球市场和本地目标、本地市场之间的协调，鼓励跨地域、跨文化和跨组织系统的知识共享和协作，确保在全球范围内即时动态优化资源配置，保持对各国市场本地化需求的敏感性和响应能力，使每个海外子公司都能够为实现整体目标做出其独特的贡献。

第三，管理者拥有国际视野或全球思维的管理心智，才有超越地域文化束缚的思维能力。沃顿商学院的珀尔马特（Perlmutter，1969）描绘了跨国公司管理者通常具有的三种典型思维方式：第一种是抱持母国至上的民族中心主义（Ethnocentric Orientations），倾向于在总部和子公司中任用来自母国的高管，推广母国标准的管理方式和企业文化；第二种是抱持东道国导向的多中心主义（Polycentric Orientations），倾向于尊重不同国家的社会文化，采取灵活应变的经营管理策略，以适应不同国家的市场环境；第三种是抱持全球导向的地球中心主义（Geocentric Orientations），这类管理者能够做到超越国家界限，平衡全球化目标与本地化目标，实现全球范围内的最优资源配置。珀尔马特用"地球中心主义者"（A Geocentric Man）来指称那些具有既尊重各国文化的多样性又能够跨越文化和国界鸿沟有效地开展经营活动和实现全球性愿景的管理人才。珀尔马特还和另两位学者一道构建了 EPRG 模型（Wind et al.，1973），以分析企业的国际营销战略。在 EPRG 模型中，企业发展国际化业务时，可以采取四种国际化态度或取向，除民族中心主义、多中心主义、地球中心主义外，还增加了区域中心主义（Regiocentric Orientations），其比地球中心主义更加聚焦于区域化的跨国市场。

跨国公司的管理者如何能够在推进企业国际化的过程中，完成自身心态或思维方式上的适应性转变呢？我们知道，在全球化浪潮中，无论全球跨国公司们的外在形式如何趋同化，但每一个跨国公司的核心战略行为差异是非常大的。一个跨国公司最根深蒂固的母国制度和意识形态，常常能够为其核心战略行为的独特性提供合理解释，独特的国家历史与文化留下的遗产，会持续地影响这个跨国公司的行为选择（Doremus et al.，1999）。这种独特性或异质性，像"双刃剑"一样，既可以在特定条件下成为一个跨国公司竞争制胜的利器，也可能在另一种环境条件下成为导致这个跨国公司故步自封和竞争失利的掣肘因素。获得超越地域文化束缚的思维能力，意味着跨国公司的管理者的思想认识需要与时俱进，适时地从民族中心主义，逐步转向符合国际视野或者是全球思维要求的多中心主义或区域中心主义，再逐步转向地球中心主义。随着管理心智的提升与国际视野的拓展，跨国公司将最大可能地释放自身的历史文化印迹中的独特性，因地制宜，灵活地运用和发挥其长处，同时避免为其短处所困。

第四，管理者拥有国际视野或全球思维的管理心智，才有动态适应环境变化的思维能力。卡普里奥尼等（Caprioni et al.，1994）指出，许多跨国公司纠结于如何平衡好"响应本地诉求"与"全球一体化"这一对矛盾。美国的繁荣与强盛，在很大程度上恰恰是因为美国跨国公司建立了动态适应国际竞争形势所需的世界观和思考分析框架，具备了适应激烈的国际竞争的能力。哈佛商学院的巴特利特（Christopher A. Bartlett）和印度裔管理学者戈沙尔（Sumantra Ghoshal）以其在跨国公司和跨国经营领域的一系列研究成果而闻名，他们将企业组织比喻为生物有机体，它们不仅有解剖学意义上的正式结构，而且有生理学意义上的管理过程，还有心理学意义上的管理者的思维方式（Ghoshal & Nohria，1993）。巴特利特和戈沙尔（Bartlett & Ghoshal，1998）强调，面对动荡莫测的国际政治经济环境，起关键作用的往往不只是企业组织的能力或结构，更重要的还在于企业组织中人们的思维与心态——一个跨国公司能否发展出必要的跨国组织能力、正确的管理心态和跨国思维，将成为区分赢家和幸存者的决定性因素。

有良好管理心智的跨国公司管理者，因其国际视野的开放性和全球思维的韧性，能帮助所在企业正确认知和充分理解自身的经营环境条件。技术因素和制度因素是所有企业经营环境中最重要的两类因素。在全球思维的分析框架下，技术因素和制度因素不单纯是一个个孤立的外部环境因素或外生变量，其中任一环境因素的变化，都有可能与其他环境因素之间形成持续性的交互作用与影响。技术因素不仅直接影响企业的生产经营活动，还间接作用于各种政治经济或社会文化因素的变化。制度因素作为与企业经营活动相关的一切非技术经济因素的集合，构成影响企业技术创新与管理创新行为的约束条件。比如，某个国家的监管政策或地缘政治方针变化，有可能直接影响到国家之间技术知识溢出和技术创新扩散的可能性。成功的跨国公司必须具备随机适应上述环境因素变化的动态能力。

第五，管理者拥有国际视野或全球思维的管理心智，才有承担全球发展责任的思维能力。在全球市场上，跨国公司的一切经济活动都有潜在的政治性，它们通常不得不与世界各国的政府机构或其他非经济组织机构打交道。为此，在多重复杂因素交互作用的全球环境中，有国际视野或全球思维的管理心智的跨国公司管理者，总是既要时刻关注全球技术前沿动向，学会利用全球价值链体系和通过优化全球资源配置加快企业的技术创新活动，促进市场竞争力的提升；又要保持对多样化经营环境条件的理解、接纳与尊重，学会适应不同国家的制度规范与行为要求，持续提高自身承担全球性经济社会发展责任的能力。

美国经济史学家金德尔伯格（Kindleberger，1987）是美国"马歇尔计划"的重要参与者，也是最早关注和研究跨国公司现象的学者之一。他研究了美国跨国公司在全球各地对外投资活动，发现共享跨国公司管辖权的不同国家政府间难免出现矛盾和利益冲突。对于这样的两难选择，哥伦比亚大学教授布劳（Blough，1970）的观点与珀尔马特（Perlmutter，1969）有关"地球中心主义者"的观点相近，即跨国公司要学会平衡好各国政府的利益诉求，协调并适应不同国家的政策制度要求，努力避免将一个国家的利益主张凌驾于另一个国家的利益主张上。

斯特拉顿等（Straaten et al.，2023）指出，自工业革命以来，跨国公司已经展现出在促进全球经济社会发展和减少不平等等方面的巨大潜力，世界主要国家也在适应不同历史时期的全球市场变迁趋势，努力构建与跨国企业之间的合作关系。有良好管理心智的管理者，应深刻洞察不同国家机构及其他各类社会经济主体在与跨国公司交往时的复杂动机和利益诉求，努力激发它们提供包容性更强的制度安排与合作框架，从而促进跨国公司发挥在推动全球经济增长和缓解社会经济不平等方面的积极作用；同时，帮助抑制那些对抗性与榨取性更强的制度安排或协议，以避免将跨国公司的经营活动导向偏袒少数精英利益和加剧全球不均衡发展的负面方向。

三、全书结构和主要观点

本书分为上、中、下篇。上篇由第一章至第三章组成，论述了全球思维之于跨国公司管理者的重要性，并阐述了全球跨国公司兴盛的历史背景和理论基础的形成。中篇由第四章和第五章组成，聚焦于分析本书的核心议题，即在充满不确定性的全球政治经济形势下，跨国公司如何在各国制度交织而成的复杂环境中实现自身发展壮大。下篇由第六章至第九章组成，紧扣跨国公司的国籍身份和战略选择问题，对比分析了世界主要经济体的跨国公司发展实践，最后，是中国跨国公司的未来展望。以下将概述各章的主要观点。

作为导论，第一章指出，中国企业拓展国际视野，关键是要以全球思维为使能器，学会从中国之外的视角来看待中国企业发展的问题，深入理解国际政治经济形势或全球政治经济形势，在此基础上分析和思考自身的战略选择。全球思维可以帮助我们突破地域空间和时间周期上的思维限制，提高应对复杂现实挑战的思维韧性。跨国公司的管理者们要不断培养和提升与国际视野或全球思维相适配的管理心智，确保自己始终能够从有关世界的一堆乱麻般的思绪中厘清战略思路与行动原则。

第二章介绍了跨国公司的萌芽和发展，以及现代跨国公司的形成及其在全球扩张的过程。在几千年前的古代社会，有一些早期的类似跨国公司贸易与经营活动的印迹。在西方，这些活动可以追溯到腓尼基人和罗马人的殖民统治时期；在东方，这些活动可追溯到更早时期中国的陆上丝绸之路与海上丝绸之路及印度洋区域的跨国贸易活动。大航海时代催生了以从事商贸活动为主的早期跨国公司。工业革命孕育出来了真正意义上的现代跨国公司。进入 20 世纪下半叶，随着现代跨国公司的繁荣壮大，研究者们提出了"跨国公司"的概念，不断丰富这一概念的理论内涵，推动相关理论研究工作向前发展。

第三章回顾了跨国公司的理论发展脉络。首先，是 20 世纪 50~60 年代的起步发展阶段，以海默与弗农的学术贡献最引人注目；其次，是 20 世纪 70~90 年代的主流理论形成阶段，这期间最有影响力的研究是企业国际化过程理论与邓宁等提出的 OLI 范式和内部化理论。21 世纪以来，两个方面的研究热点将全球跨国公司带入了新的发展阶段：一是新技术变革催生出来的跨国公司新发展形态；二是新兴经济体的跨国公司迅速崛起。展望未来，研究者从管理研究视角来探讨有关跨国公司的理论研究趋向时，需要加强关注编排、重组和形变等反映企业动态成长规律的前沿议题。

第四章揭示了在漫长的人类历史中，和平发展从来不是长久稳定的结构，全球政治经济动荡乃是常态。这一章对西方国家在历史上发生的由国家主导的剧烈经济冲突以及跨国公司在两次世界大战中的发展情况进行了分析。从漫长历史进程中不同时期的国家及跨国公司的表现来看，在任何一次全球性冲突中，无论冲突如何剧烈和对传统社会经济秩序的破坏力如何强劲，始终会有一些商业主体从动荡形势中受益，这些新兴的工商业力量总能够在政治经济危机的惊涛骇浪中找到自身发展壮大的机遇。本章还将当前全球政治经济形势下的中美博弈，与 1914 年德国挑战英国、20 世纪初美国赶超英国、20世纪末日本挑战美国的不同形势进行了对照。我们认为，应该以长时间周期来审视全球政治经济形势的变化，从而使我们的思维变得更加包容和开放，避免将我们看待问题的视线困在短期的国际政治经济形势下各种矛盾冲突的陷阱之中，以免形成错误判断。最大的误判，莫过于低估国家和跨国公司交互作用中的创造力与无限变化的可能性。

第五章探讨了全球政治经济舞台上国家和跨国公司的各自地位与角色。国家是远远早于跨国公司登上全球政治经济舞台的重要主体。在跨国公司登场前的若干个世纪，全球政治经济中根本看不到跨国公司的影子。如今，跨国公司和国家一样，都是全球政治经济舞台上的重要玩家，但这两类全球政治经济参与主体在目标与性质上是大相径庭的。国家眼中的跨国公司，既有可能是现代性、先进生产力和生产关系的拥有者和代表者，是遵纪守法的企业公民和崇尚道德责任向善的积极力量，也有可能是高流动性的投机套利者、滥用有利市场地位的掠夺者、不值得信任和动机可疑的交易对手。从跨国公司的角度来看，国际化的过程是从走出母国的制度约束到走入东道国的制度约束的动态变化过程，这是一个踩着国家制度的"钢丝"玩高空平衡的游戏。本章剖析了跨国公司与国家之间的交互作用关系。从实践情况来看，跨国公司与国家之间可以有多种不同的互动关系。跨国公司在一国经济社会发展中所起到的作用，既有发展的必然性，也充斥着随机性和偶然性，这是一系列随时间向前推移及随地缘政治环境变化而不断涌现出来的企业决策长期累积的产物。共建国家与跨国公司之间的合作生态系统，需要多方的共同努力。

第六章论述了跨国公司国籍身份的重要性，并讨论国籍身份对跨国公司运营和战略决策的影响，以及跨国公司的多国籍性战略选择问题。全球化浪潮是呈现周期波动趋势的——在人们可以从一个国家向另一个国家自由流动的时代，跨国公司的国籍身份问题并不惹人注目；但在国际纷争与冲突加剧的时代，国籍身份在国际商业中的重要性将凸显出来，甚至成为跨国公司经营活动中有决定性意义的一个变量。一方面，国籍身份帮助跨国公司塑造独特的资源和能力，决定其在国际竞争中的优势；另一方面，国籍身份通过文化价值观和管理风格来影响跨国公司的高层决策。跨国公司需要就多国籍化的范围与程度，做出一系列战略选择，既要避免多国籍化不足的弊病，也要避免过度多国籍化的弊病。

第七章论述了西方跨国公司的发展特点。首先，是英国、美国和德国的跨国公司，它们是排在第一阵营的西方大国的跨国公司。在第一次世界大战之前，英国的跨国公司一直保持了领先优势，美国和德国的跨国公司主要是在 19 世纪末、20 世纪初迅速崛起的。其次，是荷兰、瑞典和瑞士这几个政治立场相对中立的欧洲国家的跨国公司，它们排在第二阵营，其发展特点是母国规模实力相对有限，但跨国公司实力强。这些国家的跨国公司，有超强的拓展海外市场的进取心以及驾驭国际政治风险的高超技能。最后，是加拿大等其他西方国家的跨国公司，这类跨国公司在技术经济实力上少有优势，需要各自去寻求有独特性的竞争优势。例如，加拿大跨国公司不仅有资源禀赋上的天然优势，还得益于与美国之间的开放的社会经济联系。发达国家的中小跨国公司，则擅长在特定的产品技术领域或利基市场上形成全球性的竞争优势。

第八章论述了亚洲及全球南方的跨国公司。20 世纪末、21 世纪初的全球化浪潮，助力了一批亚洲及全球南方的跨国公司的崛起。这些跨国公司呈现出了与西方世界跨国公司不同的管理品质，并逐渐对西方世界跨国公司的传统权力和优势地位构成挑战，成为推动全球政治经济格局转变的重要力量。日本作为东方世界最发达的国家，其跨国公司是最早令西方世界刮目相看的。韩国是比日本晚实现工业化的国家，其跨国公司和日本跨国公司有相似性，但受限于财阀体制的弊病。印度是发展中大国，有跨国公司发展壮大所需要的大基数市场优势，尽管历史上印度对跨国公司的政策是摇摆的和纠结的，但不妨碍印度跨国公司成为全球市场体系中的重要参与者。拉丁美洲国家的跨国公司主要在资源型行业以及在区域一体化市场中拥有竞争优势。

第九章展望中国跨国公司的未来发展远景。中国跨国公司是国际市场体系中新的后来者，比西方先行工业化国家的跨国公司晚发展了一两个世纪。21 世纪的中国企业，正面临高不确定性世界的艰巨竞争挑战。面对当前国际形势，中国企业应学会运用全球思维，接纳与适应我们所能观察到的全球政治经济冲突与矛盾起伏波动的现状，对未来发展的可能性保持开放与包容的管理心态，绕开"修昔底德陷阱"这类零和博弈观的理论假说，以更宽阔的时空观来探索新视界，为共建全球性的合作生态系统做出最为务实的努力。中国跨国公司不会再复制西方发达国家跨国公司在全球称霸与争利的旧成长模式，而将积极探索符合自身国情和企业实际情况的成长之路。作为 21 世纪全球最有发展活力的微观主体之一，中国跨国公司将承担起修复全球工业文明"大断裂带"的时代重任，应发挥好桥梁作用，将中国式现代化建设经验向更多国家分享与传播。

综合各篇、各章内容，本书希望呈现以下两个基本论点：第一，全球思维是跨国公司的共同基因。如果缺少全球思维，一个企业无力推进自身的国际化，更无法将自身发展壮大，成为真正意义上的世界一流企业。中国企业矢志加快建设世界一流企业，必须要强化和提升全球思维能力。第二，中国企业如何与世界相处，完全取决于我们看世界的思维方法。我们面对的全球政治经济形势中的一切困境，其本质都是思维的困境。当前，我们处于一个

全球思维：
世界大变局下跨国公司的演进与成长

变革时代的思想断裂带上，一些过去被视为正确和有价值的行为准则，将被废弃；一些看似谬误的行为准则，正在被酝酿和被尝试，它们在未来将具有巨大的价值潜力。在这样的时代进程的重要转折点上，中国企业应该加快走出国门，深入全球性的各种困局与复杂环境中去破局，从中探索出来一条通向未来的可持续成长之路。

| 第二章 |
跨国公司：实践历程与理论概念

在人类古代文明史中，能寻找到类似于跨国公司贸易活动的印迹，这些印迹同样贯穿于罗马帝国和中国的"丝绸之路"的兴衰史里。有观点认为，大航海时代的欧洲国家已经发展了早期跨国公司。也有观点认为，在英国工业革命后，才出现了真正意义上的现代跨国公司。不论跨国公司的历史起点究竟为何，在两次世界大战之前，跨国公司主要是由欧美少数率先实现工业化的国家创设的。两次世界大战结束后，伴随两轮全球化浪潮，现代跨国公司才逐步走向了兴盛的黄金时代，其经营规模与业务范围及依托的技术水平与基础设施条件、国际规则与监管环境等，也是在这一时期里真正趋于定型。在此背景下，20世纪60年代，跨国公司现象成了学术界关注的一个重要议题，与跨国公司问题相关的理论概念被正式提出，相关研究议题开始进入越来越多的研究者的视野中。

一、早期的跨国公司实践

跨国公司天然地与企业经营活动的地理空间变化联系在一起，是因为其是生产经营活动在跨越国界的不同地理空间上的差异性和发展不均衡性而发展壮大起来的一种企业组织形式。在古代社会，已经有了一些早期的类似跨国公司贸易与经营活动的印迹。最先研究跨国公司发展史问题的美国历史学家威尔金斯（Wilkins，1970）认为，公元前3000年至公元前2000年，苏美尔商人在古代美索不达米亚地区的不同城邦之间已经开展了对外商贸活动。在远离家乡的其他城邦，苏美尔商人发展了广泛的贸易网络，建立了贸易站点，以编织品、陶器和谷物等为主要交易对象，还通过楔形文字记录了这些互通有无的对外商贸活动。

邓宁和伦丹（Dunning & Lundan，2008）认为，早期跨国公司的雏形，很可能在近东和中东以及中国，也许还能在南美洲更古老的文明中找到。更加确凿的史料证据表明，它们至少可以追溯到腓尼基人和罗马人的殖民统治时期。公元前几个世纪，腓尼基人采取的殖民活动、开拓和发展洲际贸易、促进技术与文化传播等做法，和15世纪末至16世纪地理大发现时期欧洲国家的做法如出一辙。作为古代最伟大的航海家和商人，腓尼基人在鼎盛时期设立的洲际企业，经营西班牙的白银、英国的锡、非洲的象牙、塞浦路斯的铜、叙利亚的铁以及地中海周围各地的纺织品和手工制成品，其商业活动从大西洋延伸到亚述帝国（Moore & Lewis，2000）。在同一时期的亚述帝国，亚述人以某种方式垄断了从美索不达米亚到安纳托利亚的锡进口，这些锡产自阿富汗（Moore & Lewis，1998）。腓尼基人建立了庞大的商船舰队，为发展壮大洲际贸易开展殖民活动，将当时处于鼎盛期的巴比伦文明和亚述文明传播到了希腊。公元前800年至公元前550年，腓尼基人和希腊人将地中海沿岸的所有地区与东部海岸更发达的文明连接在了一起（McNeill，1991），形成了人类历史上最早的、跨地区和涉及多元文化交流的商业经济一体化系统。腓尼基人在约公元前814年建立的城市迦太基，连通了非洲部落与地中海城邦，成为当时最负盛名的政治和经济中心之一，直到它被罗马人攻陷并夷为废墟。

西方学者在研究古代社会的跨国贸易活动时，习惯以西方世界，也就是以罗马为中心轴。在随后的罗马帝国殖民扩张历史中，记载了摩尔和刘易斯（Moore & Lewis，1998）所说的原始跨国公司（Proto-MNCs）的活动足迹。班（Bang，2008）指出，罗马人在其辖区内建立了大量的基础设施，将横跨欧亚非大陆的市场组织起来，在这个高度复杂的系统中，有各种地方性、区域性和国际性的参与者。

尽管对东方世界跨国贸易活动的研究史料不如对西方的研究史料来得丰富，但相关的史料证据表明，早在2000年前，东方世界与西方世界之间已经发生了超乎现代人想象的、形式丰富的跨国商贸活动。那时的各国商人克服落后的交通与通信手段的限制，远赴万里之外去探险，他们不仅以此为生，甚至像《一千零一夜》中的巴格达航海家兼商人辛巴达一样乐此不疲。另外，中国与印度洋区域的跨国贸易活动的发展时间要早于罗马帝国时期。作为当时东方世界最强大的国家，中国通过陆上丝绸之路与海上丝绸之路，同时开展与西方世界之间的贸易与文化交流活动。公元前1世纪，中国商人通过陆上丝绸之路，将丝绸等产品出口到了中亚、西亚和欧洲各国（见专栏2-1）。在更早的时期，中国通过南海的海上丝绸之路，已经连通了与印度洋海域之间的贸易活动。《后汉书·西域传》记载："与安息、天竺交市于海中，利有十倍。"在汉朝，罗马被称作为大秦国或海西国。在印度洋，南亚与东南亚及东非、中东的商人，就棉丝纺织品、香料以及珊瑚和象牙等宝石开展的贸易活动，非常活跃。大约在公元1世纪，欧亚世界贸易的轮廓出现了，一端是作为希腊文明中心、地中海最大城市的亚历山大和中东，中间是印度（和印度尼西亚），另一端是中国（Bang，2009）。后来，印度的钢铁也进入了罗马（Schoff，1915）。罗马拥有世界上最好的水磨和玻璃生产技术；到公元6世纪，罗马帝国在军事技术上的强大声誉，也传播到了中国和印度（McNeill，1991）。

丝绸之路

丝绸之路始于公元前139年和公元前119年张骞两次出使西域，其开拓了中国向西的贸易通道。公元1世纪，中国丝绸在罗马、埃及和希腊广受欢迎。在古希腊语中，中国对应的词汇是"Seres"，其意为"丝绸之国"。后来，来自东方的有利可图的商品有茶叶、香料和瓷器等，还有纸张和火药。西方向东方出口的产品包括葡萄酒、橄榄油和黄金等。13~14世纪，蒙古帝国分裂，削弱了丝绸之路沿线的政治经济与文化的统一性。在存续的1500多年间，丝绸之路曾经历了不少帝国兴衰和地缘政治冲突的重大事件。1453年，奥斯曼帝国的穆罕默德二世攻陷了拜占庭的君士坦丁堡并控制了这条贸易路线，迫使欧洲国家不得不去寻找替代丝绸之路的全新的海上贸易通道。

1877年，德国地理学家李希霍芬（Ferdinand von Richthofen）首次提出了"丝绸之路"的概念。1988年，联合国教科文组织启动了"对话之路：丝绸之路整体性研究"项目。2013年，中国国家主席习近平提出建设"新丝绸之路经济带"和"21世纪海上丝绸之路"的战略构想。2014年6月22日，从中国中部至中亚哲特苏地区5000千米的"丝绸之路：长安—天山廊道的路网"被列入《世界遗产名录》。

2015年，牛津大学全球史教授彼得·弗兰科潘（Peter Frankopan）出版了有关丝绸之路的研究著作——《丝绸之路：一部全新的世界史》，挑战了地理大发现时代以来形成的"欧洲中心论"。他将丝绸之路摆放在了早期全球贸易活动研究工作的中心位置上，凸显了西方世界之外的中国以及中亚、中东和南亚的一些国家与地区在过去一两千年世界历史中的重要性。他指出，丝绸之路不仅是一条全球贸易之路，更是全球思想观念、技术、宗教与文化的交流交汇之路。借助这条贸易道路提供的互连互通方式，不同文明各自实现了社会经济的显著发展。从其漫长历史进程中，我们能看到，在一次次动荡且艰难的时局中，始终有一些商业实践展现出了超强的韧性与适应力，它们像接力棒一样，最终在人类历史中为"丝绸之路"留下了不可磨灭的、浓墨重彩的一笔。

资料来源：笔者根据相关资料编写。

10 世纪前后，莎士比亚笔下描绘的威尼斯商人，获得了在拜占庭帝国开展自由贸易的权利，垄断了东西方世界之间的众多贸易活动。那个时代最为我们所熟知的是一位威尼斯商人的儿子马可·波罗（Marco Polo），他沿着丝绸之路来到中国，写下了著名的《马可·波罗游记》（*The Travels of Marco Polo*），并在欧洲得到广泛传播（Polo，2016）。12～13 世纪，随着意大利市场和贸易的扩张、银行的出现，意大利银行家采用了复式记账法（Double Entry Bookkeeping），到 14 世纪中叶，复式记账法已经渗透到佛罗伦萨社会的各个领域（Sangster，2024）。意大利商人凭借此方法，大大增加了对那些扩展到相当遥远国家的业务控制，其国际商业影响力在 15 世纪达到了顶峰。蒂德曼（Tiddeman，2017）的博士论文研究了中世纪商人文件中英语与意大利语的交互情况，其研究表明，1300～1450 年是意大利对中世纪英国经济影响最强的时期。这期间，意大利人渗透到英国社会的许多层面，包括皇家衣橱和政府铸币厂的高层、伦敦制服公司、从科茨沃尔德到约克郡的羊毛生产庄园以及南安普敦等主要港口等。托斯卡纳人、威尼斯人和热那亚人在中世纪后期英格兰的贸易和金融中发挥了积极作用。"英国诗歌之父"乔叟（Geoffrey Chaucer）和意大利诗人薄伽丘（Giovanni Boccaccio）都曾经参与了当时的国际贸易活动（Bradley，2018）：乔叟有 12 年担任伦敦港海关财务长的职业经历；年轻的薄伽丘曾为那不勒斯的巴尔迪（Bardi）家族工作，该家族是当时欧洲最有权势的一个商业帝国。

人们通常意义上说的跨国公司，是伴随着大航海时代的到来才出现的。16～18 世纪，荷兰和英国两个欧洲强国的对外扩张与殖民活动，催生了以从事商贸活动为主的早期跨国公司（Early-MNCs）。其中，最著名的是英国和荷兰各自设立的东印度公司，鲍文（Bowen，2005）称之为"帝国的生意"。比之更早成立的但被更多人遗忘的是 1555 年创设的英国莫斯科公司（Muscovy Company），该公司主要从事英国与俄罗斯两国之间的贸易活动（Arel，2019），直到 1649 年它在俄罗斯的特许经营权被取消，之后又经历了 1917 年的俄国革命，最终它幸存下来作为一家慈善机构存续运营。另一家与莫斯科公司之间有密切联系的著名特许公司是在威尼斯公司和土耳其公司的基础上合并设立的黎凡特公司（Levant Company），其垄断了地中海及中东地区的贸易。继荷兰和英国两国后，法国与丹麦等国也相继设立了东印度公司。发展早期跨国公司的成功做法，为英国后来成为工业革命的摇篮及逐步壮大成为世界上最强的工业帝国奠定了重要的政治和经济基础。

随着 18 世纪中叶兴起的工业革命，一大批欧美工业企业迅速崛起并孕育出了真正意义上的现代跨国公司。与早期跨国公司相比，现代跨国公司的显著特征是，它们在更高的技术水平上发展壮大起来，生产运营与组织管理方式更加复杂。有关现代跨国公司最早出现的历史时间点，就像工业革命的起始点一样，学术界并没有一致的看法。一种较有影响力的观点认为，18 世纪末、19 世纪初，在第一次工业革命的历史进程中，现代跨国公司出现了，因为在这一时期，一部分企业已经具备了现代跨国公司的主要特征，它们形成了相对完整的跨国性的生产贸易组织体系，从其他国家采购各种原材料和资源，使用当时的先进技术实现较大规模的制造，再将最终产品向世界各地销售。18 世纪中后期，英国曼彻斯特的众多纺织企业正是通过这种模式将这个城市发展成为连接当时全球制造和贸易网络的中心枢纽，曼彻斯特也在此发展过程中成为世界上第一个工业化城市（见专栏 2-2）。

工业革命的发源地

曼彻斯特所在的兰开夏郡（Lancashire），在都铎王朝时期，不过是英国西北部的一个边缘省份，在人们印象里代表着贫困落后。14 世纪，法兰德斯羊毛和亚麻纺织工人定居于此，为其发展纺织业打下了基础。16 世纪中叶，此地出产的呢绒、毡帽等产品远销海外。英国本地织物原本是以羊毛等为主要原材料的，17 世纪，英国东印度公司引入的印度棉纺织品在英国变得流行起来。18世纪，对棉纺织品的需求增加，刺激了兰开夏郡纺织业成为第一个实现机械化生产的行业，这一地区也由此成为第一次工业革命的发源地。

1764年，英国兰开夏郡的纺织工詹姆斯·哈格里夫斯（James Hargreaves）发明了珍妮纺纱机（Spinning Jenny），开启了发轫于纺织机器的工业革命。

1767年，理发师兼假发制造商理查德·阿克莱特（Richard Arkwright）与钟表匠约翰·凯（John Kay）合作，研发出了水力纺纱机，以水力为动力，比珍妮纺纱机效率更高。1769年，阿克莱特取得发明专利，兴建了水力纺纱厂。十余年后，阿克莱特的工厂又成为第一家使用蒸汽动力的纺纱厂——蒸汽机开始代替水车来装备纺织厂，使曼彻斯特纺织工业得到了更加迅猛的发展。

整个18世纪80年代，曼彻斯特棉纺织厂数量持续增加，凭借运输便利的运河、充足的水和煤炭供应，加上创新进取的商业文化，这些工厂成为工业革命的急先锋，它们大规模制造的棉纺织品打败了印度的棉纺织品。这一时期，曼彻斯特棉纺织厂不仅将产品销往世界各地，它们的繁荣还依赖于从大西洋彼岸大量采购棉花，这些工厂纺纱和编织的大部分棉花，由奴隶在加勒比地区和南美洲——包括圭亚那和巴西的种植园种植。欣欣向荣的纺织业，将曼彻斯特推送到了国际生产与贸易网络体系的中心位置。经过半个世纪的发展，曼彻斯特的纺织厂数量已近百家。一家名为 Langworthy 的工厂拥有保存完整的商业档案，其中包含大量的与遍布英国和全球众多其他公司之间往来的信件，说明这家工厂当时便与遍布拉丁美洲的智利、墨西哥、阿根廷和古巴等国的数十名贸易商保持了密切的合作关系。

1830年，利物浦和曼彻斯特之间建成了世界上第一条蒸汽动力的城际铁路，采用斯蒂芬森公司（Robert Stephenson and Co.）在纽卡斯尔工厂制造的名为"Rocket"的机车，用于运输美洲种植的原棉以及从曼彻斯特工厂发往世界各地的成品纺织品——之前通过运河用船运输物资需要12小时，而新铁路使从利物浦港口到曼彻斯特工厂的货运时间缩短到不足2小时。到美国南北战争之前的1860年，美国南部种植园供应了兰开夏郡工厂纺纱和织造的近90%的棉花。1866年，清政府派官员斌椿带领使团赴欧洲考察时，记录了曼彻斯特工业的繁荣气象。斌椿在《乘槎笔记》中写道："此地人民五十万。街市繁盛，为英国第二埠头。中华及印度、美国棉花皆集于此。所织之布，发于各路售卖……往织布大行（指工厂）遍览。楼五重，上下数百间。工匠计三千人，女多于男。"使团中同文馆张德彝在《航海述奇》中写道："（满柴四尔城）乘车至织布处，女工二千余名，男工六百余名，其弹染棉花，纺线织布，悉用火机，一时可得棉线数百斤，织染洋布数十匹。棉花以合众国最佳，中国产次之……至印布处，其白布织于印度，花绘印于英国。"

资料来源：笔者根据曼彻斯特科学与工业博物馆现场展示素材及博物馆网页（https：//www. scienceandindustrymuseum. org. uk/）的相关资料编写。

另外的观点认为，19 世纪下半叶，在第一次工业革命结束以及以英国东印度公司为代表的早期商贸类跨国公司陆续退出历史舞台后，属于现代跨国公司的时代才真正拉开大幕——也就是说，现代跨国公司是在 19 世纪末、20 世纪初的第二次工业革命进程中才出现的。在这一时期，欧美国家的对外直接投资活动有了非常显著的增长，而且这些活动建立在更加先进的通信与交通技术水平之上。

二、现代跨国公司的兴起

19 世纪中后期，随着工业革命及国际贸易活动的繁荣，欧美国家对所缺乏的资源要素和产品的市场需求不断增长，制造业跨国公司呈现出迅速发展壮大的趋势。而在几个世纪前，以英国东印度公司为代表的、历史更悠久的早期跨国公司，主要是开展贸易与金融活动的特许经营公司。威尔金斯（Wilkins，1970）指出，直到独立战争时期，美国殖民地都服从于英国的商业政策，英国法律不鼓励甚至禁止殖民地的生产经营活动，但美国企业突破了英国对其发展当地制造业及海外业务的种种限制与阻碍。19 世纪 50 年代，也就是美国内战前的十年，是美国跨国公司加快发展的重要时期。像专栏 2-3 中提到的美国辛格公司，就是这一时期世界上最早出现的制造业现代跨国公司之一（Jones & Lopes，2021）。19 世纪下半叶，西欧国家与美国的大型企业——尤其是制造业企业在数量和规模上出现了快速增长，同时，一个比较繁荣的国际经济体系也不约而同地出现了（Supple，1989）。伴随着第二次工业革命的出现，欧美制造业企业得到了空前的发展，于是，19 世纪 80~90 年代，现代跨国公司开始大规模涌现出来（Wilkins，1974）。到第一次世界大战之前的 1914 年，已有数量惊人的跨国制造公司"真正"将总部设在了美国，这些企业不仅有海外销售，还有直接投资活动，它们适应并尊重外国当地的传统，并在其经营所在国按照该国的规章制度行事（Wilkins，1970）。

经济史表明，直到第一次世界大战之前，英国仍然是对外投资规模最大

的国家，其投资规模总量大大超过了法国、德国和美国。斯托普福德
(Stopford，1974)研究了19世纪维多利亚时代的英国企业家精神，他指出，在
滑铁卢战役后，英国便开始对外资本输出，以帮助重建欧洲大陆和发展其他
地区。以下列举了他重点关注到的14家英国跨国公司中的3家：第一家是瑞
典化学家和实业家诺贝尔(Alfred Nobel)在苏格兰设立的英国炸药公司，当时，
诺贝尔凭借其炸药专利，在十余年时间里，在14个国家建立了16家炸药生
产厂。第二家是1888年在北爱尔兰贝尔法斯特创设的邓禄普公司(Dunlop)，
并于1899年开设了日本工厂，而它的美国竞争对手当时还只是在加拿大开展
了跨国经营活动。第三家葛兰素史克(GSK)是在并购多家英美医药企业基础
上形成的，这些企业中，历史最久的企业可追溯到1715年在伦敦开设的
Plough Court药房；另一家企业史密斯克莱恩(Smith，Kline & Co.)的起源是
1830年在美国费城开业的药店；还有一家企业是伦敦人约瑟夫·内森(Joseph
Nathan)于1873年在新西兰开办的奶粉厂；还包括两家企业，分别是由一位从
1848年开始创业的前牧羊人创设的英国医药公司Beecham，以及美国药剂师
于1880年在伦敦创设的公司及在1894年创设的疫苗生物实验室。①

19世纪末20世纪初，美国跨国公司日益取得了比英国竞争对手更加辉煌
的国际化成就。威尔金斯研究了第一次世界大战之前美国跨国公司，专栏2-
3列举了能反映当时美国跨国公司发展盛况的一些事实素材。当时，以辛格公
司为代表的美国企业纷纷将大量海外投资放在了英国。威尔金斯(Wilkins，
1970)在书中引用了一位英国人在1901年的言论——"美国工业最严重的方面
在于，这些新来者几乎控制了过去15年里创造的、所有的新工业领域"，这
充分展示了这个年轻的国家在昔日的"世界工厂"所取得的巨大商业成功。斯
托普福德(Stopford，1974)也承认，在推动国际化经营方面，少有几家英国跨
国公司能匹敌像福特、西屋电气等美国竞争对手。

专栏2-3

19世纪末20世纪初的美国跨国公司

1899年，美国纽约人寿保险公司在印刷品上宣称，它是"世界上最古老的

---

① 参阅葛兰素史克公司网站(https://www.gsk.com/en-gb/company/history-and-heritage/)。

国际人寿保险公司"，受到 82 个国家的政府监管。同年成立的古根海姆勘探公司（Guggenheim Exploration Company）声称，"在世界任何地方调查、勘探、改善和开发矿产资源"。19 世纪 80 年代，石油已经成为美国的一个重要出口产业。当美国标准石油公司在欧洲遇到来自俄罗斯石油公司的激烈竞争时，它选择以更激烈的竞争来应对竞争。1911 年，美国最高法院决定拆分美国标准石油公司时，该公司拥有 67 个从事国际贸易活动的分支机构。在解体后，从美国标准石油公司中分离出来的这些公司，有相当一部分保留了国外业务，像当时还没有国外业务的加州标准石油公司，后来发展壮大成为雪佛龙公司（Chevron），至今仍是最重要的国际石油公司之一。

为了解当时的美国企业高管对企业国际化的认知水平，可以参考一下西部电气公司（Western Electric）副总裁 H. B. Thayer 于 1907 年写给泰国曼谷一位代理商的信的内容："我们在英国、比利时、德国、法国、俄罗斯、奥地利、意大利和日本都有办事处和工厂生产我们的标准仪器，所以就这件事而言，我们是国际的，而不是美国的。"

美国第一家跨国公司是创设于 1851 年的缝纫机制造商辛格公司（Singer Company）。1855 年，辛格公司开始在国际上销售其机器，并在当年的巴黎世界博览会上获得了一等奖。当年，辛格公司将专利权出售给一位法国商人，但后者不愿支付应付专利费用，由此发生了法律纠纷。随后，辛格公司开始在国外发展独立代理商，通过他们向美洲的墨西哥、加拿大、古巴及向欧洲各国出口缝纫机。1860 年，辛格公司成为世界上最大的缝纫机制造商。为应对英国本地厂商的激烈竞争，1867 年，辛格公司在苏格兰格拉斯哥约翰街兴建了一个小型实验性工厂；1872 年，又在布里奇顿建了另一个工厂。

资料来源：笔者根据威尔金斯（Wilkins，1970）的相关内容编写。

19 世纪末，除英美之外，其他的跨国公司集中在少数的西欧国家和地处东亚的日本。与美国的大市场和大企业的发展经验相比，欧洲跨国公司在发展中表现出来了"小经济"效应——由于这些国家的国内市场太小，它们的企业不得不到别处寻找增长机会。像荷兰、瑞典和瑞士等国，都开放接纳其他欧洲国家的跨国公司，它们自己的小型企业和家族企业有不少都是积极的外国投资者，这些公司在其公司生涯的早期就开始在邻近的欧洲国家拓展国外市场了（Jones，2003）。荷兰与英国有相近的殖民倾向，在发展威尔金斯

(Wilkins, 1986) 所说的独立公司方面, 荷兰与英国也有相近之处, 这些独立公司也多从事商贸活动。

在日本, 跨国公司的发展晚于西欧各国。梅森 (Mason, 1992) 指出, 19世纪70年代中后期, 日本首次开始了对欧美的对外投资活动。英国被日本视作为最主要的出口对象, 日本人不仅将英国视为一个大市场, 而且将其视为通往欧洲的大门 (Dunning, 1986)。到第一次世界大战之前, 法国则是日本的生丝和丝绸产品的最大接受国。1878年, 三井公司 (Mitsui & Co.) 在巴黎设立了第一个海外办事处; 1879年和1880年, 又分别在纽约和伦敦开设了办事处。在这一时期, 日本的国际商务活动以对外贸易为主。直到1887年, 日本90%的对外贸易由外国人处理——主要是英国公司 (Wilkins, 1986)。其对外贸易活动的发展动机与西欧国家的动机相似, 一是获取本国没有的关键自然资源; 二是因国内市场需求有限, 需要拓展海外市场。随着贸易活动的扩大, 日本人逐步接手了外国公司的业务。1904~1905年日俄战争后, 大仓集团、门卡公司在英国、德国、意大利等地开设了分支机构 (Mason, 1992)。在发展早期阶段, 日本跨国公司多在欧洲从事贸易、航运等服务业务。第一次世界大战开始后, 日本缩减了在欧洲的活动, 将注意力更多转向了亚洲国家和美国, 以填补与欧洲贸易下降所造成的空白 (Mason, 1992)。第一次世界大战结束后, 日本对欧洲的贸易活动又有所增加。由于其工业化进程落后于欧美国家, 日本的制造业跨国公司比较晚才发展起来。像日本棉纺织企业在上海开办工厂, 在印度开展采购印度棉花的活动 (Wilkins, 1986)。

作为康德拉季耶夫 (Nikolay Kondratieff) 的追随者, 赤松要 (Akamatsu, 1961) 在研究日本对外投资活动时, 敏感地捕捉到了世界经济在分化与同质化之间的周期性变化趋势。第一次长波周期是由18世纪中叶的英国工业革命推动的, 当时英国的棉花工业和重工业技术创新使英国成为世界工厂, 同时也带动了世界经济结构的分化发展, 但在19世纪初受到了拿破仑战争的冲击和不利影响。第二次长波周期的衰退发生在1870年普法战争后, 随着英国的先进技术传播到了其他欧洲国家和美国, 生产过剩催生了欧美各国新重商主义的保护主义政策。直到20世纪初, 以美国为代表的电气工业和汽车工业等新兴产业快速增长, 才推动了第三次长波动周期的发展, 但在20世纪二三十年代又转向衰退。从历史周期来看, 当领先国家出现了重大技术创新时, 世界经济开始分化, 国际贸易与投资活动趋于活跃, 这些特征通常对应经济繁荣期; 随着技术快速地向后发国家扩散, 领先国家与跟进发展国家之间的技术差距趋于收敛，世界经济朝同质化方向发展，国际贸易与投资活动趋于减缓。此时，经济容易陷入衰退，国家之间的矛盾与冲突将上升。现代跨国公司正是在世界经济的上述起落波动中成长和壮大起来的，在这个过程中，它们接受了各种严酷且剧烈的冲突考验，但紧接着，历史的滚滚车轮将现代跨国公司送进了两次世界大战的年代。有关战争期间的现代跨国公司的发展情况，本书第四章将作专门的讨论。

三、跨国公司概念的提出

20世纪下半叶，现代跨国公司迎来了繁荣发展所需要的宝贵的和平环境，这种环境也成了跨国公司现象的相关理论研究繁荣发展的沃土。20世纪50年代末至60年代初，学者们提出了跨国公司的概念，并在随后的二三十年不断丰富这一概念的理论内涵。下文将讨论相关的理论发展情况及其思维范式上的局限性。

1. 跨国公司的概念化及理论发展情况

作为国际商务领域最有影响力的学者，邓宁在整个学术生涯中一直高度关注地理区位因素（Location）在对外直接投资活动中的重要性。在1952年的研究中，邓宁注意到了英国不同地区的生产和交易成本的差异——20世纪50年代，在大多数制造业中，美国企业在美国的劳动生产率是英国企业在英国的2.5倍，而美国企业在英国的子公司的劳动生产率是其英国竞争对手的1.5倍。在获得《国际商业研究杂志》（*Journal of International Business Studies*）2008年十年奖的访谈之中，邓宁（2009）特意提到了自己在半个世纪前发表的研究成果中的这一发现。就在邓宁推进上述研究工作的同一时期，"跨国公司"的概念被正式提出来了。琼斯（Jones, 2005）追溯了这个概念在早期的形成过程：1958年，法国经济学家莫里斯·拜（Maurice Byé）创造性地使用"多领土单位"（Multi-Territorial Unit）的概念描述跨国公司的经营活动。这一年有里程碑意义的事件是，英国海外航空公司（BOAC）在伦敦和纽约之间开通了有史以来第一次跨大西洋的商用喷气式飞机服务。威尔金斯（Wilkins, 1974）认为，类似的技术进步，起到了一种刺激作用（尽管是间接的），开拓了美国跨国公司高管们对更广泛的跨国投资的思维。1960年，美国田纳西河流域管理局前负责人利连索尔（David E. Lilienthal）发表了一篇关于美国海外公司问题的论文，他最先使用了"跨国公司"（Multinational Corporations）的概念①。

从英文本义上讲，"Multinational"指的是"多国公司"，使用这一词汇容易引发一个争议：一个企业要在多少个国家开展国际化经营活动，才能被称为跨国公司呢？为回避这样的争议，20世纪70年代，联合国使用"Transnational"（跨国的）这个词来描述这类现象，有时又将那些拥有特别广泛的国际业务的跨国公司描述为"Global"（全球性）的跨国公司。② 进入20世纪八九十年代，全球化浪潮带来了有深远影响的变化，推动越来越多的跨国公司成为全球市场体系的参与者。戈沙尔和巴特利特（Ghoshal & Bartlett, 1990）将跨国公司描述为一组地域上分散、目标不同，但能够在差异化的环境中作出各种适应性反应和动态发展相互依存的交易关系的组织。专栏2-4提供了飞利浦公司（Philips）的案例，可作为跨国公司的一个典型样本。

专栏 2-4

一个典型的跨国公司样本：飞利浦

飞利浦是一家总部设在荷兰的跨国公司，其运营单位遍布在60个国家，包括美国、法国、日本、韩国、尼日利亚、乌拉圭和孟加拉国等。1891年，杰拉德·飞利浦（Gerard Philips）和他的父亲弗雷德里克·飞利浦（Frederik Philips）创立了皇家飞利浦（Koninklijke Philips N. V.）。最初，飞利浦是一家生产白炽灯和其他电气产品的公司。到20世纪80年代末，飞利浦有超过77%的总资产位于荷兰总部以外，没有一个国家的子公司拥有超过公司全球资产的15%——这是一个有典型意义的跨国公司样本。

飞利浦在各国设立了规模和功能各异的分支机构。其中，有一些是大型

---

① 利连索尔论文的名称为：《全球经济变革时期有关企业管理中一些问题和机遇的回顾》（*The Multinational Corporation: A Review of Some Problems and Opportunities for Business Management in a Period of World-Wide Economic Change*）。利连索尔曾经是田纳西河流域管理局（TVA）的首批董事之一，他于1944年出版了《TVA：三月的民主》一书，又于1953年出版了《大企业：一个新时代》一书。

② 这些不同的提法，对应于我们常见的对"跨国公司"的不同英文译法。最常见的译法是"Multinational"，还可以译为MNE（Multinational Enterprise）或MNC（Multinational Corporation/Company）。还有两组常见的译法：TNC（Transnational Corporation）或TNE（Transnational Enterprise）；IC（International Corporation/Company），以及GC（Global Company/Corporation）或GE（Global Enterprise）。其中，与本书的核心议题契合得较好的一种译法可能是GC，因为它贴近于本书所关注的"具有全球思维的企业"（Globally Minded Corporation/Company，GMC）。

的、综合性的公司，从事从灯泡到防御系统等各种产品的开发、制造和市场营销。这些子公司可能拥有 5000 名或更多的员工，并是其所在国家最大的公司之一；另一些是小型的、单一功能的运营机构，只负责研发（R&D）、制造或市场营销，员工数量可能少于 50 人。这些运营单位的成立时间各不相同，有的运营了 50 多年，有的成立时间不到 10 年。公司总部对其中的某一些分支机构控制严密，其他单位则享有与总部更为平等的伙伴关系。

无论其规模大小、成立时间长短或与总部之间的管控关系如何，飞利浦的每一个运营单位都各自嵌入一个个独特的关系网络体系之中。例如，在欧洲，飞利浦拥有 5 家生产相同或几乎相同型号电视机的工厂，每家工厂基本上都面向当地市场；在印度，照明产品的开发、制造、营销和其他活动，都发生在当地，为当地服务；在新加坡开设的音频工厂利用当地资源，供应全球；技术更先进的电视机的开发和制造，则专门部署在英国这样的全球领先市场。

飞利浦分散且高度差异化的组织管理方式，是许多大型跨国公司的通用做法。对其稍加改变，就可以用来代表联合利华和爱立信这样的欧洲公司，也可以代表宝洁这样的美国跨国公司，还可以代表日本电气股份有限公司（NEC）和松下电器这样的日本公司。

资料来源：笔者根据 Ghoshal 和 Bartlett（1990）的相关内容编写。

地理空间分布的多样性，天然赋予了跨国公司经营实践活动的丰富性。这种丰富性和多样性，使各种宏观因素和微观因素得以汇聚于跨国公司一身并不断发生碰撞与交互作用，进一步导致跨国公司在一定程度上具备了马库森（Markusen，2003）所说的"模糊概念"的性质。所谓模糊概念，是指人们对其内涵、现象或变化过程，容易产生非一致性理解的概念。也就是说，当我们探讨同样冠以"跨国公司"之名的现象时，不一定能真正确定我们看到的和想到的现象，具体指向什么样的社会经济含义。为应对概念模糊性这一问题，研究者逐渐从跨国公司这个概念中区分出来不同的子集：传统产业的跨国公司和新兴技术领域的跨国公司；发达国家的跨国公司和新兴经济体的跨国公司；大型跨国公司和中小型跨国公司；一般意义的跨国公司和国家主导的跨国公司；等等。正如加拿大学者考克斯（Cox，1983）所言：一个概念是松散和有弹性的，只有当它与它用于解释的特定情况或历史背景接触时，才能获得精确性——从这种接触中，研究者才能发展出来概念的真切含义。为了降低跨国公司研究工作中的"噪声"，研究者们需要从特定的研究目的出发，对跨

国公司进行各种类型学划分，化繁为简，以求更加精准地去探讨跨国公司的
具体实践问题和避免产生无谓的争论。

巴特利特和戈沙尔（Bartlett & Ghoshal，1998）指出，20 世纪 80 年代是一
个分水岭，从这一时期开始，全球化开始成为影响世界上大多数大公司业务
变革的一种根本性力量。他们用数年时间走访了 236 位跨国公司管理者，并
在此研究工作的基础上给出了一种有关跨国公司的四分类方法（如图 2-1 所
示）。第一类跨国公司是国际公司（International Companies），这个概念泛指所
有依托母国业务的竞争优势而向母国之外的国家和地区开展了国际贸易与投
资活动的企业，母公司对海外分支机构仍有相当大的影响力和控制权。第二
类跨国公司是多国公司（Multinational Companies），这是最常见的跨国公司的
概念，指那些在多个国家各自开展本地化投资经营活动的企业，这类企业已
经发展出一种战略姿态和组织能力，使其对世界各国市场环境的差异非常敏
感。第三类跨国公司是全球公司（Global Companies），这些企业将全球市场视为
一个整体，开展集中化的战略运营活动。第四类是跨国公司（Transnational
Companies），兼具多国公司和全球公司的优点，以高度灵活的学习型和自适应
型组织来应对不断变化的环境。巴特利特和戈沙尔对跨国公司的四分类法，
基本出发点是从组织管理能力的研究视角来解析跨国公司的分类问题。

图 2-1　跨国公司的四分类

资料来源：Bartlett 和 Ghoshal（1998）。

有观点认为，国际公司的经营活动形式相对较为简单，因此可以将它们
忽略掉。例如，哈津（Harzing，2000）对总部位于 9 个国家的 37 家跨国公司的

166 家子公司开展实证研究时，就将四分类法简化为三分类法。也有研究者将前文中提到的以商贸活动为主的早期的跨国公司都划归为国际公司这一子类型。还有一些研究者认为，如果一家公司的唯一国际业务是从其总部出口商品或服务，那么它就不是跨国公司，跨国公司必须在母国之外的其他国家拥有可控制的业务或运营性资产（Jones，2005）。在具体概念使用上，研究者们各自有不同的用途与偏好，如卡夫斯（Caves，2007）将多元化跨国公司称作为国际企业（International Firm），以区别于横向一体化的跨国公司和纵向一体化的跨国公司。据 1989 年《经济学人》的报道，丰田公司总裁丰田章一郎（Shoichiro Toyoda）认为，跨国公司应该是"能够充分利用全球人力、资本和货物的公司"（The Economist，1989），他用这种更严格的定义，将对全球运营活动拥有强大掌控能力的跨国公司，与那些只拥有一些海外机构和简单业务关系的国际贸易公司区分开来。

在图 2-1 的四分类方法的基础上，戈沙尔和诺里亚（Ghoshal & Nohria，1993）进一步对跨国公司面临的不同类型经营环境进行了四分类的分析，在两位研究者看来，经营环境和行业类型有很强的相关性（如图 2-2 所示）。首先，在相对低水平的国际化环境中，这些行业的国际公司通常以随机应变地适应特定的国外市场需求为生存与发展第一要务，不具备全球一体化运营所需的组织管理能力。其次，在多国环境中，这些行业的多国公司的组织管理方式相比于国际公司要复杂一些，能够相对灵活且差异化地响应多个国家的不同市场需求，但仍然不具备全球一体化运营所需的组织管理能力。再次，在全球环境中，这些行业的全球公司采用高度一体化的集中组织管理架构来应对全球市场竞争的挑战；相比之下，全球公司不那么看重对多样化市场需求的差异化响应。最后，在跨国环境里运营的跨国公司，其组织管理方式，既有多国公司的灵活响应多样化市场需求的差异化能力，又有全球公司的综合一体化运营的管理能力。

图 2-1 和图 2-2 给出的两种四分类法有很强的理论相关性，我们可以将它们结合起来分析跨国公司的组织运营方式。四分类法中的"全球公司"和"跨国公司"这两个概念，也是前文提到的联合国在使用的两个概念。有时尽管概念用词相同，但在具体使用境况下，概念所指向的研究目的及现实含义是有一定差异的。理论概念的模糊性，有可能导致不同研究者在理解上及在想要表达的思想观点上存在显著的差异与分歧，这是我们在研究工作中应予以注意的。

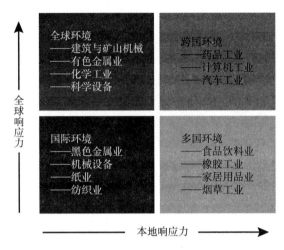

图 2-2　跨国环境的四分类

资料来源：Ghoshal 和 Nohria（1993）。

2. 克服理论研究工作中的思维局限性

研究跨国公司问题的主战场，集中在国际商务理论领域。在发展的早期阶段，国际商务理论主要受到了国际经济理论的影响，热衷于关注跨国公司的各种对外直接投资活动。国际商务理论和国际经济理论对跨国公司现象的主流解释是，跨国公司先是以跨国套利者的角色出现的，后来才逐步发展起来专业的与复杂的经营管理活动。邓宁（2009）指出，20 世纪 70 年代中后期以来，国际商务领域学者的注意力开始更多地集中在跨国公司作为组织实体的独特且具体的行为特征上，他们不太关注国际化运营活动的地点及与之相关的宏观背景因素如何影响跨国公司的微观组织管理活动。李施等（Liesch et al.，2011）基于 1970~2008 年发表的文章对国际商务领域进行了科学计量学分析，其研究结论是，在发展的早期阶段，国际商务理论研究侧重于分析宏观经济因素，但随着时间的推移，相关领域的研究工作日益转向战略管理、运营绩效、创新网络和知识学习等微观议题，后续研究始终未能有效弥合宏观和微观研究工作之间割裂的鸿沟。在宏观与微观脱节的情况下，国际商务理论研究工作呈现出了明显弊病——因狭隘的思维范式和日益"复杂"的定量方法造成了方法优先于思想，限制和排除了在丰富经验背景下对复杂现象和跨层次相互作用关系的深度理解。

今天，在讨论跨国公司发展问题时，人们常常陷入误区。如前所述，理论研究者习惯性地照搬西方微观经济学、国际商务理论或战略管理理论的分析框架，拆解跨国公司实践活动，面对跨国公司的内部资源能力与外部环境条件复杂多样的变化，缺乏对全局性、更加宏大的和现实的背景因素的把握。与此同时，企业管理者往往将主要精力放在具体的国际化决策与经营事务上，他们缺少对企业经济活动背后的复杂的非经济背景因素的必要的务虚思考。其实，对一个企业而言，不是将几个人派到国外去、开设一个海外机构，在国外买一些资产或提供一些产品服务，就算是推进了国际化。推进国际化，关键是要培育符合全球思维的管理心智及相应的解析现实问题的正确的思维框架。

最常见的理论逻辑是，为追逐更高的投资回报水平，跨国公司需要离开母国，不断进入其他国家开展有利可图的投资与贸易活动。在这些交易活动中，参与进来的首要的生产要素是资本，与资本几乎同步参与进来的另外两个生产要素分别是技术和管理。随着资本、技术和管理等生产要素在数量与质量上不断增长，跨国公司的企业组织形式日趋复杂化和专业化。从这种拆解生产要素组合和过程环节的研究视角来考察跨国公司的经营活动，看起来经营一个跨国公司，与经营一个非跨国公司几乎没有太大的差异性。受这种国际商务理论或国际经济理论主流思维范式的支配，大量因为空间地理因素变化而引致的跨国公司经营活动现实问题在性质上与细节上的重要变化，被研究者忽略或省略掉了。固有的理论思维方式的局限性，造成研究者无法把握那些相对宏大的因素，也无法对跨国公司的经营实践做出精微考察与准确研析。

奥布莱恩和威廉姆斯（2016）指出，描述和理解现实世界中的各种复杂的国际政治经济问题，不外乎两种路径，一是展开历史分析，二是遵循既定的理论框架。有关全球化进程最新的复杂变化，使所有既定理论框架都显得不那么合时宜，时代正在要求研究者们加快推进理论创新，将既定的理论框架和更丰富多变的历史分析结合起来进行。当前，学术界对全球商业环境中剧变的反应仍然是迟缓的，专业精英们开展的各种国际商务理论研究工作，日渐与普通人的生活脱节（Casson，2021），也与当下的全球政治经济形势脱节。恰如布克利和卡森（Buckley & Casson，2003）指出的，尽管围绕全球化的政治辩论持续激烈，但专家们的学术研究越来越远离所涉及的政治、社会和经济问题。对此，需要加快改造这些滞后的理论工作，通过与国际政治经济学等其他学科相结合，促进不同学科领域的思想交叉融通，通过采用"大口径的广角镜头"（Teece，2022），形成具有系统与综合视角的观点，推动理论思维范式的重构。

本书的中心议题是，中国企业需要拓展国际视野和强化全球思维。研究跨国公司问题的学者们同样需要拓展国际视野和强化全球思维。无论是把握那些相对宏大的因素，还是对企业实践活动进行精微考察与准确研析，都需要以建构基于更宽阔的地域空间与长时间周期变化的全球思维框架为前提条件。当前，全球跨国公司面对的是国际政治经济形势的各种极端复杂性，影响世界的诸多重要事件或危机具有同步性、相互依赖性和交互性，这使其经营活动中的鲜活现实的复杂程度，大大超出了过于强调专业学科领域分工的西方经济管理理论学说的解释范围。自 2008 年全球金融危机爆发以来，全球政治经济结构发生了重大重塑。尤其是在 2018 年中美贸易摩擦不断升级的背景下，各种新形式的保护主义政策、新型的国际化动机和技术民族主义的新工具导致了宏观层面的分岔治理的世界格局和微观层面的价值链脱钩（Petricevic & Teece，2019），推动全球政治经济来到了一个分岔口，面临自"冷战"结束以来从未出现过的未知的复杂性和危险性（Teece，2022）。

在日益分裂的世界里，跨国公司需要分化的选择。在完全信息和充分竞争的平坦世界里，是没有超额利润可言的，唯有在分裂、分化与碰撞中，才有可能涌现出大量的新机会。这便是当今世界所处的新时代形势的主要意涵。任何单向度的思维定式，就像想让整个世界或所有人穿上同一尺码的衣服或鞋子一样，是行不通的。微观企业的世界，需要丰富的多样性来帮助实现全球市场体系的可持续繁荣，而不必遵循教科书里的同质化的最佳实践。全球思维，引导我们理解并坦诚接纳当前全球政治经济形势中的复杂性。奥斯特洛姆（Ostrom，2010）告诉人们，要相信多中心的个体行为。如今，我们格外需要解放思想，努力使理论创新的步伐跟上时代变革的步伐，使理论能帮助我们有效应对当下的全球困境。

| 第三章 |

跨国公司理论研究：回顾与展望

跨国公司的相关理论研究工作，是在过去的半个多世纪中形成的，本章将回顾这期间的重要研究成果。首先，聚焦于两个发展阶段，一是 20 世纪 50~60 年代的起步发展阶段，以海默与弗农的学术贡献最为引人注目；二是 20 世纪 70~90 年代的主流理论形成阶段，这期间最具影响力的研究当数企业国际化过程理论与邓宁等学者提出并不断发扬光大的 OLI 范式和内部化理论。其次，聚焦于 21 世纪以来形成的两方面的研究热点：一是新技术变革催生出来的跨国公司新发展形态；二是新兴经济体跨国公司迅速崛起，这两方面因素将全球跨国公司带入了新的发展阶段。最后，从管理研究的视角，探讨有关跨国公司的理论研究工作的未来趋向问题。本书的看法是，在当前的产业技术变革加速及全球高度不确定性的市场环境条件下，理解跨国公司的未来发展，应关注与编排、重组和形变这类能够充分反映企业动态成长规律的前沿议题。

一、20 世纪下半叶的理论研究

下文将介绍 20 世纪下半叶有关跨国公司的理论研究工作。20 世纪 50 年代中后期，有学者开始关注到跨国公司现象，这些研究大多是从国际经济贸易及对外直接投资的分析视角切入，海默是最早从微观企业分析视角来思考跨国公司经营管理问题的一位研究者。十年后，弗农在哈佛商学院组织开展了一系列针对美国跨国公司的系统调查研究工作，这些研究突破了传统的国际投资和贸易理论分析范式的束缚，为跨国公司理论研究开辟了新的方向。

1. 20 世纪五六十年代：海默与弗农的贡献

在第二次世界大战结束后的 20 年里，美国占了全球新增外国直接投资流出的 85%（Jones，2003）。这段时期，美国跨国公司的增长速度逐渐开始快于美国国内经济的增长速度（Wilkins，1974）。随着美国及欧洲各国跨国公司的快速发展，有关跨国公司及其对外直接投资问题的研究逐渐汇聚成了国际商务理论这个学科分支。国际商务理论是已有的企业经济理论对国际问题关心不足的产物，作为一个跨学科的研究领域，它广泛吸收了政治学、历史学、心理学、社会学和人类学（Shenkar，2004）等人文社会科学领域的理论知识作为背景，但始终聚焦于对跨国公司问题的研究（Meyer，2004）。早期的奠基性研究工作，主要体现在以下两个方面：

一是对企业对外直接投资和国际经济问题的理论研究。1958年，邓宁（Dunning，1998）发布了有关美国公司对英国制造业投资情况的研究成果。相关数据显示，1957年，2800家美国企业在海外拥有约1万家直接投资企业（Wilkins，1974）。英国剑桥大学的罗索恩（Robert Rowthorn）和加拿大学者海默（Stephen Hymer）对邓宁与威尔金斯的研究作了呼应，他们发现，1957~1966年，美国大企业的增长约有1/4来自海外扩张（Rowthorn & Hymer，1971）。在导师金德尔伯格（Charles P. Kindleberger）的指导下，海默于1960年完成了其博士论文的写作。这篇博士论文被公认是国际商务领域的奠基之作。自从大航海时代以来，欧洲国家一直在开展各种投资组合式的对外投资与贸易活动，在海默之前，研究者们习惯性地将制造业跨国公司们的对外直接投资活动等同于之前那些以商贸与资源获取为主的国际投资与贸易活动。海默的研究工作所具有的开创性意义在于，他观察到，在加拿大等其他国家开展直接投资活动的美国企业，不仅是跨境资本套利者，其行为不能单纯地用国际资本流动理论来解释，而且需要引入产业组织或企业理论来进行分析。海默还指出，从事国际业务的企业需要具备某种形式的差异化竞争的专有优势，需要对自身经营活动施予内部化的控制。这些理论观点，为后来发展起来的企业特定优势（Firm-Specific Advantages，FSAs）和内部化等国际商务或国际管理等相关研究领域的关键性理论假说，奠定了重要的思想基础和分析内核（Buckley，2011）。

除了观察加拿大的跨国公司，20世纪60年代，海默实地考察了加纳和牙买加、智利等非洲与拉美发展中国家跨国公司的发展情况。海默富有远见地观察到，不同国家的跨国公司正在形成一个新的世界体系，它们正在将全球的资本和劳动力统一成一个相互渗透的系统，这完全改变了过去300年来以国家经济为特征的世界资本主义体系（Hymer，1972）。和罗索恩一样，海默也受到了马克思主义理论观点的影响，他将繁荣壮大的跨国公司比喻为资本主义的"天鹅之歌"（Swan Song）。邓宁（Dunning，2006）在回忆与海默的三次见面经历时指出，海默是一位产业组织经济学家，但其研究风格又遵循了国际政治经济学的传统，海默既充分认识到跨国企业可能提供的资源和能力、发扬企业家精神及创造全球市场机会的好处，又担心它们强大的经济实力的使用（或滥用）对东道国经济和政治主权以及文化独特性可能产生的消极后果。在邓宁看来，海默对跨国公司的看法是悲观主义，但对跨国公司利益与母国、东道国国家利益之间的冲突的担心是合理且必要的。

二是美国经济学家弗农（Raymond Vernon）在哈佛商学院开展的跨国公司研究项目（Multinational Enterprise and the Nation State Project），弗农曾经参与"马歇尔计划"的制定和实施。根据弗农在1969年报告的哈佛商学院项目进展情况，这项研究收集了1900~1967年187家美国最大制造业企业设立的12000家外国企业的数据（Vernon，1969）。另据美国商务部外国直接投资办公室的数据，1970年，3350家美国企业控制着超过15000家外国企业（Wilkins，1974）。弗农的研究项目是在1965~1973年完成的①，后续又收集了226家其他国家最大制造业企业的15000多家外国子公司的数据。此项研究表明，当时美国跨国公司的数量约占全球跨国公司一半，它们构成了半个世纪前最引人注目的、具有全球思维的一个企业群体。

弗农结合产品生命周期理论，探讨了第二次世界大战后美国跨国公司因应产品发展不同阶段而开展对外贸易和投资活动的不同策略。弗农的研究表明，美国企业通常会将新产品放在国内生产；对成熟产品，在综合分析产品的本地需求、劳动成本与运输成本、专利保护、关税保护和国际政治局势等方面的利弊后，美国企业有可能将其放在西欧国家生产；对标准化产品，美国企业很有可能选择在较不发达的工业国家或地区进行大量投资，以利用其低成本的生产制造优势来满足本地需求。在这项研究中，弗农敏锐地关注到，美国企业对意大利南部、英国和爱尔兰北部的欠发达地区以及阿根廷、印度、巴基斯坦和中国台湾等欠发达国家和地区的对外直接投资活动（Vernon，1966）。基于对美国企业的国际化实践的研究，弗农挑战了传统的国际投资和贸易理论。此前，赫克歇尔—俄林模型（Heckscher-Ohlin Model）作为国际经济领域的主要理论假说之一，主张不同国家之间的国际贸易活动，由各国生

---

① 参见：Multinational Enterprise Project Data，https：//library. harvard. edu/collections/multinational-enterprise-project-data。

产要素资源的比较优势决定，国际贸易活动主要是对国家间的生产要素贸易活动的替代。按照这一假说，发达国家会向发展中国家出口资本密集型产品。但弗农研究发现，美国企业会根据产品特性、市场需求、生产成本和全球经济环境的变化来调整其国际生产和投资策略，只要条件具备，它们就有可能在发展中国家和欠发达地区生产资本密集型产品。显然，弗农的上述研究结论，被随后几十年的跨国公司实践活动证实了。

2. 20 世纪七八九十年代：企业国际化过程理论、OLI 范式和内部化理论

20 世纪 70 年代中期，国际政治经济学（International Political Economy，IPE）作为一个新兴学科，在西方学界快速发展壮大。起初，IPE 只是作为国际关系的一个分支学科，后来，IPE 的发展势头甚至盖过了政治学和国际关系学科本身（O'Brien & Williams，2007）。其相关研究领域覆盖了广泛的议题和丰富的研究视角。跨国公司研究是 IPE 领域的重要研究议题之一。在这一时期，越来越多的学者观察到，在多变的国际政治经济形势下，企业国际化是一个动态的演化过程。

威尔金斯（Wilkins，1974）对英美跨国公司的研究格外引人注目。威尔金斯对美国跨国公司的研究工作得出了如下结论：每一次退却后，都有补偿性的进步——如果同一家企业没有进步，也会有其他企业取得进步；如果同一个行业企业没有取得进步，也会有其他行业企业取得进步。威尔金斯给出了关于美国跨国公司成长的三阶段模型：在第一个发展阶段，企业先找到一个跨越国界的商业机会，以母公司为单中心向外辐射与扩张。在第二个发展阶段，单中心的业务架构逐渐被打破，各个国外分支机构的差异化发展，将促成多中心和不均衡的业务发展架构的形成。随着多中心的功能分化，一部分跨国公司将进入第三个发展阶段，即形成由不同地区的多功能中心组成的复杂的网格架构，以应对和控制新的复杂性。

在威尔金斯给出了三阶段的跨国公司成长模型之后不久，瑞典乌普萨拉大学的约翰逊和维德斯海姆-保罗（Johanson & Wiedersheim-Paul，1975）对 4 家瑞典企业国际化过程进行了案例研究，分析了企业国际化的渐进式过程。之后，约翰逊和瓦恩（Johanson & Vahlne，1977）通过观察瑞典企业国际化实践，提出了一个企业国际化过程模型，即被人们广泛熟知的乌普萨拉模型（The Uppsala Internationalisation Model 或 Uppsala Model）。威尔金斯的跨国公司成长模型，有时也被看作乌普萨拉模型的一个超前版本，因为两者同属企业国际化过程理论的范畴，有相近之处，且两者都强调企业国际化过程具有

循序渐进发展的性质，主张跨国公司从相对简单的经营活动起步，再逐步发展为更加复杂的经营活动，但两者也有明显的不同之处。乌普萨拉模型具有三个特点：一是强调跨国公司在进入国外市场的初始阶段，需要以知识与经验的学习和积累为重点；二是淡化跨国公司主观决策的分析视角，突出东道国的知识与经验的分析视角；三是强调模型的动态性，主张企业国际化是一系列渐进决策的产物，跨国公司应动态采取因应策略，其上一次决策的结果往往构成了下一次决策的输入变量。威尔金斯的三阶段模型则更加侧重动态调整跨国公司的组织架构，尤其是在企业国际化进程的高级阶段，跨国公司应该采取开放与主动的姿态去探索新的组织架构。威尔金斯（Wilkins，1974）认为，在网格架构下，一些功能中心可以有极大的灵活性和自主性，它们可以脱离母公司总部的控制，以便将整个集团的生产潜力发挥到极致水平。

在同一时期，邓宁（1977）提出了 OLI（Ownership-Location-Internalization）分析框架，又称折衷主义范式。与弗农一样，邓宁也批评了以赫克歇尔—萨缪尔森—俄林假说为代表的传统国际投资和贸易理论，其研究表明，国际贸易活动不再仅仅由国家资源禀赋决定，现实中的国际市场体系是不完全和非均衡的，这使之能够容纳丰富的企业生产函数和竞争优势的差异性。按照 OLI 分析框架，企业在跨国投资决策中，需要综合考虑所有权、区位和内部化这三方面的决定性因素，构筑自身在全球竞争中的独特优势。随后的二三十年，OLI 分析框架成为跨国公司和对外直接投资领域最流行的一种研究范式，为许多的研究工作提供了一个理论支点。研究者们纷纷聚焦于 OLI 分析框架的三个维度来展开更细致的理论构建或专注研究其中的某一个维度（Paul & Feliciano-Cestero，2021），当然，也出现了对 OLI 的批评以及在 OLI 基础上扩展而成的其他范式。在提出 OLI 范式 20 余年后回顾相关领域的研究工作时，邓宁（2000）认为，各种批评或其他范式，不构成对 OLI 范式真正的竞争。在他眼中，OLI 范式将始终是一个非常有价值和解释力的理论框架，通过增加动态组件并扩展一些组件，OLI 范式能够适应全球经济和各国跨国公司的新变化。

内部化理论是与 OLI 范式关系紧密的一个近亲式的理论分支。该理论起源于 1959 年的彭罗斯（Penrose）的企业成长理论，海默将内部化视为避免市场交易的潜在高成本的一种手段，后者的思想与 20 世纪 70 年代企业理论的研究工作紧密关联在一起（Dunning，1977）。邓宁的同事巴克利和卡森在发展内部化理论方面做了重要贡献，在 1976 年出版的《跨国公司的未来》中，两位学者使用了科斯提出来的"交易成本"作为概念"锤子"，并用这概念"锤子"直接击打作为研究对象的"钉子"（Buckley & Casson，2003）。一方面，跨国公司可以通过内部层级结构，提供比不完全市场效率更高的和节约交易成本的创新性解决方案；另一方面，内部化成本将节制跨国公司经营范围的无限扩张和帮助其确定企业边界。两位学者中，卡森的独特学术贡献是将企业家精神和创新引入对跨国公司内部化决策的分析中。内部化理论有非常好的延展性（Buckley & Casson，2020），在发展早期，内部化理论以传统产业的欧美跨国公司为主要研究对象，但对后面发展起来的日本等其他国家的跨国公司以及新兴产业技术领域涌现出来的跨国公司也展现出了解释力。

纳鲁拉等（Narula et al.，2019）指出，内部化理论为研究 21 世纪跨国公司提供了一个有弹性的分析框架，它不是一个单一的知识体系，而是由几股知识流汇聚而成的。除巴克利和卡森这一主流分支外，鲁格曼（Rugman，1980）和亨纳特（Hennart，1982，1986，2012）的研究也做出了重要贡献。鲁格曼将内部化理论当作分析跨国企业对外直接投资活动的一种通用框架，他侧重于考察跨国公司如何通过内部市场扩张，对不同地理区域的资源进行整合，以形成企业特定优势。亨纳特将内部化理论与交易成本理论进行了紧密结合，还结合对有限理性和市场机会主义行为的分析，研究了介于市场和企业之间的混合组织形式，并将互补资产的捆绑模型（Bundling Model）引入内部化理论。纳鲁拉等（Narula et al.，2019）指出，巴克利、卡森和亨纳特等的研究，强调了内部化理论作一个整体性理论（Holistic Theory）的内在一致性和严格的理论逻辑，但研究者们也可以将内部化理论看作为一个提供了模块化的工具包（Modular Toolkit）的灵活的理论分析框架。

二、21 世纪以来的理论研究

下文将讨论 21 世纪以来跨国公司领域所取得的主要研究进展。这些进展集中体现在两个方面：一方面，21 世纪是数字经济时代，日新月异的新技术催生了一大批面向全球市场创业的或天然全球化的中小微跨国公司，还成就了一批巨型的数字跨国公司（Digital Multinational Enterprises，DMNEs），如亚马逊、谷歌等。另一方面，21 世纪是以中国为代表的新兴经济体跨国公司加速兴起的重要时期。这些新兴的跨国公司改写了全球市场体系中跨国公司的竞合格局，同时，也对基于欧美跨国公司经验形成的传统理论研究范式提出了新的挑战。

1. 新技术背景下的跨国公司新形态

20 世纪末的全球化浪潮和新技术革命，为一些新形态的跨国公司发展壮大带来了前所未有的契机。这些跨国公司的新发展实践，对约翰逊和瓦恩（Johanson & Vahlne，1977）的企业国际化渐进式发展的理论假说构成了不小的挑战。随着全球经济的自由化，在日益激烈的国际竞争环境中，有一些企业不再遵循传统的渐进式和累进式的发展模式，而是采取了更加积极的国际化策略（Welch & Luostarinen，1988）。进入 20 世纪 90 年代中后期，受以计算机和互联网为代表的信息通信技术快速发展的影响，一些新形态的跨国公司表现出了加速国际化的发展态势（Cavusgil & Knight，2015）。一方面，新技术开拓了大量的空白性的新兴产业技术领域，在这些领域，经济实力强的大企业不一定具备竞争优势，反而是那些拥有独特专业知识和快速响应能力的中小企业更容易构建新的竞争优势；另一方面，如传真、电子邮件和互联网等全新的和更加便捷的技术手段，大大降低了跨国交易的成本，使为数众多的中小规模的新创企业，能灵活高效地获取前沿技术资源以及管理和运营国外业务，在全球市场上推广其产品与服务。

如专栏 3-1 所示，《公司》（*Inc.*）杂志资深撰稿人马米斯（Mamis，1989）给出了一个全球创业企业（Global Start-up）的经典案例。麦克道格尔（McDougall，1989）使用"国际新创企业"（International New Ventures，INV）的概念，来描述有国际企业家精神的企业如何在公司运营的初始阶段就开始从事国际业务。这项实证研究为 INV 设定的度量标准是，国际业务收入占企业总销售额的 5% 以上。此后，奥维亚特和麦克道格尔（Oviatt & McDougall，1995）沿用了马米斯的概念，以 12 家欧美创业企业为研究对象，批驳了"企业通常在国内业务成熟后才推进国际化"及"国际业务是大型和成熟的跨国公司的专属"这类传统观点。他们指出，随着拥有国际业务经验的人才数量迅速增加以及新技术带来的开展国际业务的交易成本的迅速下降，中小创业企业凭借全球视野（Global Vision）、丰富的国际经验和强大的社会网络，能够实现快速国际化，从而拥有了驱动全球经济增长的巨大潜力。在另一篇引用率非常高的文献中，奥维亚特和麦克道格尔（1994）使用 INV 的概念，分析了这些企业具有国际化的显著特征——经济规模不大，并不拥有多少海外资产，却能够迅速地创造新的经济价值。低成本通信技术和运输的便捷化，使这些资源相对有限的新创企业也可以迅速接入全球市场体系，它们的成长轨迹突破了以往跨国公司稳健推进国际化的传统发展模式，能够在很短时间里跃变为以国外市场为主要目标对象的全球性企业。

 专栏 3-1

跨国公司的新形态：全球创业企业

Gerald Hascoet 是一位电子工程师，36 岁时，他辞去了在法国汤姆森集团医疗技术部门担任的管理职位，成为医疗器械领域的一位创业者，创办了Technomed International。

在创设 Technomed 时，Gerald 倍感厌倦汤姆森集团"太过于以法国市场为导向"的管理风格，他信奉"一个世界、一个市场"的理念。从个人投资者手中筹集到 550 万美元的种子资金后，Gerald 于 1985 年底大胆启动了征服世界的商业计划，在美国、意大利、日本和联邦德国建立了全资子公司，剩下的海外业务——从乌拉尔到拉巴斯，由法国总部以外的四名区域经理负责。Gerald 告诉投资人："一开始就国际化的好处是，你从一开始就树立了国际化的精神……我们的公司将不仅是一家被改造的法国公司，它还将成为一家全球性公司。"

在 Gerald 的领导下，Technomed 火速冲出了起跑线。从买进第一个螺丝刀到公司第一个复杂的生产原型系统在里昂的一家医院插上电，时间过去了不到 6 个月。不到两年时间，Technomed 就实现了盈利。公司的首个产品Sonolith——一种无须外科手术即可粉碎肾结石和胆结石的碎石机，是在法国国家健康与医学研究所（INSERM）的许可下开发的。尽管面临监管压力，特别是美国食品药品管理局（FDA）的严格要求，Technomed 依然迅速扩张。通过精心制定战略规划，吸引优秀人才，专注产品技术创新，公司适应了多样化的市场需求和各国文化差异的挑战，成功地与医疗技术行业的跨国巨头们竞争。截至 1989 年，Technomed 已向 28 个国家运送了 100 多台 Sonolith 设备，成功推出了第二个治疗系统，同时在推进第三个治疗系统原型的研发工作。此时，公司年销售收入约为 5000 万欧元，盈利可观。

资料来源：笔者根据 Mamis（1989）的相关内容编写。

约翰逊和瓦恩（Johanson & Vahlne，1977）的研究中包含有一家瑞典林产品公司，沙利文和鲍尔斯密特（Sullivan & Bauerschmidt，1990）基于这项研究设计了对欧洲林产品企业国际化情况的调研。他们的研究表明，这些企业的国际化表现没有像乌普萨拉模型假定的那样——处于国际化的不同发展阶段的企业，会采取各自不同的渐进式的发展方式。由于整个行业都流行"要么出口，要么死亡"（Export or Die）的理念，因此，特定的市场和制度条件下，迫使整个行业的企业管理者都在以坚定的国际主义者的身份推进国际化。布拉什在其博士论文中指出，随着环境因素变化，小企业在国际市场上的角色发生了变化，国际市场不再全是大企业的天下了（Brush，1992）。布拉什认为，促使小企业国际化的最重要因素是这些企业发现了全球市场机会并实施了有效的运营管理，也就是说，这些企业管理者既有国际化的战略思维，也拥有满足市场需求所需的专业技术知识和社会关系网络（Brush，1992）。卡农内和乌盖托（Cannone & Ughetto，2014）呼应了布拉什的研究，其实证研究表明，企业识别和利用国际市场机会的能力，在很大程度上取决于企业家的创业取向、能力和经验知识；同时，利基战略和建立的网络关系是企业实施早期国际化的关键驱动因素。

奈特和卡夫斯吉尔（Knight & Cavusgil，1996）给出了一个与全球创业企业或国际新创企业紧密相关的概念：天生全球化企业（Born - Global Firms，BGFs）。在全球化浪潮下，信息技术和互联网成为解放性的力量，推动天生全球化的企业在世界各地大量涌现。这些企业缺乏资金、人力和有形资源，但它们没有大企业的历史包袱，不受各种经营管理惯例的束缚。这些企业的领导人拥有强烈的全球视角和在全球市场扩张的进取心，善于开发利用创新性的知识资源和能力，在发展起步早期就选择了国际化的发展道路。在奈特和卡夫斯吉尔被广泛引用的另一篇文章中，他们为天生全球化的企业设定了一个定量标准：成立两三年便进入了国外市场并从中获得至少25%以上的销售收入（Knight & Cavusgil，1996）。在另一项合作研究中，卡夫斯吉尔和奈特（Cavusgil & Knight，2015）指出，奥维亚特和麦克道格尔定义的国际新创企业概念相对更强调企业的全球化配置运营的能力；天生全球化企业则侧重于强调年轻的新创企业在发展早期阶段的快速国际化。他们认为，天生全球化企业代表全球化形势下企业国际化的一种全新的扩张方式。据相关研究估算，欧洲约有18%的新创企业可以被划归为天生全球化企业（Eurofound，2012）。保罗和罗萨多-塞拉诺（Paul & Rosado-Serrano，2019）对1995~2018年有关渐进式国际化和有关国际新创企业或天生全球化企业的研究文献进行了综述性分析，其研究表明，企业国际化决策及企业国际化速度主要受企业家特征、利基市场上的竞争战略、社会关系联盟与供应商网络，以及产业的知识与技术密集程度这几方面因素的影响。

在国际创业领域，中小微跨国公司（MS/Micro Multinational）也受到了研究者的关注。阿哈罗尼（Aharoni，1994）指出，大多数研究人员把注意力集中在大型跨国公司上，忽视了中小企业在国际市场上的蓬勃发展。美国小企业管理局（Small Business Administration，SBA）的一项调查显示，在雇员人数少于500人的美国企业中，有37%的公司在向海外出口，而在所有出口公司中，有1/5（超过 1.6 万家）的企业雇员人数不到 100。中小微企业尽管在资源条件和实力上明显处于劣势，远远不如大型跨国公司，但它们可以通过多种灵活的方式，在全球市场中开展竞争与合作并实现繁荣增长。有些中小企业通过与大型跨国公司合作，或作为后者的卫星单位来融入全球生产体系。也有一些中小微企业在细分出来的利基市场上，通过产品技术创新和发展定制化知识或技能来获得海外市场上的竞争优势。如欧洲国家的市场具有碎片化的特点，加之差异化的商业文化传统与惯例，提供了丰富的利基营销的发展机会（Dalgic & Leeuw，1994）。还有一些小型跨国企业在海外设立分支机构后，通过特定的管理运营活动和在本地招聘关键员工，来获取它们在母国所不能获取的关键资源（Vanninen et al.，2022a），并不断增加对东道国的环境与资源要素的多重嵌入性（Vanninen et al.，2022b）。随着数字经济时代的到来，许多小微企业利用 eBay 等在线平台实现了国际化运营（Vézina & Melin，2013）。伦德尔等（Lendle et al.，2013）的研究表明，在 eBay 这样的线上平台运营的小企业，其国际化的范围与深度大大超出了线下企业的平均水平。2010 年，有85%在 eBay 上运营的美国企业向国外销售商品，这一比例远远高于非在线企业的5%~15%；超过 50%的 eBay 卖家向 5 个以上的国家销售产品—— eBay 上的卖家平均向 9.3 个国家出口，线下企业平均向 3.5 个国家出口。

同一时期，在前沿科技领域，一小部分巨型跨国公司（Giant MNEs）或超级巨星式的跨国公司（Superstar MNEs）已经富可敌国，它们拥有的资源条件远远超过了绝大多数国家，并因此拥有能够改变全球政治经济结构的强大作用力和影响力。举一例而言，1957 年 10 月 4 日，苏联发射了世界上第一颗人造卫星"斯普特尼克 1 号"（Sputnik-1）。这是人类历史上第一颗成功发射到地球轨道的人造卫星，标志着人类太空时代的起始点。今天的俄罗斯拥有 200 多枚卫星，在数量上仅排在美、中、英、日之后，位列全球第 5，而埃隆·马斯克(Elon Musk)的美国太空探索技术公司(SpaceX)，在一年之内发射的卫星数量就超过了俄罗斯拥有量的 10 倍，这些卫星中大多数为马斯克的"星链"(Starlink)计划服务。再举一例，为争夺发展人工智能的制高点，美国在 2022年 8 月通过的《芯片和科学法案》，决定将数百亿或上千亿美元用于发展芯片产业。而据《华尔街日报》报道，2024 年 2 月，OpenAI 的首席执行官萨姆·奥尔特曼(Sam Altman)口出豪言要筹集数万亿美元，彻底改写全球半导体行业的面貌。

在科技跨国公司中，以苹果、微软、Meta(原 Facebook)、字母表公司(Alphabet)和亚马逊为代表的数字跨国公司的迅速崛起，备受研究者关注。2017 年，联合国贸易和发展会议(United Nations Conference on Trade and Development，UNCTAD)在当年发布的《世界投资报告》中指出，数字跨国公司已经成为推动数字经济持续扩张的重要经济主体。其研究还发现了数字跨国公司不同于一般意义上的高科技跨国公司，他们具备"轻资产"的发展特点，打破了跨国公司的国外销售和国外资产之间的传统关系——那些高度数字化的跨国公司往往以较少的海外资产实现了大量的海外销售收入。在地理分布上，几乎 2/3 的数字跨国公司都在美国。这份报告的参与撰写者中的卡塞拉和福门蒂(Casella & Formenti，2018)发表文章专门阐述了上述研究中的主要观点：高度数字化行业的跨国公司的外国直接投资(Foreign Direct Investment，FDI)足迹比传统跨国公司"更轻"，且它们往往把业务集中在少数几个高度发达的国家。莫纳汉等(Monaghan et al.，2020)以"天生数字化的"(Born Digitals)跨国公司为研究对象，运用约翰森和瓦恩的国际化过程理论，探讨这些企业在国际化扩张速度和方式上与传统跨国公司的不同点。其研究表明，"天生数字化的"跨国公司往往在成立初期就有意进行国际化，它们拥有早期的和快速的国际化经验，迅速与全球市场建立连接，这些企业的业务技术特性使之通常能便捷服务海外市场，而且，这些企业更多地依赖于在线存在和数字交付，减少了对物理基础设施的投资依赖，从而在国际扩张过程中的物理足迹较小，业务运营活动的灵活性和可扩展性非常高。在数字经济时代，除数字(平台)跨国公司和天生数字化跨国公司外，还有为数众多的积极推动数字化转型的传统企业，这三类企业构成了全球企业参与数字经济的三种主要模式(Meyer et al.，2023)。

2. 新兴经济体跨国公司的崛起

从 20 世纪 60 年代弗农的研究工作到 20 世纪最后二三十年邓宁等的研究

工作，基本是基于发达国家跨国公司的对外直接投资活动发展起来的，这些跨国公司大多来自传统制造业。进入 21 世纪，布克利（Buckley，2002）指出，国际商业研究议程在经历了活跃期之后，正在失去动力，因为研究人员不再有"大研究问题"。就在此时，一个重要变化出现了，那就是新兴经济体跨国公司或新兴市场跨国公司（Emerging Economies/Market MNEs，EMNEs）在新旧世纪交替之际快速崛起。拉马穆尔蒂（Ramamurti，2009a）根据 FDI 的来源国和目的地的不同，区分了四类对外直接投资活动。根据 UNCTAD（2007）披露的统计数据，发达国家对新兴经济体的 FDI 占全球 FDI 流量的近 30%，新兴经济体（发展中国家和转型经济国家）的跨国公司占全球 FDI 流出的 16%，这意味着，全球跨国公司将近一半的活动发生在新兴经济体。另据 UNCTAD（2023）的最新统计数据，受俄乌冲突等多方面因素叠加的全球危机形势的影响，全球 FDI 在经历了 2021 年的强劲反弹后，又在 2022 年下降了 12%，至 1.3 万亿美元，而且，下降主要发生在发达经济体，发达经济体的 FDI 下降了 37%，至 3780 亿美元，但流向发展中国家的 FDI 增长了 4%——同时，增长是不均衡的，流向最不发达国家的资金下降，少数大型新兴经济体吸引了大部分投资。在这样的时代背景下，国际商务领域的研究工作越来越需要突破传统的理论分析框架的限制（Paul & Feliciano-Cestero，2021），对现有理论的一些前提及分析框架进行必要的修订，以开发新的理论和适应新兴经济体跨国公司群体发展实践的需要。

哈佛商学院的韦尔斯（Louis T. Wells）受到了弗农的影响（Wells，2016），在 20 世纪 70 年代率先关注到了发展中国家跨国公司的问题，于是，他开始思考新兴经济体跨国公司或新兴市场跨国公司与发达经济体跨国公司或发达市场跨国公司（EMNEs）之间的差异性。从拓展内部化理论的视角来分析，EMNEs 与 AMNEs 相比，至少存在三个方面的差异：一是 EMNEs 所在的新兴经济体与 AMNEs 所在的发达经济体之间，存在巨大的制度差异；二是 EMNEs 不具备 AMNEs 所拥有的资本、技术等先进生产要素方面的企业特定优势；三是 EMNEs 可能拥有与 AMNEs 相区别的国际化动机与方式（Kano et al.，2016）。

马修斯（Mathews，2002，2006）提出了 LLL 分析框架（Linkage-Leverage-Learning），即链接—杠杆—学习，填补了 EMNEs 理论的研究空白点，迅速成为国际商务领域中除 OLI 分析框架之外的有广泛影响力的一个重要研究范式。马修斯以亚太地区的 EMNEs 为研究对象，阐释了这些跨国公司如何通过链接、杠杆和学习来实现赶超式发展。国际商务及国际战略管理领域最高产的学者罗亚东和加拿大学者佟（Luo & Tung，2007）提出的跳板视角（Springboard Perspective）或跳板战略（Springboarding Strategy），与 LLL 分析框架有异曲同工之妙。与之前的理论相比，LLL 分析框架和跳板理论的创新之处在于，它们不假定企业的国际化一定要遵循渐进发展的规律，而是强调整个过程中企业可以采用带有冒险性、偶然性与突变性的非常规做法；它们也不假定跨国公司一定要拥有特定优势，而是强调企业可以通过对外投资活动来链接资源或作为跳板，获得国际化所需的关键资产与技术能力，进而组织学习来克服后发劣势。这两种理论假说都从 EMNEs 是国际市场上的后来者、落后者的实际状况出发，揭示 EMNEs 在发展中将国际扩张作为获取战略性资源的重要手段，以弥补自身的劣势和减少本国制度的约束。罗亚东和佟（Luo & Tung，2018）在 10 年后还对跳板理论进行了扩展，引入向上螺旋模型（Upward Spiral Model），来解释 EMNEs 在不同发展阶段持续提升国际化能力的过程，促进了跳板理论同企业国际化过程理论与内部化理论的融合。

在邓宁的 OLI 范式中，所有权优势与内部化优势这两个维度与制度分析都紧密联系在一起。从积极主义的观点来看，跨国企业是制度变革的重要参与者和推动者，能够适应不同国家的制度环境并开展有效竞争。从另一个视角来看，在制度分析的高倍显微镜下，新兴经济体的跨国公司发展史，常常呈现为一部充满矛盾与冲突的戏剧化元素的历史，其中充斥着既依赖国家政策又倡导独立自主、自力更生；既倡导国际主义和壮大自由市场经济又倡导国家加强管控经济的各种摇摆不定的立场。

首先，是有关不同制度环境中发达国家跨国公司的研究。梅耶（Meyer，2004）考察了这些跨国企业在新兴经济体中的角色和作用，他从制度分析的视角，强调要结合新兴经济体的独特制度背景，来理解跨国公司与当地环境及与当地企业之间的相互作用。维特和勒温（Witt & Lewin，2007）指出，发达国家企业开展国际化的动机之一是逃避母国制度约束。当一个企业在发展过程中，感知到与其所处的制度环境条件之间出现不匹配或不一致的情况时，这个企业就有可能将国际化战略作为逃避上述制度错位境况的一种合法手段。企业的逃避反应，可能针对一个国家的税收、财政、劳动法、融资、教育等各方面的政策而发生。卡夫斯（Caves，2007）指出，一个试图遏制难以控制的经济主体的政府将会发现，其国内跨国公司并不比外国跨国公司更好控制和更有吸引力。

其次，是研究新兴经济体跨国公司在多元且复杂的制度背景下形成的新的发展经验，这些跨国公司的经营组织形式更加灵活，适应复杂环境的战略变革能力更强。库埃沃-卡苏拉和吉恩（Cuervo-Cazurra & Gene，2008）认为，发展中国家的跨国公司虽然规模小、技术相对落后、资源实力相对有限，但这些企业擅长在"困难"的治理环境条件下开展经营活动。在那些制度不透明和监管法治水平低的最不发达的国家和地区（Least Developed Countries，LDCs），发展中国家的跨国公司反而有可能比发达国家的跨国公司更有竞争优势。罗亚东和芮怀川（Luo & Rui，2009）强调了新兴经济体跨国公司是追求双重目标和具有双元能力的组织，它们必须学会适应其在母国和东道国所面临的不同制度环境，并与这样的制度环境之间形成相互作用和相互依赖的关系。他们指出，这些企业战略和环境变化是双向的、互动的，并且是相互影响和共同进化的过程。

最后，制度优势还可以有效帮助新兴经济体跨国公司培植新的竞争资源与能力，支持它们实现对发达国家跨国公司在一些领域的技术赶超。韦贝克和加诺（Verbeke & Kano，2015）立足于新兴经济体跨国公司的实践，对传统内部化理论进行了扩展和深化，提出了新内部化理论（New Internalization Theory）。在他们眼中，新兴经济体跨国公司们往往展现出更强的适应性和灵活性，具有强大的知识重组能力，能在充满挑战的、有更多制度空白和更高不确定性的困难环境中采取有效的运营策略，通过将母国和东道国的特定优势进行重组，来创造跨国界的新价值和形成逆境优势。在新兴的高技术行业，处于明显的技术知识劣势的EMNEs展现出了不可思议的竞争力，在一部分技术前沿领域实现了赶超（Awate et al.，2012）。亨纳特（Hennart，2012）指出，EMNEs有明显的后发优势，它们通过避免AMNEs的高研发成本，无须在技术开发上花费大量时间和资源，能够在短时间里实现对领先的AMNEs的技术追赶。

三、理论研究的未来趋向

如前所述，国际商务领域有两个传统的理论基础，一是邓宁的折衷理论，二是约翰逊和瓦恩的企业国际化过程理论，这两个理论基础的共同知识基础是彭罗斯的企业成长理论。在折衷理论中，内部化理论是其关键性的组成部分。邓宁多次强调，内部化理论的思想根基是彭罗斯的企业成长理论。约翰逊和瓦恩（Johanson & Vahlne，1990）则指出，企业国际化过程理论的知识基础除了 20 世纪 60 年代的赛特和马奇（Cyert & March，1963）及阿哈罗尼的企业行为理论外，就是更早一点的彭罗斯的企业成长理论。

让我们进一步分析折衷理论或内部化理论与过程理论的思想交汇之处。约翰逊和瓦恩（Johanson & Vahlne，1990）讨论过其理论与折衷理论的区别：折衷理论是静态理论，更适用于有完备理性的成熟企业，而国际化过程理论是动态理论，更适用于在充斥着不确定性的国际市场上谋求发展的成长中的企业。借助赛特和西蒙的企业行为理论假说，约翰逊和瓦恩指出，国际化过程模型的一个特点是，企业被视为一个松散耦合的系统（Loosely Coupled System），在这个系统中，企业的不同参与者对企业的发展有不同的利益和想法（Johanson & Vahlne，1990）。内部化理论的重要代表人物亨纳特（Hennart，2009，2012），他提出了"捆绑"的概念。亨纳特认为，跨国公司的国际扩张是将企业特定优势（Firm-Specific Advantages，FSAs）和东道国企业的国别特定优势（Country-Specific Advantages，CSAs）进行有效捆绑的决策产物。在此，我们看到，作为"松散耦合的系统"的企业，和作为"特定优势的捆绑"的企业，具有来自两个不同分支理论的观点上的相似性。

这种相似性的根源，来自于彭罗斯的企业成长理论。彭罗斯（Penrose，1995）指出，在她所经历的年代里，企业研究长期处于应用经济学的边缘地带，它们总是显得不那么科学，也没有"硬的"完整的理论基础。为此，彭罗斯尝试为企业研究给出了一个理论内核，她将企业看作一定组织管理框架内捆绑在一起的资源集合，且这个资源集合中存在某种内在的东西，既能促进企业的成长，又必然会限制企业的成长速度。这种存在物，就是企业的本质，也是决定企业成长的核心因素。与企业本质相关的这种存在物，在马歇尔的《经济学原理》中，被称作第四大生产要素——组织；在伯利和米恩斯那里，被称作为两权分离的现代公司治理；在熊彼特那里，被称作为充满企业家精神的创造性破坏；在奈特那里，被称作为对风险和不确定性的承担；在科斯那里，被称作为交易费用的节约；在钱德勒的《看得见的手》中，被称作为管理革命。进入 21 世纪，随着新技术的持续涌现，与上述企业本质相关的这种存在物又出现了新的变化形式。本章将探讨几个与之相关的理论概念，即编排、重组和形变，这些概念可以帮助我们了解未来的理论与实践中可能涉及的发展方向。展望未来，有最强国际竞争力的跨国公司，必然是那些最擅长跳出传统的国家地理边界和企业边界的思维束缚，并因此而最具有灵活的资源编排、结构重组和形变能力的企业。

1. 编排

在管理学领域，一流的管理者，常常被类比为一流的乐队指挥。编排（Orchestration）这个概念，同样取材于与音乐相关的类比。在持续成长的过程中，企业总会面临如何驾驭不同性质的管理要素之间的矛盾与冲突的挑战，此时，就需要企业像独具慧眼的作曲家一样，将有不同演奏功能的管弦乐器巧妙地编排在一起。经过编排之后，一首曲子才能有自己的独特表现力。就像对不同属性的资源或要素予以相对一致化的编排后，企业才能展现出独属于自己的异质性一样（见专栏3-2）。

 专栏3-2

台积电的资产编排

全球半导体行业从20世纪70年代发展至今，已有半个世纪之久。1987年，台湾积体电路制造股份有限公司（以下简称台积电）成立。20世纪90年代以来，通过发展代工模式（Foundry Model），台积电成为了全球最大的晶圆代工厂和全球半导体行业的领先企业。在业务发展早期阶段，台积电只是根据合同生产半导体。在业务发展过程中，台积电公司不断将内部不同部门和外部客户、合作伙伴（包括无晶圆厂半导体公司、设计公司、IP供应商等在内）的资源整合在一起，编排成为一个跨部门和跨组织的高效协作架构，使各参与方都能够从台积电的编排活动中受益，进而实现了以先进半导体加工制造技术为核心的整个开放式创新生态系统的技术水平与运营能力的持续提升。

在内部，台积电的组织结构扁平化且灵活，其前端的战略、研发、销售和后端的采购、制造工程管理以及售后服务部门通力协作，为全球500多家客户提供大规模集成电路（Large Scale Integration，LSI）设计服务、LSI制造和交钥匙服务。台积电希望让客户感觉台积电的工厂是他们自己的，为此，在高度保密的前提下，凭借先进信息与通信技术（Information and Communication Technology，ICT）构建的虚拟集成供应链，客户可随时跟踪所订购产品的制造进度与状态。通过实时动态的资产编排，台积电能够做到快速重新配置内部的组织资产，以实现资源有效配置和快速解决客户提出的技术或运营问题。

在外部，台积电与作为客户的无晶圆厂公司、设计公司、设备制造商、集成设备制造商（IDM），以及作为合作伙伴的设计公司、EDA供应商、IP／库供应商、半导体加工设备制造和后端供应商（组装和测试）等，积极实施资产编排，合作创建了一条从设计支持到原型服务、掩模制造、晶圆制造、组装和最终检测的完整价值链，共同开发新技术，灵活地为客户提供多样化和定制化的 LSI 设计与制造服务，实现了资源共享和风险分担。在下一代半导体开发的相关研发项目中，台积电会实施基于水平集成架构的互补模型的资产编排，以推动有挑战性和高度不确定性的新技术战略的商业化。

台积电创始人张忠谋在创业前，在美国德州仪器工作 25 年并担任了半导体业务总裁，他洞察到，半导体行业有设计和制造相分离的趋势，要发展专业化制造服务。对未来市场机会的强烈感知力和战略远见，是台积电成功启动资产编排的第一步。酝酿建厂时，英特尔和东芝、索尼等美日半导体公司拒绝了张忠谋的投资邀请。飞利浦因受制于建造和运营晶圆厂成本上升而有意向轻/无晶圆厂的方向发展，最终出资 5800 万美元，获得了台积电 27.5% 的股份。作为投资者、合作伙伴和客户，飞利浦对台积电给予了半导体制造技术、知识产权和专利等方面的大力支持。台积电最成功的资产编排举措是率先采用了荷兰阿斯麦（ASML）公司的极紫外（EUV）光刻机。阿斯麦是 20 世纪 80 年代初期飞利浦研究部门的一个项目商业化的成果。当英特尔和三星这两个主要竞争对手对阿斯麦的新技术持怀疑态度时，台积电跟随苹果公司转向了 EUV 光刻机，并在过去十年间获得了显著的领先优势。

资料来源：笔者根据 Kodama（2024）及以下两份资料的相关内容编写：①Nenni D. How Philips Saved TSMC[EB/OL].［2023-08-21］. https：//semiwiki. com/semiconductor-manufacturers/333584-how-philips-saved-tsmc/；②Duijn J. ASML's Founding Story：Our Roots in the Semiconductor Industry[EB/OL].［2024-03-04］. https：//www. asml. com/en/news/stories/2024/asml-founding-story。

阿德纳和赫尔法特（Adner & Helfat，2003）指出，异质性的管理决策或动态管理能力，会对企业战略与绩效产生重要影响。2003 年，赫尔法特与另一学者彼得拉夫（Helfat & Peteraf，2003）还将动态能力与动态资源基础观联系在一起，解释企业的异质性。蒂斯（Teece，2007）指出，企业动态能力的一个重要方面是通过增强、组合、保护及必要时重新配置企业的无形和有形资产来保持企业竞争力的能力。在同等配置条件下，不同的资源或资产的编排方式或编排能力，将决定企业的战略绩效水平和企业获取价值的潜力。作为企业成长所需的重要动态能力，编排是需要反复且持续进行的。巴纳德（Barnard，2020）认为，企业是社会合作与适应性系统，从巴纳德的思想出发，赫尔法特强调了在稀薄市场条件下资产捆绑或资产编排（Asset Orchestration）的重要性。在赫尔法特看来，资产编排被视作管理的基本功能，就像市场塑造了企业一样，管理协调及相应的资产编排活动塑造了市场，两者的互动实现了企业与市场的共同演化（Helfat et al.，2007）。西尔蒙等（Sirmon et al.，2011）将"资产编排"和资源管理这两个概念结合在一起，提出了"资源编排"（Resource Orchestration）的分析框架，他们强调，在全球化背景下，不同国家在经济发展水平、制度环境和文化规范上的分化状况凸显了资源需求及其应用方式的差异，这将使跨国公司的资源编排能力变得更具有价值。皮特利斯和蒂斯（Pitelis & Teece，2018）指出，内部化理论有其局限性，编排理论作为一种扩展性理论，能更好地解释现代跨国公司的企业家精神、竞合关系、开放创新、持续学习、即兴管理与共创全球商业生态的鲜活实践活动，充分体现跨国公司对全球资源的开放整合功能和在全球价值创造活动中的敏捷协调作用。

2. 重构或重组

与重构（Reconfiguration）或重组（Recombination）相类似的概念还包括重新对齐（Realignment）、重新部署（Redeployment）等。这类企业管理活动与编排的相似点在于，它们都以提高企业内部不同资源与能力之间的互补性或协同性为管理手段，但重构与重组，就像赫尔法特等（Helfat et al.，2007）及瓦恩和约翰逊（Vahlne & Johanson，2013）所指出的，更侧重于强调企业因应环境条件的不断变化而实施管理变革的进化适应性（Evolutionary Fitness）。通过感知、把握和利用新的市场机会，发展新的网络关系，跨国公司能够实施业务重构或商业模式重构，以克服国际化的初始条件约束与路径依赖的限制，更好地适应当前和未来环境的快速和复杂的变化，甚至是极端环境下的高不确定性。

除了对有形资产或业务资源的编排或重组外，对知识及无形资产的重组，也是跨国公司成长的重要方面。彭罗斯（Penrose，1995）指出，企业的成长过程，也是一个企业集体知识累积式增长的学习过程。企业成长速度，受制于企业知识增长的情况。韦贝克和加诺（Verbeke & Kano，2015）强调了知识重组能力对增强跨国公司竞争优势的重要意义。他们以三星、海尔、墨西哥水泥公司 Cemex、印度 Infosys 等 25 家世界级新兴经济体跨国公司为研究对象，其研究表明，这些企业看起来不具备明显的企业特定优势，却具有将母国和东道国各自的特定优势结合和再结合的重组能力。这些企业的知识重组活动，不仅发生在并购后的内部化整合活动中，也发生在其全球工厂传播的新的生产组织方式中，还发生在各种跨国界的治理安排中。

3. 形变

形变(Transform)，可以被看作进一步将资源编排与结构重组进行集成后的产物。与编排相比，形变具有重构的灵活多变性；比重构相比，形变具有编排异质性元素的无限潜力。理解形变，我们需要回到约翰逊和瓦恩所说的国际化企业可以被视作一个松散耦合系统。魏克(Weick，1976)发现，一些组织不同于传统组织，它们具有松散耦合的结构特征。松散耦合系统有其功能特点，如能更好地感知环境变化；能帮助驾驭复杂性；因为有自治空间，能更好地促进合作和减缓对变革的抵抗。作为一种动态性更强的组织，松散耦合系统更加适应复杂环境，能在组织中某些部分出故障或有难以修复的缺陷的情况下仍然存续。奥顿和魏克(Orton & Weick，1990)强调，松散耦合系统具有双重性，其各部分之间既保持一定的独立性，又存在不确定性的交互联系。达纳拉杰和帕克黑(Dhanaraj & Parkhe，2006)认为，在松散耦合系统中处于枢纽位置的中心企业(Hub Firm)，通过有意识和有目的的网络编排(Network Orchestration)，可以将分散的资源和能力聚集在一起并创造价值。这里所说的基于松散耦合系统的更灵活的网络编排，即是形变的一种具体表现形式，对应着整个网络系统中一系列跨越企业组织边界的重构活动。

当今世界，不断涌现的新兴技术，使许多高科技产业的价值链随时可能发生急剧解体，在这样的市场环境中，企业通过为各方资源拥有者提供相适宜的激励和约束安排，可以大大促进知识及相关资源的流动与交互，激发丰富的编排、重构与形变的战略可能性。2017年，人工智能(AI)领域的一篇里程碑式的论文《你所需的只是注意力》(Attention is All You Need)提出了一种新的神经网络架构：变形架构(Transformer)。与AI的发展路径相似，在未来跨国公司的战略与组织方面，最有成功希望的发展方向同样是形变。作为一种深度学习架构，形变与注意力机制紧密相关，受到自注意力(Self-Attention)及其扩展形成的多头注意力(Multi-Head Attention)的牵引。在跨国公司领域，自注意力，相当于跨国公司跨越地理空间距离而开展具体的经营活动及构建网络连接关系的能力；多头注意力，对应于同时发生在不同时空维度上的跨国公司的自注意力。在当前全球政治经济中，一家跨国公司将注意力放在哪里，其全球战略与组织结构就指向何方。与多头注意力相适配的多维分析框架，能帮助我们更深入地解析跨国公司全球战略与组织的演变。跨国公司的形变架构的核心在于多头注意力机制，它驱使跨国公司灵活地并行捕捉与处理复杂环境中的各种多变因素，做出相应决策与采取因应行动，并持续迭代与改进优化这些经营活动及网络连接关系。在实践中，跨国公司的形变架构可以呈现出丰富的模型变体（Model Variations）。

未来，有全球思维的成长型跨国公司必然是实施资产编排、重构或重组、形变的高手，它们在高不确定性的全球市场环境中，不断推动形形色色的资源或业务之间的连接与组合。苹果公司创始人史蒂夫·乔布斯（Steve Jobs）曾经在一次访谈中说："在你的大脑中保留 5000 个事物或概念并将它们组合在一起，持续推动以新的和不同的方式将它们组合在一起，获得你想要的东西，每天你都会发现一些新东西，用新问题或新机会，用不同的方式将这些东西组合在一起，这是一个过程、是魔法。"①全球思维是催生这些魔法式的变化的思维方法，不断牵引我们改变视界与视野，世界将随着我们变动的视界与视野而发生改变——就像前文提到的，哥伦布先是在自己的视界中看到了从欧洲向西方探索的时代意义，然后，就将这种想象付诸改造世界的行动一样。

"Attention is All You Need"的论文题目，受到了约翰·列侬（John Lennon）创作的披头士乐队（The Beatles）在 1967 年发表的"All You Need is Love"这首歌名的启发。这首歌是反文化运动（Counterculture Movement）的一个标志性符号，它反对主流的社会规范、传统习俗和政治权威，致力于向世界传递这样一种积极信念：在这个纷繁复杂的世界里，我们要在时间中学会做自己，学会玩这场游戏，这样，我们将无所不知和无所不能，我们将走向我们注定会到达的地方。这首歌倡导拥有共同信念的人们团结起来，跨越一切界限和弥合一切分歧，彼此给予爱的支持，共建和平与和谐的美好世界。有全球思维的管理者，应秉持服务世界的向善信念，去探索和发现国际市场上的无数机会，积极寻求满足林林总总的市场需求的产品与服务解决方案，并以这一切努力去丰盈与成就跨国公司的成长历程。

---

① 此段访谈内容出自于乔布斯 1995 年《遗失的访谈》（*The Lost Interview*）视频中第 36 分 38 秒至 37 分 8 秒，具体视频网址为 https：//www.youtube.com/watch？v=TRZAJY23xio。

中　篇

| 第四章 |

全球政治经济形势的演变

　　跨国公司在全球政治经济格局中发挥了什么样的作用，产生了什么样的影响？对这个问题，本章将结合历史分析视角进行探讨。在工业革命之前的全球政治经济体系中，国家一直是解析全球政治经济问题的最重要的行为主体和基本单位，从事经济活动的大多数企业是势单力薄的行为主体，除了像英国东印度公司这样与国家紧密绑定在一起的极少数超大型企业外，其他企业基本被历史学家们忽略了。工业革命之后，企业开始发展壮大，并慢慢在全球政治经济体系中崭露头角。在近 200 年间，才逐步有了带有跨国公司身影的全球商业史。而在最近的一个世纪里，跨国公司才渐渐成长壮大为地位仅次于国家的全球政治经济的重要参与主体，在有的情况下，它们甚至已经成为全球政治经济非常重要的构建主体。我们需要以历史分析的眼光，深入观察不同时代、不同国家与不同跨国公司之间高度复杂的互动关系，才有可能更好地理解两者在当今世界如何共同参与、共同影响和共同塑造全球政治经济格局。

一、西方历史中的政治经济纷争

　　作为一门应用经济学科，国际商业理论研究倾向于以有效市场为基准，并倾向于将国家力量视作为偏离理想市场形态的一个重要因素。但是，国际经济与一个国家国内经济通常是紧密联系在一起的，各种制度交织在一起，共同影响和塑造着跨国公司的经营行为。因此，我们需要将国家制度及其政治属性带入国际商业理论的研究工作中去（Lenway & Murtha，1994）。

　　早在 15 世纪欧洲民族国家出现和扩张时期，当时兴起的重商主义，就高度重视国家权力在塑造国际政治经济关系中的作用。美国的开国元勋之一汉密尔顿（Alexander Hamilton）和德国历史学派的先驱人物李斯特（Fredrick

List），是重商主义的著名倡导者。重商主义的基本观点是，政治高于社会经济生活，国家是行使合法政治权力的主体，各种社会经济关系是由政治权力塑造的，因此，国家始终应该被视作分析全球政治经济问题最重要的行为主体和基本单位。只有国家权力才能作用于全球政治结构，后者再作用于全球经济体系及跨国公司。19世纪中后期的英国，自由主义日渐取代了重商主义，但同一时期的德国和美国依然更多地遵循经济民族主义政策。20世纪的欧美国家奉行自由主义政策，它们指责后发展和经济相对封闭的日本是重商主义国家。今天，"经济民族主义"与重商主义可以算作同义词（O'Brien & Williams，2016）。

在2000年世纪交替之际，跨国公司引领的全球化浪潮几乎消除了国家或国际的区别，人们根本无所谓一个跨国公司来自于哪个国家（Teece，2022），一部分跨国公司发展成为国籍中性者，也就是不那么以母国为中心但真正跨国的跨国公司（Paul & Feliciano-Cestero，2021）。在这样的时代条件下，世界上的主要国家遵循和平与发展的行为准则行事，各国政府争相放松贸易与投资的管制政策和发展多边贸易体系，共同打造了一个高度相互依存的全球市场体系，形成了大前研一（Ohmae，1990）所说的"无边界的"、弗朗西斯·福山（Fukuyama，1992）所说的"历史的终结处"和弗里德曼（Friedman，2006）所说的"地球是平的"的世界。在这样的世界里，国家的作用在全球政治经济舞台中退隐了。

然而，在漫长的人类历史中，和平发展从来不是持续稳定的，又经过了十年左右的时间，世界再次被带入主要大国政治经济博弈加剧的时代，国家权力作用于全球政治经济结构的强大效力得到了彰显。面对各国政府频频出台的经济制裁或禁令等贸易管制和投资限制的棘手措施，全球跨国公司充满了对分裂的世界形势下全球供应链稳定与安全运营的忧虑，因为每一个跨国公司都要在由不同国家制度交织而成的繁杂制度网络中谋求生存与发展。恰如福布斯等（Forbes et al.，2019）指出的，世界上的国家体系由相互竞争的主权国家组成，它们的关系在友好和敌对之间波动。这决定了非市场经济因素在国际商业的全球组织中发挥了重要作用，如果不考虑国际政治关系的复杂状况，单纯研究国际商务和跨国企业的组织结构既是不可能的，也是毫无意义的。

1. 西方世界历史中的"经济战"

追溯历史，我们看到，国家权力因政治因素而作用于国家间经济活动的情况，在将近 2500 年前修昔底德的时代已有先例。① 公元前 432 年，在伯罗奔尼撒战争爆发前不久，雅典颁布《墨伽拉法令》（*Megarian Decree*），对墨伽拉（Megara）实施经济制裁，禁止墨伽拉人在雅典领导的提洛同盟（Delian League）的任何港口或任何市场进行贸易。这一制裁的起因是，墨伽拉人在雅典城外的一块沃土（Hiera Orgas）开展种植活动，雅典的宗教观念使雅典人认为圣地不能开展种植活动。在这场由不同宗教意识与领土纷争问题混合起来的冲突中，墨伽拉人杀死了被派去责备他们的雅典传令官，并为逃离雅典的奴隶提供庇护。雅典决定以挫伤经济活动的方式，来制裁和惩戒墨伽拉。墨伽拉位于斯巴达所处的伯罗奔尼撒半岛和雅典所处的阿提卡半岛之间，地理区位重要。法令颁布后，墨伽拉向盟友斯巴达求助，斯巴达对雅典提出了废除《墨伽拉法令》的要求。这被看作触发伯罗奔尼撒战争的诱因之一。

前文提到《马可·波罗游记》，这份游记是 1298 年马可·波罗在热那亚的一所监狱里写成的。马可·波罗之所以入狱，一种解释是，他在威尼斯和热那亚之间的一场海战中在科尔佐拉被俘。整个 13 世纪和 14 世纪，威尼斯和热那亚这两个伟大的意大利"海上共和国"为了控制地中海和黑海的贸易网络而陷入了竞争——而这类竞争，往往伴随了不断爆发的武装冲突。之前，十字军第四次东征，在君士坦丁堡建立了拉丁帝国，威尼斯作为拉丁帝国皇帝的亲密盟友，控制着与拜占庭帝国以及爱琴海和黑海的大部分贸易。1261 年，尼西亚帝国重新征服了君士坦丁堡，结束了拉丁帝国对拜占庭首都半个世纪的占领。于是，热那亚作为尼西亚的拜占庭皇帝的盟友，取代了威尼斯人成为该地区的主要商业力量。更重大的地缘政治转折发生在 1291 年，埃及苏丹马穆鲁克战胜十字军，威尼斯的利益再次受到了损害，随着罗马教皇对马穆鲁克实施贸易制裁，西方商人再也无法进入亚历山大（Polo，2016）。

两个世纪前，英法争霸时，国家之间的商业竞争与政治对抗活动又紧密地交织在一起。英法两国都试图通过打击对方经济，来削弱和摧毁其发动战争的能力（见专栏 4-1）。这段历史的结局发人深思：随着拿破仑战败，大陆封锁政策的直接后果是造就了英国在 1815 年后再无竞争对手的事实

---

① Anthony Rapa 在"The Impact of Modern Economic Statecraft on Cross-Border Trade and Investment：Sanctions，Export Controls，Investment Screening，and Supply Chain Rules"这篇文章中提到了以下两个例子。Anthony Rapa 的文章于 2023 年 3 月 10 日在 *PLI Chronicle：Insights and Perspectives for the Legal Community* 上发表，网址为 https：//www.blankrome.com/publications/impact-modern-economic-statecraft-cross-border-trade-and-investment-sanctions-export。

（Aaslestad，2022）。英国最终凭借其坚实的工业制造能力，使英国在全球商业体系中地位不降反升，从而彻底改写了 19 世纪剩下时间里的国际政治经济结局。

专栏 4-1

英法争霸时期的经济封锁

1806 年 5 月 16 日，英国政府实施了对法国海岸的海上封锁。半年后，拿破仑颁布了《柏林敕令》（Berlin Decree），启动了大陆封锁（Continental Blockade），禁止将英国商品进口到法国、卫星国、盟国和被占领土地；将在法占领区的英国人定为犯罪，使他们的财产成为"公平战利品"。拿破仑认为，英国经济繁荣依赖于与欧洲大陆的贸易，他希望，通过发动"经济战"，削弱英国支持的反法同盟，并建立法国在欧洲的工商业霸权。就这样，经济战从"隐蔽的、次要的、非系统的战争"转变为"主要的、中心的、高度组织化的战争"。

为应对《柏林敕令》，英国于 1807 年颁布一系列政令，同样以中立国家为目标，加强对法国及法国盟友的封锁。同年 12 月，拿破仑以《米兰敕令》（Milan Decree）作为报复，加强了《柏林敕令》，将对大陆港口的封锁范围扩大到遵守英国指令的中立船只。法国和英国的经济对抗加剧，使之蔓延与扩散到了欧洲大陆的中立和卫星国，这些国家比主要交战国遭受的经济损失要大得多。例如，拿破仑弟弟掌管的荷兰，因高度依赖贸易活动而受到了严重冲击。

在这场全球冲突中，也有受益群体，一些新的工商业网络体系发展了起来。法国北部的工业和意大利的农业，从英法封锁政策中获利。国际商业和当地制造业同时出现了破坏性和建设性的变化。作为法国法令针对的对象，英国经济在短期内虽然受到了一定程度的损害与抑制，但由于英国皇家海军控制了海洋，欧洲大陆出现了大规模的走私活动。而且，英国通过建立联盟、补贴大陆国家和吸引它们远离法国，以及拓展了对中南美洲的贸易，弥补了一部分贸易损失。

总体看来，经济封锁对法国造成的伤害比对英国的伤害更大。1810 年 7 月，拿破仑颁布《圣克劳德敕令》（St. Cloud Decree），向有限的英国贸易开放了法国西南部和西班牙边境，并重新开放了与美国的贸易。但各种保护性关税和税收，依旧导致了拿破仑最后一个盟友——德国的工业衰退和社会经济混乱。同期的英国，在艰难中挺过了财政枯竭的危机。

资料来源：笔者根据 Aaslestad(2022)的相关内容编写。

自拿破仑时代以后，经济战多次得到了运用。19 世纪 50 年代的克里米亚战争，尽管英国和俄罗斯处于战争状态，但当时英国和俄罗斯商人之间的贸易是被允许的。支撑这一开明的贸易政策的理论逻辑基础是古典自由主义，它对应的观念是：仅仅因为俄罗斯商人与沙皇拥有相同的国籍，就攻击他们的财产是不公平的(Smith & Umemura，2022)。而重商主义(Mercantilism)作为一种民族主义、国家主义经济政策，主张国家禁止与敌对国家之间的几乎所有的贸易活动。之所以说是"几乎所有的"，而不是"全部的"，是因为一国政府常常会出于现实的考虑，给实际利益需要留出必要的行动空间。这种做法的合理性在于，它有助于避免极端情绪造成的危害。2000 多年前，李斯在《谏逐客书》为秦王嬴政建言，照驱逐非秦人客卿的行动逻辑，是否还应该去除秦国的《郑》《卫》《桑间》《昭》《虞》《武》《象》等异国之乐呢？英国在第一次世界大战时期，也出现了如出一辙的辩题，比如，一位爱国的英国音乐家是否应该拒绝演奏作为敌国的奥地利的莫扎特、海顿、舒伯特和德国的贝多芬、舒曼的作品呢？[①]

在两次世界大战中，经济战已经升级至泛指旨在削弱敌对方经济的一切措施，包括战争中使用货物的进口管制，也包括食物及最终可能维持武装部队和提供武装部队经济的一切东西。随着时代进步与技术手段的进步，经济战进一步要求攻击敌对方的金融体系及其在国内外的运输和通信基础设施，包括拒绝接入至关重要的国际信贷体系，封锁或没收敌对方拥有的资产(Kramer，2014)。在第一次世界大战中，面对来自德国的迫在眉睫的战争威胁，英国充分运用了一个世纪前与法国开展经济战的经验，将封锁视作为扼杀德国经济的长期战略手段和采取全面战争措施的必要组成部分。通过造成德国的粮食、石油等关键工业原料的严重短缺，成功将德国推到了经济瘫痪与国家解体的失败境地。类似的做法，在第二次世界大战的对德作战中再次

---

① Watkins, G. Proof Through the Night：Music and the Great War[M]. Berkeley：University of California Press，2002：5.

发挥了应有的作用。福布斯等（2019）指出，20世纪的战争冲突对各国跨国公司发展产生了深远而持久的直接和间接影响。世界秩序的变化包括领土和市场条件的重新配置，新的政治和经济制度的建立，以及工业和企业竞争力的重组。

2. 两次世界大战时期的跨国公司

在18世纪和19世纪，欧洲国家以及像美国这样由欧洲殖民者建立的国家，除了在经济战的冲突情况下，政府对外国公司在本国收购或新建企业几乎没有什么限定政策。而且，本国企业通常会比外国公司更容易受到本国政府政策的歧视，因为在当时的条件下，能够进入其他国家市场的跨国公司的母国都是有更强国力的国家。即使是在19世纪下半叶经济衰退和各国贸易投资保护政策抬头的情况下，美国采取了世界上最高水平的保护措施，但也没有对外国企业进行限制（Jones，2005）。在这样的政策环境里，一个跨国公司的经营成败通常与其所在的国家没有多大关系。20世纪上半叶，已经有一定数量的跨国公司在全球政治经济舞台上表现得比较活跃。两次世界大战爆发后，情况开始变得复杂多变，企业能否适应影响其经营活动的各种国家政策和制度的变化，常常能够解释为什么一些公司幸存下来，而另一些却没有（Owen，2011）。那么，面对世界大战的混乱时局，这些跨国公司到底是如何应对的？它们经历了什么样的命运？战乱形势，是否像毁掉或改写了数千万人命运那样，毁掉或改写了跨国公司的经营事业？对这类问题，现实给出了两个方向的截然不同的答案。

在第一个方向上，记载了符合人们常规认知的悲观故事。经济史的研究文献告诉我们，1916年，德国即将进入罗马尼亚时，新泽西标准石油公司按盟国要求炸毁了其在罗马尼亚的油田和炼油厂；之前，比利时军队摧毁了该公司在比利时的生产设施，以免让它们落入德国人手中；几个月后，其德国子公司的股份被出售给了德国合作伙伴（Wilkins，1974）。1917年俄国十月革命之后，所有的外国跨国公司的资产被国有化了，包括前文提到的辛格公司在俄罗斯设立的当地最大的现代工厂和后来被列为俄罗斯文化遗产、设在圣彼得堡的总部辛格大厦（Singer House）。第一次世界大战结束后，德国跨国公司的大部分国外资产也被没收了（Jones & Da Silva Lopes，2021）。在第二次世界大战期间，1941年，英国政府指定日本公司为"敌对"企业，将其资产的控制权移交给官方的外国财产托管机构。在珍珠港事件爆发前，许多欧洲国家冻结了日本在其领土上的资产，美国政府也是如此。经历了战争，日本在欧洲的许多投资被冻结或控制权被转移，几乎失去了它在欧洲及其他国家或地区的全部外国直接投资（Mason，1992）。

英国是两次世界大战的战胜国，但两次世界大战令英国的跨国公司受到了重创。以考陶尔兹公司（Courtaulds Ltd）为例，这是一家成立于1816年的百年企业，原本在全球人造丝工业中占据了领导地位，但在20世纪30年代，公司在欧洲各国的投资遭受了数百万美元损失，一些子公司的股权被迫出售或减持到很低的水平。1942年，作为英美两国政府谈判协议的一部分，该公司又被迫按英国政府的要求，出售了其子公司美国粘胶纤维公司（American Viscose Company），导致其国际化战略彻底失败（Stopford，1974；Owen，2011）。美国远离欧洲战场，在经历了大萧条之后，多达2750家美国企业凭借着海外业务恢复了经济增长，但在珍珠港事件爆发后美国正式加入第二次世界大战，美国的跨国企业也变得支离破碎，其在轴心国的业务和资产也遭受到了战争蹂躏。威尔金斯（Wilkins，1974）指出，在战争年代，许多美国制造业跨国公司产生了一种不信任和蔑视海外业务的感觉——这些公司在欧洲有重要的业务，它们的工厂在不少情况下被轰炸或摧毁了，营销渠道中断了，各地的组织管理结构不再完好无损，一些在敌对国家的财产被出售了——这类遭遇使绝大多数美国企业没有了多少海外投资的热情，转而更热衷于满足战后的国内市场需求。

除了大企业的悲剧外，在20世纪上半叶的战乱中，成千上万的中小型跨国公司也消逝了。在1914年之前，甚至到两次世界大战刚刚结束时，英国一直是世界上对外直接投资存量中占比最高的国家。英国企业的对外直接投资活动明显不同于美国企业。美国制造业企业通常依托其国内业务，在海外设立子公司和分公司，英国制造业企业在对外直接投资方面远远不像其美国竞争对手那么积极。在很长时间里，英国人的习惯做法是在海外注册专门从事商贸业务的公司，但这些公司不一定是在已有的国内业务基础上发展起来的，它们很有可能只专注于运营一个国家的某一块资产或从事相对简单的业务活动。威尔金斯（Wilkins，1988）称之为"独立公司"（Free-Standing Firms）。英国人在海外设立的独立公司有广泛联系的商业关系网络，其组织管理体制不像美国跨国公司那样拥有发达的官僚制层级结构，它们的优点是能灵活地在不同环境中相对长时间存续，但它们不具有适应大规模市场竞争所需要的规模经济性，抵抗环境波动的系统性风险的能力也是相对脆弱的。这些中小跨国公司的消逝，是造成以英国为代表的欧洲国家在全球政治经济体系中竞争优势衰退的重要原因。

在另一个方向上，经济史学者给出了能够帮助提振企业家精神的回答。苏普尔(Supple，2014)认为，在两次世界大战的大规模冲突的国际环境中，跨国公司发展所依托的正常的、以市场为基础的运作活动，被国家纳入战争动员，但基本的经济体系和大企业的主导地位在冲突中幸存下来了，并从根本上重新获得了权力和影响力。威尔金斯(Wilkins，1974)针对英国跨国公司的研究，给出了与苏普尔的观点相仿的个案式的研究结论：在经历过第一次世界大战后，越来越多的英国企业被迫意识到，要继续在世界市场上发挥作用，就必须开展国际化经营活动。这些企业遵循了所在行业运行内在经济规律，它们比其他的大多数英国企业更有能力与国外最先进的企业开展正面竞争，正是它们的勇气，使它们能够在战争年代的混乱形势中幸存下来并努力保持领先地位——到1939年，几乎所有行业的英国龙头企业都至少在国外拥有些许的立足之地。

为什么两位学者给出的上述结论，显得那么乐观向上？欧文(Owen，2011)给出的解释是，动荡时期往往会迫使企业改变经营方向，学习新的业务技能，对多年来一直开展的业务作出调整。有些企业，恰恰是因为经营活动受到了战争影响，才被迫推进了国际化经营。吉百利(Cadbury)公司是一个例子，这是一家有非常高的知名度和美誉度的英国公司，它一贯执行卓越水准的公司治理标准。公司最早是由约翰·吉百利(John Cadbury)在1824年开设的一家杂货店；1866年推出了纯可可产品；1879年，在伯明翰的伯恩维尔为工人们新建了宜业、宜居的花园工厂；19世纪末，吉百利率先引入了周六半天工作制；1902年，公司将30%的资本支出用于工人福利。在第一次世界大战期间，吉百利为当地居民提供牛奶，生产战时所需的干蔬菜和果肉罐头，将工厂厂房变成了医院。在第二次世界大战爆发后，伯恩维尔工厂更是转向喷火战斗机的枪门、飞机照明弹的外壳、飞机零件、防毒面具和油桶的生产。[①] 由于战时定量配给政策限制了吉百利的巧克力出口业务，这给其他国家巧克力制造企业留出了发展机会。1921年，战后繁荣时，吉百利的出口仍只有1914年水平的一半，于是，吉百利不得不在加拿大开设了第一家合资企业(Stopford，1974)。

众所周知的是，在两次世界大战中，美国在很长一段时间里作为中立国，其跨国公司在欧洲战乱纷争形势中多有受益。举例而言，1914年9月，宝洁

---

① 相关信息来自吉百利公司网站(https：//www.cadbury.co.uk/about/history/our-story/)。

公司(Procter & Gamble，P&G)趁着欧洲人全神贯注于战争时，在加拿大投资100万美元建立了第一个海外工厂，这是该公司在海外市场阻击竞争对手联合利华(Unilever)的一项战略性举措(Wilkins，1974)。1930年，宝洁公司收购了位于英国纽卡斯尔的Thomas Hedley公司，设立了英国总部，奠定了其国际化扩张的组织基础。2005年，宝洁公司收购吉列公司，超过联合利华，成为全球最大的消费品公司。在战乱中，美国跨国公司的母公司与其在交战双方国家的各国子公司之间保持了直接联系——尽管那些具有爱国主义倾向或为了避嫌的欧洲子公司彼此之间没有任何联系。特殊的国际政治地位使美国跨国公司的业务在同盟国和大多数中立国总体上呈现兴旺发达的发展态势。在英国，美国散热器公司、通用电气、福特和辛格等跨国公司的子公司和附属工厂在军事管辖下满负荷工作，增加产量以解决战争之需(Wilkins，1974)。

更重要的是，当欧洲人投身战斗时，美国人抓住机会在欧洲以外的地区进行海外扩张——在那些欧洲人占有最高股份的地区(中美洲、南美洲、加拿大，以及苏伊士运河以东较小范围的地区)，其投资领域涉及农业、农产品加工、矿产开采和加工、石油生产、公用事业、制造业(含炼油)和流通等产业，其中的许多投资都是为应对欧洲的战争服务的(Wilkins，1974)。在第一次世界大战中，战争摧毁了法国北部、比利时和俄罗斯西南部的制糖产业，终止了德国和奥匈帝国的糖出口，于是，美国企业增加了对古巴蔗糖的投资。为了满足欧洲军队、同盟国及本国的需求，美国企业在南美洲新建和扩建了肉类加工厂，在加拿大兴建了四个大型造纸厂和纸浆厂，又在由英国和荷兰跨国公司把持的远东地区拓展了橡胶业务。在第二次世界大战中，为满足欧洲国家的短缺和战时需求，美国伯利恒钢铁公司等企业开始大举投资智利、哥伦比亚、阿根廷、巴西的矿产资源，如铁矿石、铜、石油和硝酸盐等，打破了欧洲国家长期在这些地区形成的贸易垄断格局；美国铝业公司开始在英属圭亚那和荷属圭亚那进行投资，并控制了加拿大大部分的镍。类似的美国跨国公司的海外扩张活动不一而足。

3. 小结

布克利和卡森(Buckley & Casson，2020)指出，20世纪的跨国公司与19世纪的跨国公司非常不同，21世纪的跨国公司又很可能与前两者都不同——许多熟悉的配置可能会消失。上文对西方世界历史上发生的由国家主导的经济战以及跨国公司在两次世界大战前后及过程中的经济纷争表现作了简要回顾，从漫长历史进程中不同时期的国家及跨国公司的表现中寻找共性规律，这是一项令人着迷的研究工作。

从国家视角来看，在剧烈的经济竞争中，通常至少有一个国家起到了主导性的作用，将权力及各种非经济性因素带入了经济活动。比如，2000多年前的雅典，或两个世纪前的英国和法国。这些在剧烈的经济纷争中起主导性攻击作用的国家，称得上是考克斯所说的"霸权国家"。考克斯（Cox，1983）发现，当代霸权国家行使的霸权形式远远超出了军事方面，在经济、政治、社会和意识形态领域全面占据主导地位。如19世纪的英国和20世纪的美国，均从特定的国际政治关系和全球生产体系中获得了必要的权力和影响力。霸权国家运用霸权，建构了一种普遍性的国际秩序，使大多数其他国家都认同自身利益与霸权国家利益相容（O'Brien & Williams，2020）。从历史经验来看，如果霸权国家足够强大，它可以成功地扼制远远弱小于它的挑衅势力；如果霸权国家并不那么强大，它就有可能陷入同与之对抗的国家之间的消耗战中。有时，这种消耗战最终能够为霸权国家取得决定性的胜利，如两个世纪前英法争霸中取胜的英国一样，但这种胜利有很大的历史偶然性。如果霸权国家没有取得最终胜利的那份幸运，消耗战就大有可能将霸权国家从宝座上拖下来，使之为新兴的国家力量所取代——正如葡萄牙被西班牙取代、西班牙被荷兰取代、荷兰被英国取代、英国又被美国取代一样。明智的霸权国家，其最重要的任务莫过于要努力避免使自身陷入那些具有不确定性终局的和烈性的消耗战之中。

在经历过残酷的战争洗礼后，西方霸权国家发展出来了一些维持霸权地位的新策略。韩国经济学家张夏准（Chang，2003）引用德国经济学家李斯特批评英国时使用的"踢开梯子"这个词，生动地描绘了欧美国家运用经济霸权的现代做派。众所周知，欧美国家时常站在公平竞争和道德正义高地指责发展中国家保护本国后发展的幼稚产业。但在历史上，没有一个欧美发达国家是靠自由贸易政策和放任主义的工业政策发展壮大起来的。在其发展的早期阶段面临激烈国际竞争时，这些国家都用尽各种政治经济手段来维护本国工业发展利益。但如今，欧美发达国家却堂而皇之地将自由市场和公平竞争的"好政策"推荐甚至强加给发展中国家，其本质是，霸权国家通过将自身政治利益诉求表达为在国际上有普遍道义价值的经济行为准则，来达成影响和支配其他国家的目的。历史告诉我们的真相是，当霸权国家看起来没有行使霸权时，那只是因为它们的霸权地位非常稳固；一旦温和的霸权手法不能奏效，霸权国家就有可能施予烈度更高的对抗手段。

　　无论是从国家的角度看跨国公司介入全球政治经济体系，还是从跨国公司的视角看国家权力的介入，这两类主体之间的交互作用，给全球政治经济形势带来了无穷变化的可能性。在早期的历史进程中，经济活动规模总量小，强大的国家军事实力与政治权力，能够对经济活动产生决定性影响。但随着经济活动持续增长与规模扩张，一个国家政治权力对经济活动的作用受到诸多内外因素的制约与影响。在高度复杂的国际政治经济格局下，由于参与主体众多，某一国家主动发动的经济对抗并不必然产生符合该国政策预期的结果。即使在非常剧烈的冲突环境中，其他国家或一些重要的跨国公司也决然不会坐以待毙。

　　从历史起源讲，跨国公司的兴起，就是因为它们具有在不同国家政治经济文化差异之中套利的组织功能（Ghemawat，2003）。与人们普遍接受的观点相反，政治不稳定或社会调整过程不一定会对跨国公司产生不利影响，而且，跨国公司对待政治风险的态度并不像常人那样敏感、恐惧与避之不及（Akhter & Lusch，1991）。众多的经济史料表明，在任何一次的全球性冲突中，无论冲突如何剧烈和对传统社会经济秩序的破坏力如何强盛，始终有些商业主体从中受益，这些新兴的工商业力量总是能够在政治经济危机的惊涛骇浪中找到发展壮大的难得机会。正如前文提到的，两个世纪前英法争霸时期，英国被迫向美洲加速扩张，以及在拿破仑战败后英国企业在欧洲各国的加速扩张；经历两次世界大战，有少数的像吉百利这样的英国跨国公司开启了被动式的国际扩张，但为数更多的欧洲大企业的流离失所和陨落，恰恰成就了大洋彼岸的美国跨国公司的加速成长。

二、当前全球政治经济形势分析

　　经历两次世界大战后，全球化与跨国公司迎来了长达半个世纪多的发展繁荣期。20世纪的最后20年和21世纪的前10年，更是成为全球跨国公司数量高增长的30年，不过，在表面的极度繁荣气象背后，2007年美国次贷危机的爆发为全球政治经济形势剧变埋下了种子。2018年，出现了中美贸易摩擦。当时，有一种看法是将中美博弈比作"新冷战"；另有一种看法认为，由于中美之间相互的经济依存度很高，因此，中美博弈与"冷战"不具有可比性。还有人将当前的国际政治经济形势与1914年的国际政治经济形势相比，将中国对美国的挑战，类比为1914年的德国对英国这样的欧洲领导者和昔日的世界经济霸主的挑战，或者是几乎同一时期的美国对英国的竞争挑战。还有人将中国的赶超及美国对中国的打压，与20世纪50~90年代日本跨国公司对美国跨国公司的赶超以及美国对日本的打压进行类比。以下将对相关的类比性观点进行分析和讨论，以便更深入地剖析我们当前所面临的全球政治经济形势。

1. 与1914年德国挑战英国形势的对照

有一种流行的观点认为，第一次世界大战发生的主要诱因在于，德国在改变了19世纪上半叶分裂局面而实现统一后，从19世纪下半叶英国主导的国际自由贸易秩序中获得了巨大利益，逐渐取代英国成为欧洲工业竞争力最强的国家（Krause，2014）。金德尔伯格（Kindleberger，2000）对1806~1914年德国对英国的经济赶超情况进行了详细的分析。他指出，19世纪末至20世纪初，欧洲经济霸权有从英国向德国转移的若干迹象：第一，德国工业产出增长迅速，特别是在化学、钢铁和机械工程等关键领域。第二，在化学染料工业和电力技术等一部分技术领域，德国企业开始有领先于英国企业的创新表现。第三，德国产品开始在国际市场上与英国产品形成竞争，同时，德国企业也开始与英国企业争夺一些海外的投资扩张机会。第四，德国涌现出来了西门子（Siemens）、巴斯夫（BASF）、蒂森（Thyssen）、克虏伯（Krupp）、戴姆勒-奔驰（Daimler-Benz）等一批大企业。第五，英国资本流出的特征明显，而德国的资本积累持续增加，为其工业的进一步扩张提供了资本支持，也推动了德国基础设施、教育与科技投资水平的持续增长。第六，在经济政策上，德国的保护主义关税政策，有助于保护和培育本国工业，相比之下，英国奉行的自由贸易政策在某些情况下未能有效保护其国内产业。

尽管德国赶超英国的观点比较有说服力，但也有证据表明，德国对英国的赶超并不是完全的和充分可信的事实。非常重要的一点是，在德国之外，英国还面临来自美国的更强大的竞争挑战。如表4-1所示，拜罗克（Bairoch，1982）测算了两个世纪多时间里欧美主要国家的工业化水平变化情况。在第二次世界大战前的1913年，尽管德国生产制造能力显著超过了法国，但与英国的水平仍然只在伯仲之间，而且，德法英的生产制造能力加总水平仍然落后于增长更快的美国。如果从经济实力所造成的竞争威胁的角度考虑，美国对当时的欧洲各国构成了更为严重的挑战。深入考察各个细分行业，德国在很多重要的领域都还没有达到英国的水平。

表 4-1　1913 年及之前世界主要国家在全球制造产出中所占份额的变化情况

单位：%

年份	1750	1800	1830	1860	1880	1900	1913
美国	0.1	0.8	2.4	7.2	14.7	23.6	32.0
德国	2.9	3.5	3.5	4.9	8.5	13.2	14.8
英国	1.9	4.3	9.5	19.9	22.9	18.5	13.6
俄罗斯	5.0	5.6	5.6	7.0	7.6	8.8	8.2
法国	4.0	4.2	5.2	7.9	7.8	6.8	6.1
奥匈帝国	2.9	3.2	3.2	4.2	4.4	4.7	4.4
中国	32.8	33.3	29.8	19.7	12.5	6.2	3.6
日本	3.8	3.5	2.8	2.6	2.4	2.4	2.7
英属印度	24.5	19.7	17.6	8.6	2.8	1.7	1.4

资料来源：Bairoch(1982)。

　　综合看来，德国对英国的所谓"赶超"，其实质情况更像是英国没有很好地应对自身面临的经济挑战，包括全球竞争加剧、经济增长与技术创新放缓、过度依赖对外投资和资本外流、工业结构老化、保守的社会文化造成的企业家精神衰减、殖民地负担沉重等，这些都导致了英国的相对衰落。相比之下，德国只是利用其相对有利的地理区位和人口规模优势，做了应该做的一系列正确的事情。比如，通过取得 1870~1871 年普法战争的胜利，德国增强了国家自信，促进了民族统一和经济整合；保持了社会和政治环境的相对稳定，通过德国意志关税同盟（Deutscher Zollverein）实现了国内市场的一体化；加强了资本积累和加大基础设施投资力度；重视科学和职业技术教育投资，发展了工业化所需的人才队伍；鼓励和促进企业成长与技术创新；学习和模仿英国的先进技术，促进提高了工业产品的质量和竞争力；积极参与国际贸易投资，扩大国际影响力。德国高度重视教育和严谨的制造文化，更使德国工业经济保持了可持续发展的良好势头。

　　与1914年的德国进行对照，我们可以看到，中国与当时的德国的相似之处在于，在经济发展方面，中国也做了很多像德国一样的发展经济的正确选择，也取得了工业企业快速增长的巨大发展成就。但当下的中国与当时的德国，在民族心态与国际战略选择上有根本性的差别。1914年的德国，民族主义情绪助长了德国高估自身能力的问题，于是，德国与曾经实力胜过自己的法国发生了冲突，同时又和另一个快速增长的国家俄罗斯对抗，再将虎视眈眈的英国也卷了进来，而经济实力远胜欧洲各国的美国选择了为英法提供支持，最终，德国陷入了无可挽回的溃败。

2. 与 20 世纪初美国赶超英国的形势对照

在经济增长方面，20 世纪初德国对英国的赶超带给英国的紧迫感，远不如同一时期美国赶超带给欧洲国家的紧迫感那么强烈。在 19 世纪 70 年代之前，由于运输成本高，美国享有极高程度的"自然"保护。张夏准（Chang，2003）认为，美国工业在 1945 年之前是世界上受到保护最多的产业领域。19世纪末、20 世纪初，被保护得极好的美国企业迅速壮大起来，并开始向海外出击。19 世纪的最后 10 年，美国企业及产品先是加速涌入加拿大。在新旧世纪交替的 1897~1902 年，欧洲人开始关注到美国制造品大量涌入欧洲市场。奥地利外交部长最早使用"美国入侵"（American Invasion）这个词来描述上述现象，这个说法很快便流行起来了。1901 年，一位英国人写道："入侵，持续不断，同时在 500 个行业中无声无息地进行着。"（Wilkins，1970）其中的一个标志性事件是美国最富有的人摩根（John Pierpont Morgan）设立的国际商业海运公司（IMM），先后以高价收购了英国的莱兰航运公司（Leyland Line）和著名的白星航运公司（White Star Line）——1912 年沉没的泰坦尼克号即为白星航运所拥有。

从表面上来看，似乎是美国跨国公司的强势进攻造成了英国工业在全球市场体系中竞争地位的快速下滑，但正如前文指出来的，关键问题在于英国自身出现了衰退。一些历史学家将 1873~1896 年这段时期称为"英国大萧条"。经济低迷不振，使英国在改造旧工业和发展新工业方面日渐落后于其他国家，尤其是经济增长较快的德国和美国。斯托普福德（Stopford，1974）细腻地描述了这一时期英国的微观世界："当 1914 年战争爆发时，大多数英国制造公司都在远远地看世界。他们像鸵鸟一样，没有费心去密切关注国外市场和技术的发展。""企业……很难拓展业务。（其）僵化的态度可以被称为历史的'死亡之手'……管理态度和程序可能变得如此制度化，以至于组织中许多层次的管理人员既认识不到变革的需要，也不愿意努力强加新的思想。""只有少数的英国企业是这一趋势中的例外，它们通过这样或那样的方式，到国外去寻找自己的发展空间……免受僵化态度的影响。尽管战前的欧洲遭遇了种种商业灾难，但这些企业都没有完全在英联邦内部收缩……也不受'死亡之手'的影响。"

1893~1897 年，美国经济也出现了大萧条，但大萧条激发出了美国企业不同于英国企业的应对（Wilkins，1970）。一方面，国内需求的低迷不振，迫使美国企业纷纷将开拓国外市场当作摆脱国内产能过剩的途径。另一方面，许多美国企业倒闭了，但幸存下来的企业通过并购重组变得更加强大了，这些企业中的相当一部分成为美国企业国际化的主力军。威尔金斯笔下的美国企业与斯托普福德笔下的大多数英国企业保守、萎靡的状态形成了鲜明反差。美国企业家们以国际视野来思考，他们展现出了强烈的全球扩张欲望，不仅关注国内市场，还积极寻求在全球范围内拓展业务；他们有非常强的国际竞争意识，在设计、成本和效率方面，主动与欧洲企业竞争；他们重视发展技术和管理优势，并将这些优势应用到国际业务的竞争中去；他们重视整合和利用全球资源，以提高效率和竞争力；他们重视战略规划和品牌建设，致力于发展全球战略与全球品牌；他们密切关注全球政治经济，学习并适应外国法律、商业习惯和政策环境，积极部署和设立国外组织机构并灵活地开展运营活动，包括与外国公司建立合作与联盟关系，以更好地应对跨国经营风险。一个世纪之前的美国企业的强烈进取心和国际视野，在许多美国企业身上至今依然存续，也同样值得今天的中国企业学习与借鉴。

从政策方面来看，20世纪初美国政府政策与21世纪初中国政府政策也有相似之处。一方面，都表达出了高度支持本国企业拓展海外市场的意愿，而且，政府与企业之间的关系如威尔金斯（Wilkins，1970）描述的："美国政府和美国企业在海外的关系是复杂的。虽然在第一次世界大战前的几十年里，在海外投资的美国公司无疑受到美国外交政策的影响，但对大多数国家的大多数公司来说，美国政府的作用似乎只是众多影响之一，而且通常不是决定性的。"另一方面，美国的《谢尔曼反托拉斯法》《克莱顿反托拉斯法》压减了大企业在美国国内的发展空间，使公司并购变得活跃起来，一些大企业被迫去往美国之外的地区寻求发展。与之相似，当前中国政府也在持续加强国内的反垄断监管政策。尤其是在对大型数字平台企业的监管方面，持续加大的政策压力，同样起到了使一部分大企业转向大力拓展海外市场的效果。在美国企业的凌厉攻势下，欧洲各国企业节节败退，世界进入了一个经济政治形势不稳定的时代。1930年，美国在大萧条之后放弃了自由贸易，通过了《斯穆特-霍利关税法》（*The Smoot-Hawley Tariff Act*），提高了2万多种商品的关税。1932年，一直以自由贸易捍卫者自居的英国也征收了关税，许多国家纷纷实行报复性关税，争相构建贸易壁垒，世界自由贸易体系走向了阶段性的终结（Chang，2003）。

在经济增长和企业发展态势及政府政策方面，21世纪初的中美关系与20世纪初的美英关系都有相似点，但也有两个重要的不同点：第一，19世纪末的英国相对于美国的领先优势，不如当前的美国相对于中国的领先优势明显。美国是一个幅员辽阔的大国，而 20 世纪初的英国是一个国土面积和人口数量相对有限且处于全面衰退中的帝国，增长空间受限。今日美国科技与政治经济的综合实力，与昔日大英帝国的衰败之势不可相提并论。第二，19 世纪末，英国与后来居上的美国之间的经济紧张关系，在很大程度上，被德国、俄罗斯等其他也在快速增长的欧洲国家带来的地缘政治上更紧迫的威胁感缓解和稀释了。相比之下，21 世纪初中美两国在政治经济博弈上的紧张关系，暂时还没有其他国际政治博弈关系可相比拟或相匹敌的。

如果说上述的对比分析，能够帮助我们增进对当前的中美关系与 20 世纪初期美英关系相似性的理解，那么，还需要留意的一点是：美国在全球领导地位的确立不是发生在 20 世纪初，而是发生在两次世界大战结束之后，这期间历史的车轮又前进了半个世纪之久。在美国走向全球领导地位前，它经历了 20 世纪 30 年代的大萧条，而欧洲国家经历了两次残酷的战争。威尔金斯（Wilkins，1974）指出，在一战之前的 1914 年，从全球势力范围来看，美国的跨国经营活动只是在北美洲和中美洲的部分地区，有超过英国的迹象。直到第二次世界大战结束之后的 20 世纪五六十年代，美国企业才极大地恢复了对跨国经营活动的热情。经过这 20 年的累进性发展，进入 20 世纪 70 年代，美国跨国公司在数量和总体规模上，远远超过了其他国家的跨国公司，在全球范围内树立起了其他国家及其跨国公司难以赶超的竞争优势。

3. 与 20 世纪末日本挑战美国的形势对照

两次世界大战结束后，美国作为世界上最强大的经济体，以"马歇尔计划"对欧洲国家进行了大规模的经济援助。在帮助战后欧洲和日本重建的过程中，美国跨国公司大举进入了这些国家。同一时期，美国企业在技术和管理创新两方面的领先地位，有效助力了它们在全球扩张中取得成功。欧洲跨国公司与日本跨国公司，紧随美国跨国公司的全球扩张而快速发展起来了。20 世纪 80 年代，西方国家私有化浪潮及拉丁美洲和东欧国家的市场化改革，进一步助推了跨国公司的全球扩张。这种良性增长局面，总体上持续到了 20 世纪末。2000 年，全球对外直接投资中来自欧美日之外的其他国家占比不足 10%（Jones，2003）。

在欧美日的总体繁荣中，日本跨国公司的力量上升得非常快。20 世纪五六十年代，日本企业快速地恢复了它们对欧洲的投资贸易活动。率先行动的是日本的贸易公司和综合商社，如伊藤株式会社于 20 世纪 50 年代在欧洲建立或重建了办事处，不少办事处设在联邦德国。三井物产开设了伦敦分公司，三菱公司成为战后在法国设立办事处的第一个日本公司。1959年，索尼在爱尔兰香农（Shannon）建立了一个小工厂，生产晶体管收音机。这是第二次世界大战后日本制造业跨国公司在欧洲的第一个对外直接投资项目。1960年以后，松下、本田等日本消费电子产品制造商和汽车制造商相继进军欧洲市场。1969年，日本政府开始分步骤放松对外直接投资的管制。整个20世纪70年代，日元升值、国内实际工资上涨，国内竞争加剧等因素共同促成了日本对外直接投资的"黄金期"（Mason，1992），松下、丰田等日本跨国公司在这段时期里在欧洲各国广泛设立了分支机构。

在相当长的时间里，日本大企业一直以自己的日本属性为荣，但在20世纪八九十年代，日本大企业开始改变几代人坚守的商业思维，像西方跨国公司一样推进全球扩张，它们在借鉴西方企业经营管理方法与经验的同时，又融入了自己发明的新的管理方式，以加快向真正的跨国公司转变（The Economist，1989）。从1984年开始，日本对欧洲的直接投资在历史上首次明显地持续超过其对传统亚洲国家市场的直接投资，并且，这一时期的日本跨国公司开始在一些新技术领域处于领先地位。1985年，日本对海外的投资额为120亿美元；但到了1989年，这一数字已经达到670亿美元，是1985年的5倍多，其中一半流向了美国，而欧洲共同体（European Community，EC）接收了超过1/5的投资（Nicolaides，1991）。1989年，美国的对外直接投资活动达到了阶段性的峰值水平。在随后的1990年，其他国家在美国的对外直接投资增长速度，超过了美国在海外的对外直接投资的增长速度——导致这一变化的主要原因是日本对外直接投资的激增。

日本跨国公司的竞争力突出体现在汽车和消费电子这两个产业，且其影响力不断向其他产业延伸。20世纪80年代末，索尼、松下、日立、日本胜利公司、三菱电机、日本电气、三洋、夏普、索尼和东芝以及日产、本田、五十铃、丰田等日本大企业，在欧美国家电子消费与汽车工业中都进行了大量投资。这些日本跨国公司取得的经营成就，使欧洲企业与日本企业在经济实力方面的对比关系发生了变化；相应地，欧洲各国对待日本的态度开始发生显著的变化，从过去的冷漠和轻视，逐渐变成了关注和担忧，甚至是彻头彻尾的恐惧（Mason，1992）。

随着日本跨国公司竞争地位的持续提升，这一经济事实造成的政治影响从欧洲进一步扩散到了美国。在美国，本田、索尼和丰田取得的成功，给美国本土企业带来了巨大的竞争压力。从1987年到1990年初，通用汽车公司和克莱斯勒公司关闭了7家美国汽车厂，解雇了大约2万人，而在同一时期，日本新开了5家汽车厂，雇佣了1.1万多人（Wilkins，1990）。日本企业的生产技术与管理创新，倒逼着美国企业加快技术升级和管理创新。1989年，三菱房地产公司收购了洛克菲勒中心和索尼收购了哥伦比亚影业，这极大地引发了美国人担心本国的经济优势和文化身份正在受到侵蚀的担忧情绪。威尔金斯（Wilkins，1990）提供了那些生动描绘美国消费者的纠结心态的新词汇，他们既渴求购买日本产品，又憎恨日本"入侵"美国市场，他们的词汇表里增加了表达恐日情绪的"日本恐惧症"（Japanphobia）、表达反日情绪的"贬日"（Japan-Bashing）、表达迷信日货的"清酒爱好者或日本舔狗"（Sake-sippers Beholden to Japan）。1989年《新闻周刊》的一项民意调查发现，43%的美国人认为日本是比苏联更大的威胁。

就在日本对欧美的对外直接投资呈现繁荣表现的背后，也有一些隐忧。一个值得关注的现象是，20世纪80年代末，尽管日本跨国公司对美国的直接投资规模迅速增长，但其投资回报率却处于较低的水平。乍看起来，这些日本跨国公司更注重长期回报，而不计较一时得失。那么，在更长的时间里发生了什么呢？1988年和2010年，《经济学人》分别发表了一篇文章题目带有索尼公司的"随身听"（Walkman）——便携式盒式磁带播放机的文章。正如前文所指出的，索尼是在战后最早开展对外直接投资活动的日本大公司，它的经营情况具有风向标的作用。这两篇文章分别记录了日本跨国公司在20世纪80年代末、90年代初的巅峰状态下所面临的机会与挑战，以及它们在20年后的消沉状态。

《经济学人》1988年的文章（The Economist，1988）指出，日本消费电子公司不像汽车厂商那样大举向海外扩张。早在1980年，松下公司设定了到1990年海外生产占比达到25%的目标，但到1988年，只完成了目标的一半。索尼公司比松下公司的国际化推进得好，其海外生产占总产量的比例达到了25%左右。在日元升值的背景下，日本蓝领工人拿到了世界上最高水平的薪酬，但日本工程师和科学家薪酬的性价比仍优于欧美高技术员工，因此，索尼和松下等公司将大部分技术研发活动留在了日本，持续推出了大量的新产品。不利因素来自四个方面：一是欧美企业仍然在设计、营销和部分软硬件关键环节保留了一定的竞争优势。二是欧洲出于保护飞利浦等本地企业的考虑，在日本跨国公司拥有技术竞争优势的电子、汽车、精密设备、机械等五个领域（Nicolaides，1991），对日本跨国公司采取了配额限制、高关税等贸易壁垒和反倾销等保护主义政策措施。三是韩国企业通过与日立和三菱电机的合作实现了快速的技术进步，在技术上落后日本不到5年，但成本更低。四是日本跨国公司在中国和泰国等东南亚国家设立的海外工厂，生产制造优势也在快速积累。

20多年后，《经济学人》2010年的文章描述了以索尼为代表的日本大企业走向衰弱的情况（The Economist，2010）。2010年10月，索尼公司宣布，1979年推出的经典产品"随身听"停产，显然，"随声听"错失了iPod和智能手机流行的新时代。"随声听"失利的原因正是稻盛和夫（Kazuo Inamori）批评的日本企业管理者缺乏"自信、活力、精力和决心"，他们暗中期望保持现状，这种领导力的不足，导致了日本大企业经营业绩不佳。长期以来，日本公司投资回报率不到美国和欧洲公司的一半。自1996年以来，日本公司在制造业、零售业、银行业和医疗保健等行业销售额位居世界前50名的公司数量下降了一半甚至更多。20世纪八九十年代，在经受了数轮贸易摩擦和波动的冲击后，一些日本跨国公司顽强地推进了其生产技术系统向北美、欧洲和亚洲这三个区域的转移。就一个行业的公司数量和地区覆盖范围而言，只有少数欧美跨国公司可以与这些日本跨国公司媲美。这些日本跨国公司的全球扩张方式，是世界商业史中非常独特的一部分，因为它们会将十几家或数十家的组装厂、零部件制造商整体转移。通过逆势前行的国际化战略，这些日本跨国公司守住了自身的全球竞争优势（Abo，1995）。

从日本跨国公司身上，我们可以看到，它们在20世纪八九十年代遇到的挑战，当前的中国企业全都遇到了，而且中国企业当前面临的很多问题更具有挑战性，涉及的行业领域更加广泛。首先，欧美日企业在众多先进技术领域依然拥有更加明显的领先优势。而且，美国还希望将中国企业全面隔绝在最先进的技术领域之外。显然，今日西方所面临的中国企业的竞争挑战，与20世纪末美国受到日本的挑战及19世纪末英国受到美国的挑战有相似之处。但是，19世纪末英国相对于美国的技术创新领先优势，没有20世纪末美国相对于日本的技术领先优势之大，更没有当前美国相对于中国的技术领先优势之大。美国现在是世界技术前沿领域无可争议的领先者，而中国企业就像20世纪末的日本企业一样，拥有的主要是高效和高质量生产成熟技术产品，以及快速应用新产品、新技术和将它们快速推向市场的能力（Amsden，1989）。其次，为抑制中国企业发展，欧美国家联合使用了大量的贸易制裁手段和所谓保障国家安全的政策工具，国家之间的贸易摩擦与争端频发且有不断升级的态势。最后，中国企业既面临其他国家企业的追赶，还面临国内企业大规模外迁后在海外设立工厂的巨大竞争压力。

总体看来，当前中国企业的快速赶超与中美博弈，同20世纪末日本跨国公司的赶超及美国对日本的打压，在性质、过程与表现形式上，都具有大量的相似性和可比性。但当前中美较量，与20世纪末的日美较量注定将走向不一样的结局。其原因有二：第一，在美日较量中，日本不拥有政治主导权，而日本跨国公司无法单纯依靠经济实力来挑战美国在全球政治经济体系中的领导地位。第二，中国拥有大国资源禀赋，可以为本国企业提供远远优于日本国情条件的更宽厚的战略纵深空间。只要具有足够的战略定力，在深耕国内市场、协同国内国外两个市场和全面拓展全球市场这三个发展方向上，中国企业都有取得成功的可能性。

4. 小结

对比分析的目的，是帮助我们接近正确的判断。本书的一个基本立论点是，我们应该以长时间周期来审视全球政治经济形势的变化，只有这种思维方式，才能使我们变得更加包容和开放，更有可能触及世界的真相；如果我们看待问题的视线被困在了短期的国际政治经济形势下各种矛盾冲突的陷阱之中，就比较容易形成错误的判断。

以下举一个例子，来看看第一次世界大战前欧美企业界几乎没有意识到即将到来的巨大战争风险的情况。第一次世界大战发生前的 1905 年，国际商会和工商协会代表大会在法国里昂召开了第一次会议。1914 年 5 月，美国新设了全国对外贸易委员会（National Foreign Trade Council），美国大企业汇聚一堂，对扩大海外贸易的前景表示乐观。一个月后，新的国际商会大会在法国巴黎召开（Wilkins，1974）。这些商会机构吸引了世界各主要国家经济生活中最有影响力的企业领导人参会，他们信奉世界共同体（World Community）的观点：世界是相互依存的，世界各国人民的幸福、福利和繁荣是紧密交织在一起的，企业界致力于通过商业创造和维护世界和平（Ridgeway，1938）。不幸的是，倡导最广泛的国家民族合作的理想哲学，没有跨越思想鸿沟而在国际政治领域发挥主导性作用。几十天后，欧洲被卷入了第一次世界大战的洪流。1914 年 8 月初，曾经非常乐观的美国跨国公司纷纷陷入两难困境，美国高管们被迫离开欧洲，公司在战争双方国家的一些投资被强制投入军事用途。例如，美国散热器公司，其德国子公司的员工都被征召入伍，两家德国工厂生产铸铁炮弹；奥地利子公司生产弹药；意大利子公司承诺向政府出售半铸钢外壳；法国政府征用其工厂作为临时军营并生产炮弹；英国子公司根据《英国军需法案》成为英国当局"受控机构"，按照军方合同要求向比利时提供手榴弹（Wilkins，1974）。

再举一个理论界误判的例子，鲁格曼是国际商务领域的知名学者，他在多篇文章中坚称"全球化是神话"，应该忘掉全球化，终结跨国公司的全球战略。鲁格曼浓墨重彩地描述了 21 世纪初欧美日跨国公司控制了 90% 的全球贸易的图景，但他并没有预见到，这一格局将在随后 10 余年间随着新兴经济体跨国公司的快速崛起而发生根本性的变化。格玛瓦特（Ghemawat，2011）引导我们纠正对全球化的高估倾向，他指出，当今世界的真实状态是"半全球化"，这里的"半"指的不是 50% 的水平，而更有可能是 10%~25%。如果格玛瓦特的观点是更加贴近事实的，那世界现在仍然处在全球化的中早期阶段，此时谈论"去全球化"或"逆全球化"的意义可能没有那么重要，因为我们在总体趋势上还处在一个更长时间周期的、全球化必将持续深化的历史进程中。我们需要以全球思维来训练这种长远的眼光，去看见大势所趋以及大势之不可挡，通过增加跨国公司之间合作互利的可能性，我们有可能从世界的分裂杂乱状态中重新生成一个整体有序和合作互益的全球政治经济结构，从而引导世界重返和平发展的时代进程。至于那些无效的、试图阻挡历史大潮的国家政策干预手段和追逐短视自利的企业战略，将被证明是徒劳无功的。

总之，在当下的发展时点上，我们既要避免第一次世界大战前国际商业界的盲目乐观心态，也要避免鲁格曼式的误判——低估国家和跨国公司交互作用中的创造力与无限变化的可能性。那些有全球思维的企业领导者，不仅有远大梦想和包容的胸怀，还会有一些松弛感和幽默感来装点严肃的现实世界。美国国家收银机公司（National Cash Register Company，NCR）的总裁阿林（Stanley Charles Allyn）的梦想是，让公司的名字出现在世界各地的每个主要城市的电话簿上。自 1940 年起，他作为 NCR 总裁，领导公司穿越了战乱的艰难时局。1961 年，当阿林以接近 70 岁的高龄退休时，NCR 有一半利润来自海外业务，且公司的 2.3 万名海外员工中只有 6 名美国人。在即将退休之际，阿林保持平均每年出国旅行 5 次，行程 10 万英里。阿林说："坐在迈阿密河岸边，你无法了解世界的状况。"①

他喜欢向人们讲述这样一个故事：当德国纳粹军队轰隆隆地开进巴黎，沿香榭丽舍大街行进时，NCR 的巴黎办公室就处在行进路线上。突然，队伍中的一辆坦克偏离路线，径直向 NCR 这边驶来。等坦克停了，从里面下来一个德国士兵，他下大力气击打门，明确表示要进来。然后，他进来了，这一身制服的人腰间别着一支枪，一脸狰狞。NCR 的法国员工经历了一段糟糕的时光——直到这位德国士兵突然笑着说："我是柏林国家收银机公司的。抱歉不能待太久，但我想知道——你去年完成业绩指标了吗？"（Wilkins，1974）。

---

① 参阅 NCR 网站关于 Stanley C. Allyn 的介绍文章，相关内容出自他在 1967 年出版的自传 *My Half Century with NCR*，网址参见 https：//www.ncr.org.uk/allyn-。

| 第五章 |
国家与跨国公司的"双人舞"

　　20世纪和21世纪交替之际，是全球化浪潮最盛和跨国公司发展势头最好的年代，历史的力量似乎向我们展示了一个罕见的时刻，当时，世界冲突的威胁似乎很遥远，经济和技术的变革正在模糊国与国之间的界限（Reich，1991）。迪肯（Dicken，2011）却冷静地指出，世界既不是平的，也不是无边界的，全球经济地图的轮廓因巨大的地理不均匀性和时间波动性而不断变化，跨国公司、国家和其他参与者都是全球政治经济舞台上的玩家，它们之间的动态互动塑造着整个世界的不平衡发展。如果我们对世界不平衡发展中的各种复杂现象作进一步的观察与思考，不难发现，关键的权力互动是在国家和跨国公司之间进行的（Dicken，1994）。在全球化背景下，跨国公司之间的竞合，与国家之间的竞合是紧密交织在一起的。而且，跨国公司与国家在目标与性质上大相径庭，它们是区别于国家的、完全异质的全球政治经济参与主体。200年来，跨国公司的发展在推进全球化的同时，也加深了国家之间的相互依存，甚至塑造了一些国家的政治和社会，加速改变了国家之间的经济相互依存关系与权力平衡结构。当今世界，跨国公司与国家之间的关系更是交互作用和共同演化的（Fitzgerald，2016）。不同的跨国公司与不同的国家，在全球政治经济舞台上跳起了一场又一场的"双人舞"。

一、国家眼中的跨国公司

　　不容置疑的历史事实是，国家远远早于跨国公司登上了全球政治经济舞台。在跨国公司登场前的若干个世纪，全球政治经济中根本看不到跨国公司的影子。国家在很长时期里一直是全球性舞台上的主角，也是学者们的研究聚焦点。沃勒斯坦（Wallerstein，2004）用世界体系理论，尝试将不同社会科学学科对差别化的分析单元的林林总总的暂时性关注连贯地统合起来，将世界看作由核心—外围(Core-Periphery)国家组成的政治经济结构。世界各国为跨国公司提供了多样化的市场和政治环境,跨国公司在不同国家给出的环境条件下发展跨国界的经济联系,不断形成全球经济生产者与政治权力持有者之间特定的互动关系模式。在沃勒斯坦给出的世界体系中,跨国公司被核心国家用作维持对外围国家施予经济统治和影响的工具。这些发达国家的跨国公司既起到了帮助发展中国家开发利用资源的积极作用,同时,也导致了发展中国家对发达国家的不平等的政治经济依赖关系。

考虑到整个世界体系中天然内生有国家政治因素,大多数国家的政府在判断跨国公司的作用和影响时,不会简单地将其作为纯粹的经济主体。随着一个跨国公司国际化运营程度越来越高——如在更多国家运营、聘用更多海外员工、拥有越来越多的海外销售和海外资产,这个跨国公司所面临的政治和社会环境必然变得越来越复杂,此时,就必须越来越多地参与公共事务活动,越来越多地采用缓冲式(Buffering)或桥梁式(Bridging)的政治与社会策略(Johnson et al., 2015)。在国际商业领域,布劳(Blough, 1966)是最早思考企业与政府之间关系问题的研究者之一,他曾经担任过美国国务院秘书助理,他主张跨国公司本身从属于一国政府,"在跨国公司中,我们拥有解决或改善世界上一些问题的巨大潜力,同时,也不能指望跨国公司所拥有的高度集中的经济力量只被用于有益的方面"。金德尔伯格(Kindleberger, 1969)对美国对外直接投资的研究表明,美国的国家利益与美国跨国公司的海外投资活动息息相关。美国政府有时会卷入美国企业海外投资所引发的政治和军事行动中;同时,美国跨国公司的海外子公司,有时也会陷入美国外交政策和东道国政策之间的相互冲突之中。威尔斯(Wells, 1998)指出,跨国公司经营活动对国家安全和政治独立的影响,在每个国家都是至关重要的议题。在国家眼中,在不同情境条件下,跨国公司的角色会表现出双重性质,既有光明面,也有黑暗面。

一方面,从全球范围来看,跨国公司连接着不同国家的经济活动以及跨境传递资本、知识、思想和价值体系,与机构、组织和个人互动,同时在为母国和东道国各种利益相关者群体产生积极的溢出效应(Meyer, 2004)。前文提到,早在1958年,邓宁(Dunning, 1998)就关注到了英美跨国公司所设立的工厂与本地工厂的效率差异,他发现,跨国公司下设工厂的效率通常高于同一行业本土工厂的效率,而且,这种生产率差异既在英国存在,也在美国有类似的证据。随后几十年,大量的研究证实了邓宁的观点,跨国公司设立的生产规模更大和资本密集度更高的现代工厂，往往拥有更高的生产效率。许多跨国公司，成为现代性、先进生产力和生产关系的拥有者和代表者，是生产技能的标杆和技术创新活力的重要来源（Amsden，2001），它们游走在充满制度与文化多样性的不同国家和地区，将基于先进技术与理想制度的美好工作与生活形态四处传播。此时，跨国公司是带来市场活力、持续增长前景与企业道德责任向善的积极力量。每一个国家都欢迎和渴望这些好品性的跨国公司，希望它们将先进资源要素慷慨投入本国的社会经济发展事业中。

另一方面，跨国公司也可以是造成掠夺与伤害、招致批评与质疑，甚至造成国家之间外交关系恶化的"害群之马"。众所周知，现代跨国公司的出现源于欧洲殖民主义剥削的时代。早期的跨国公司会充当维护其母国国家利益的雇佣军，只要利益足够大的话，它们就公然涉及奴隶贸易、鸦片贸易等性质恶劣的商业活动和军事暴力活动（Cairns & As-Saber，2017）。走出那些历史中的黑暗角落，跨国公司整体适应了现代社会为其构建的追求中立的或良性的价值观与广泛承担企业社会责任的话语体系，但始终有一部分的跨国公司在洗钱、腐败、逃税和生态环境污染等法律规范和道德的边缘地带活动。海默从政治经济学分析的视角展开对跨国公司经营活动性质的批判，他认为，跨国公司将社会大生产扩展到了世界范围，但这种生产体制机制只服务于少数人的权益（Hymer，1972）。这一点，在小国中表现得更加明显，因为跨国公司的经济实力使之足以影响小国的经济发展轨迹，甚至还有可能影响这些国家的政治和社会结构。在这些国家，跨国公司往往只与这个国家的上层精英合作，而忽视了大部分人口，这种做法必然加剧这个国家的贫富差距，加大这个国家保持发展均衡的难度（Hymer，1970）。批评者认为，利用人们对经济增长的痴迷，跨国公司从各个国家的人民和社区手中夺走了经济财富和政治权力——看似有无限自由的全球政治经济系统，不过是跨国公司的暴政工具（Korten，1998）。

20世纪90年代末，一些运动品牌跨国公司被指控有不道德行为，相关行为包括默许或支持生态环境破坏活动及向劳动条件差的国家外包生产制造活动。非政府组织对这些跨国公司的抗议及引发的公众抵制运动，损害了这些企业的形象，造成了企业销售收入的下降（Holtbrügge et al.，2007）。一些跨国公司将最肮脏的业务活动转移到那些未充分重视这类活动环境危害的发展中国家，在这些国家，跨国公司非但不分担环境责任，反而在利用不严格的环境法规和公众的漠视，甚至一直努力防止这些国家提高环境政策标准

（Akyildiz，2006）。在避税方面，研究显示，美国跨国公司可能将高达 1/4 的全球利润转移到实际经济活动发生地之外的地区，这一行为在 2012 年估计涉及 6600 亿美元，占全球 GDP 的近 1%（Cobham & Janský，2019）。以上跨国公司的各种劣迹，使一些国家政府不信任跨国公司，将它们看作高流动性的投机者，认为跨国公司有逃避国家管辖能力，有时还会在一个政府与另一个政府之间挑拨离间（Eden & Lenway，2001）。

各个国家政府的政策制定者都基于自身对跨国公司的双重性的不同认知观念，在不同时代条件下，赋予跨国公司大小不等的发展空间（见专栏 5-1），以实现一种平衡，既能充分利用全球化与跨国公司带来的发展机遇，又能保护好本国的主权、国家利益和社会文化传统。伦韦和默瑟（Lenway & Murtha，1994）认为，不同国家在经济战略和政策制定及实施上有着显著的差异。监管型国家（Regulatory States）倾向于通过建立政策法规来监管市场，以确保经济竞争的公平性，而较少求诸产业政策手段来主导或影响经济发展。发展型国家（Developmental States）以提升本国企业的国际竞争力为目标，通过政策来促进对本国经济发展有利的外国投资，或者是通过特定的政策来吸引和利用跨国公司的资本、技术和管理技能。绝大多数国家的政府会选择处在介于监管型与发展型这两种类型中间的状态。

 **专栏 5-1**

哪个国家对跨国公司敞开了大门？

世界上没有一个国家像加拿大那样，将其制造业的控制权拱手让给非本国企业。根据 Dunning 和 Cantwell（1987）的测算，1976～1984 年，加拿大高达 51% 的制造业产出由跨国公司控制。相比之下，日本为 5%，美国和印度各为 7%，土耳其为 8%，泰国为 18%，韩国为 19.3%，法国为 25%，墨西哥和印度尼西亚各为 27%，阿根廷为 29.4%，巴西为 32%，马来西亚为 39.8%。

资料来源：笔者根据 Dunning 和 Cantwell（1987）及 Amsden（2001）的相关内容编写。

由于国家既是跨国公司商业活动的监管者，也是全球政治经济体系中的战略行动者，因此，国家可以对跨国公司的经营活动施加各种影响。这种影响可以是需要跨国公司服从的直接的命令与控制。出于不同管制目的，各国政府可以采用设定外资持股比例限制、实施外汇管制和企业利润汇出限制、反垄断等政策手段，规范与限制跨国公司的经营行为。政府对跨国公司的影响，也可以是间接的和有操作弹性的，此时，跨国公司可以与政府讨价还价。通过发展政治关系，跨国公司能在一定范围内使自身尽可能从政策中获得最大好处，又尽可能免受政府权力的不利影响。人们通常的理解是，一个国家的政府可以通过直接控制一个企业或政府命令、政府协商来影响跨国公司的决策，但吉尔们（Gill & Gill，2024）的研究表明，在政府有求于企业的情况下，即使是像英国这样的政府，也会采用独特的策略，甚至是哄骗的方法，对跨国公司经营决策施予影响——而且，在国家利益支持下，这类政府说服企业的努力往往是秘密的。迪肯和马尔姆贝格（Dicken & Malmberg，2001）分析了国家与企业之间议价能力不对称的问题，他们指出，国家对企业的相对议价能力取决于它们的规模、它们对特定地区资源和能力的控制和获取，以及它们各自的政治地位。在其他条件相同的情况下，大国在面对跨国公司时，往往比小国拥有更大的议价能力。如果一个小国拥有一种特别抢手的资源，其议价能力将大大增强。

重商主义和经济民族主义的观点认为，全球经济从属于国际政治体系，这样的全球经济在本质上反映了最强大国家的利益（O'Brien & Williams，2020）。那些强大国家倾向于将本国跨国公司作为自身的综合国际竞争力的有机组成部分，这种思想倾向使强大国家也习惯于将其他国家跨国公司都视作实现其母国政府的全球经济和地缘政治目标的工具。强大国家之所以这样做，是因为这些跨国公司拥有强大的经济权力和影响力，进而拥有为国家所用的政治与经济基础。美国一贯将美国跨国公司，用作自己达成地缘政治目标的工具。1945年，通用电气（GE）和国际商业机器公司（IBM）等一些最有权势的美国企业领导人合作创建了美国国际商业委员会（United States Council for International Business，USCIB）。USCIB在20世纪六七十年代开展了一系列旨在捍卫和扩大美国公司对外直接投资利益的政治运动，如参与"马歇尔计划"和全心全意地支持在1947年10月签订关税及贸易总协定（GATT）和鼓励欧洲一体化等。USCIB的活动表明，美国政府早已经将美国大企业的国际扩张主义视作输出"美国影响力"的"国家利益"的一部分，并提供了积极的援助（Schaufelbuehl，2023）。

根据美国国家安全局前承包商雇员斯诺登（Edgar Snowde）披露的"棱镜"监视计划，美国政府利用思科公司等美国科技公司的产品对中国进行监视活动。针对美国政府的上述行径，中国政府制定了对外国设备制造商的限制规定，要求国家机构和国有企业采购本地设备，并加快了对国内产品技术的投资。之后，美国也以国家安全为由，系统性地限制了以华为为代表的中国跨国公司的业务(Jones & Lopes，2021)。之前，思科公司曾经在20世纪90年代帮助中国建立了互联网发展所需的重要基础设施，占据了七成以上的市场份额，思科公司更曾经是世界市值第一的高科技企业。但在经历"棱镜门"事件之后，思科公司在中国的发展受到了明显的不利影响。

面对敌对国家，强大国家的政府可以要求跨国公司停止为之提供正常的经营服务。例如，美国政府要求跨国公司对敌对国家全面实施禁运，最著名的是对古巴长达半个多世纪的禁运。1961年，美国宣布与古巴断交，并于次年开始对古巴实施经济、金融封锁和贸易禁运。2015年，两国恢复外交关系，但美国并未全面解除对古巴的封锁。2024年10月30日，第79届联合国大会就"必须终止美国对古巴的经济、商业和金融封锁"决议草案进行投票，结果为187票赞成，2票(美国和以色列)反对，1票弃权。据古巴统计，美国封锁60多年累计对古巴造成1600余亿美元损失。伦韦和默瑟(Lenway & Murtha，1994)指出，美国对高科技产品的出口管制和禁止与政治对手国家贸易的措施，有时候会损害美国企业的竞争力，将市场机会让出来给其他国家的企业。他们引用了Bartlett给出的一个研究案例，美国禁止卡特彼勒(Caterpillar)公司向俄罗斯出售管道铺设设备，使这家公司不得不将自己的长期市场优势拱手让给了一家日本竞争对手。正因为长期受美国政府的禁运政策之苦，2015年，在美国与古巴关系正常化取得重要进展时，卡特彼勒公司(Caterpillar)明确表达了其支持美国政府解除对古巴禁运政策的立场(见专栏5-2)。

专栏 5-2

为解除对古巴禁运政策喝彩的卡特彼勒

卡特彼勒是世界领先的建筑和采矿设备、柴油和天然气发动机、工业燃气轮机和柴油电力机车制造商。2014年，公司的销售额和收入为551.84亿美元，主要业务涉及建筑业、资源行业、能源与运输业及相关的金融产品服务业，致力于帮助各国开发基础设施、能源和自然资源。自1998年以来，卡特彼勒一直呼吁美国政府对古巴采取新的外交政策。

全球思维：
世界大变局下跨国公司的演进与成长

2015 年 7 月，美国宣布与古巴就恢复外交关系达成协议，两国朝着关系正常化迈出了历史性的一步。卡特彼勒董事长兼首席执行官道格·奥伯赫尔曼（Doug Oberhelman）表示："近 20 年来，卡特彼勒一直强烈主张参与古巴市场，而不是孤立它。我们还呼吁美国政府解除贸易禁运，因为我们认为，目前的孤立主义政策没有奏效。""对话是一个良好的开端。我们鼓励总统和国会在下一步共同努力，最终结束 54 年的禁运——这使我们两国之间的 90 英里成为不可逾越的障碍。现在是时候通过使关系完全正常化了，古巴完全融入全球经济，将改善古巴人民的日常生活。"

2014 年 12 月，美古两国启动恢复邦交正常化进程。2015 年 4 月，卡特彼勒的公司领导人访问了古巴，与当地企业和政府领导人会面。在此之前，作为其人道主义援助的一部分，卡特彼勒曾向古巴医院捐赠发电机组。

资料来源：根据卡特彼勒公司网站相关内容编写，网址参见 https://www.caterpillar.com/en/news/corporate-press-releases/h/caterpillar-a-new-us-cuba-future-begins-today.html。

最弱小的国家，就像欧·亨利（O. Henry）笔下的"香蕉共和国"（Banana Republic）一样，它们落后、贫穷、政治与社会秩序不稳定。一般而言，跨国公司在最不发达国家的参与程度是比较低的。但少数跨国公司会采取设立合资企业的方式进行参与，这往往是因为有政府或政府指定的代理人作为合作伙伴，从而能够确保自身在很大程度上不会受到政治波动风险的不利影响（Smith-Hillman，2005）。腐败的政府还常常会向发达国家的跨国公司妥协，给予后者经济特权。布切利（Bucheli，2008）以联合果品公司（United Fruit Company）为研究对象，探讨了这家受多位文学家关注的美国跨国公司如何通过香蕉种植业务控制了中美洲国家的经济和政治，甚至影响了这些国家的法律和政策制定。在类似的案例中，跨国公司成了发达国家对贫穷国家及其人民予以经济殖民的工具。根据 UNCTAD（2002）的 2000 年世界百强经济体排名，除 71 个国家外，有 29 家跨国公司上榜；而在 50 个最大的经济体中，14 个是跨国公司，36 个是国家。这意味着，大型跨国公司可以比全球许多国家拥有更大的经济实力，而且，这些跨国公司采取的战略决策和行动，在很大程度上独立于其经营活动所在国的利益（Jaworek & Kuzel，2015）。

实力相对较弱的国家，对更强大和更发达的国家可能用作政策工具的外国跨国公司，常常心存忧惧，因为其本国企业在公平竞争规则下，难以形成竞争优势。对作为强国国家竞争力代表的那些跨国公司，一个相对落后的国家在形成严重的经济依赖的同时，也容易心怀抵触。欧洲国家大多是具有一定经济实力的发达国家，但面对过于强盛的美国数字科技巨头，欧洲各国仍然备感恐慌，这种恐慌情绪不仅出自对这些跨国公司市场垄断势力的担忧，更出自对其母国强悍国家实力的忌惮。于是，我们看到，各国政府都会制定一系列政策，将跨国公司排除在特定的政策敏感部门之外，禁止或防范它们进入或控制某些产业部门以及从事"非必要"活动（Caves，2007）。一方面，即便是发达国家，它们在农业、传媒业、金融业等一些国际竞争力相对较弱或社会经济影响面大的重要行业领域，也会从自身实际的国家安全利益出发，对外国跨国公司经营活动作出限制性规定。像美国，也会在某些特定领域推行经济民族主义政策。例如，美国利用国防开支来支持其商业航空航天工业（O'Brien & Williams，2016）。另一方面，即使是经济欠发达国家，无论多么渴望吸引外国资本和发展经济，也在不同程度上对跨国公司的投资活动作出各种限制性的规定。

从 20 世纪的历史来看，在极端条件下，战争的到来及政府对战争经济的控制与干预，将导致企业在和平时期所经历的高度操作空间的消失，此时，跨国公司和国家之间的关系会发生根本性的变化（Forbes et al.，2019）。国家干预的主要形式，包括征收新税或大幅提高税收水平、没收或冻结敌人拥有的资产、实行外汇管制、出口制裁和封锁等。在战时，跨国公司的人力资本、有形和无形资产、资本和金融资产都有可能遭到破坏或耗尽；许多商品的正常生产、流动和销售被转移到满足战争的需要方面，服务、网络和信息流将被打乱。

1917 年，俄国十月革命时期，第一次采取了全面国有化措施，对外国企业没有任何补偿。1932～1933 年，土耳其通过给予适当的经济补偿，对煤矿、铁路等外资控制的重要公用事业和基础设施进行了国有化。1937 年，玻利维亚的军政府指责美国标准石油公司骗税，成为第一个将石油公司国有化的拉丁美洲国家。1959 年，古巴共产主义革命后，也采取了全面的国有化措施。在上述案例中，俄罗斯和古巴采取的是全面国有化，而土耳其和玻利维亚等采取的是部分国有化（Wellhausen，2014）。20 世纪六七十年代，亚非拉国家独立后，相继没收欧美跨国公司在本国的资产。

威廉斯（Williams，1975）对 1956～1972 年发展中国家对外国资产国有化的情况进行了研究，他指出，在 20 世纪 70 年代的顶峰时期，一年至少有 40 个国家将外国企业资产国有化了。这项研究还发现，大约有 40% 的资产交易得到了补偿，这意味着，在逐步具备一定经济能力和条件的情况下，多数独立国家重视自己的声誉，愿意为外国投资者提供他们能接受的解决方案。科布林（Kobrin，1984）研究了1960~1979年79个最不发达国家征用外国资产的情况，其研究也发现，这些国家的征用行为会随着时间和政治经济条件的变化而变化，随着其技术与管理能力的提升，对跨国公司的了解与信心将增强，与跨国公司的相处之道也将变得更加实用和务实。韦尔斯（Wells，1998）认为，这些国家政府官员出现新的态度，是因为他们受教育程度越来越高，且很多是在跨国公司的母国接受教育，他们对自己理解跨国公司的行为和语言的能力充满信心，因为他们相信自己能够处理过去令其受挫的各种现实问题。当这些国家培育出自己的跨国公司后，这些跨国公司的发展实践会有助于促进这些国家的政府转变对其他国家跨国公司的态度。

20世纪末的全球化浪潮，系统性地修复了各个东道国与外国跨国公司之间的紧张关系，天平开始转向相反的方向（Eden & Lenway，2001）。为了将那些渴望搭上全球化发展快车的经济欠发达国家尽可能多地纳入全球市场体系，国际社会做出了诸多积极努力。以联合国和经济合作与发展组织、世界银行为代表的许多国际组织，引导这些国家的政府制定了信守国际商贸规则的各种制度框架，虽然整体的互信水平明显提高了，但这些制度不一定具备充分的法律约束力。相比之下，大多数在国际竞争中处于中等地位的国家，倾向于自觉遵循和维护公平竞争的市场规则，这是因为，这些国家不拥有向国际社会强加自己政治意志的强权，也不拥有那些国际竞争力最强的跨国公司，只有公平竞争规则，能帮助这些国家及其跨国公司最大程度地维护自身的正当权益。与此同时，大多数国家同样倾向于越来越多地建立跨国联系，通过在税收征缴、垄断地位调查、环境保护、公共安全等多方面商讨制定和执行统一的监管政策，来更有效地制衡跨国公司日益增长的经济力量，以免跨国公司在各国政策缝隙间游走自如（Wijen & Slangen，2012）。

二、跨国公司眼中的国家制度

约翰逊和瓦恩（Johanson & Vahlne，1977）指出，跨国公司的国际化是一系列渐进决策的产物。在企业国际化的过程中，一些跨国公司之所以要走出母国，重要目的之一是获取、整合和利用有关潜在的东道国的各种知识与经验，并在此基础上选定即将进入的海外市场，再随着相关知识经验的持续积累，动态增加对特定的东道国制度的承诺与参与度。在上述海外区位选择的决策过程中，跨国公司既要考察市场规模、基础设施、工资水平等经济变量，也要考察国家制度、政策法规、文化习俗等制度变量，许多制度变量与经济变量是交互作用的(Flores & Aguilera，2007)。可以说，跨国公司的国际化进程，是从走出母国的制度约束到走入东道国制度约束的一个动态变化过程，这是一个踩着国家制度的"钢丝"玩高空平衡的游戏。

摩尔和刘易斯(Moore & Lewis，2000)对公元前2000年左右的地中海地区洲际公司商业活动的研究表明："在古代腓尼基，私人商业和神庙国家是合作伙伴，它们的功能和角色相互重叠、相互联系。神和女神经常被崇拜为贸易和技术的赞助人，尤其是梅尔卡特保佑和监督人类商业，确保其诚实，并诅咒违反合同的人。在国家的支持下，寺庙是贸易、银行和仓储中心，祭司在这里公证交易，规范重量、价格和度量衡。没有一个商人想要欺骗可以呼风唤雨的神的代表……像今天的许多国家一样，腓尼基的商业，与宗教、外交和军事活动是齐头并进的。"这两位学者在另一篇文章中(Moore & Lewis，1998)写道："历史学家认为，如果没有和平，没有商人及其政府机构与外国当局合作的能力，亚述王国时期的贸易活动不会发展到那么繁荣的程度。"

在为数众多的跨国公司遵从各国法律制度的平静表相之下，也藏着大量的"冰山"。摩尔和刘易斯(Moore & Lewis，1998)引用的史料文献记载了，早在公元前2000年前，亚述王国首都阿舒尔(Ashur)规定严格控制从安纳托利亚到阿舒尔的纺织品进口，阿舒尔的一位商人普修肯(Pusu-ken)就因为试图规避这一保护主义政策而被罚款(Larsen，1976)。古往今来的人性相通，芬德利(Findley，2014)指出，跨国公司善于在全球范围内利用各种有名无实的"壳公司"(Shell Companies)和虚假交易，来达成各种合法和非法的目的，包括税收逃避、腐败和违反制裁等。这些"壳公司"通常只有基本法律实质而无实际经营活动，它们同时在不同国家运作，受不同国家的法律法规约束，这使得任何一个国家要对它们实施有效监管都变得非常困难。

凯恩斯和阿斯-萨伯(Cairns & As-Saber，2017)关注到了另一类问题，即跨国公司有时会开展那些遵从法律但在道德上可疑的经营活动。这类现象较集中地发生在发展中国家。例如，麦当劳自诩提供了卫生和健康的食品，其全球扩展引发了一轮轮针对麦当劳的经营活动及与之相关的饮食文化和社会生活方式的批判。公众认为，麦当劳快餐的流行，造成了越来越多的健康问题。麦当劳快餐的负面影响，在发展中国家的青少年群体中表现得更加突出。

再如，发达国家将电子废物以二手电子商品的形式出口到发展中国家，这类跨国经营活动在法律上可以是合法的，但其对接收电子废物的发展中国家的自然环境和公共健康造成的负面影响，毋庸置疑是不道德的。从发达国家的眼光和标准来看，带有消极影响的经营活动早已变得不合时宜或违反法律，但由于各国监管框架和社会观念的差异，这类经营活动仍有可能在某一些发展中国家大行其道，这也为一部分跨国公司从不同国家监管制度缝隙中套利提供了机会。

有一种观点认为，跨国公司拥有凌驾于国家权力之上的制度特权，它们能够"脱离国家政治的羁绊，在日益无国界的世界市场上漫游"，但这样的看法，只是一个神话（Doremus et al.，1999）。在现实世界中，跨国公司的经营绩效水平高度依赖于各国政府的制度与政策供给，因此，在大多数情况下，跨国公司会是所在国家的法律制度的遵从者，它们需要借助国家力量予以的合法性庇护来实现自身的发展壮大。在对一个国家制度环境无能为力的情况下，跨国公司可以采取不同的策略选择：有时，为减少海外风险敞口，跨国公司不得不关闭在某个东道国的海外子公司；另外，为应对关税壁垒等国际贸易限制性措施，跨国公司又不得不在某一个东道国新设海外子公司，尽管这样做有可能会增加海外风险的敞口。

一旦遵守一个国家制度的难度加大及风险上升到一定程度，也就是做一个制度顺从者的难度太大时，跨国公司就必须做出决策，以决定是选择退出和离开这个国家，还是留下来并采取相适宜的本地化策略。众所周知，印度是对跨国公司不友好的一个国家，这一局面是20世纪下半叶印度政府对外资政策反复调整的结果。在20世纪上半叶被英国殖民的时期，情况并非如此——根据琼斯（Jones，2005）的估算，1914年，印度在外国直接投资方面排名世界第八位，排在美国、俄罗斯、加拿大、阿根廷、巴西、南非和奥匈帝国之后。1929年，印度排在第三位，仅次于加拿大和美国。印度独立后，为跨国公司提供的制度环境出现了巨大的变化。印度政府的基本立场是将主要经济权益掌握在本国企业手中，当且仅当外资在一定时期内控制一家企业符合国家利益时，政府不会反对。在印度独立的最初几年里，外资拥有企业多数股权的情况，成为罕见的例外现象。1957～1963年，为发展经济，印度向跨国公司发出了投资邀请。但是，在20世纪70年代初，在本地企业的推动下，印度政府又收紧了对跨国公司的监管政策，目的是要将跨国公司"驱逐"出印度。直到20世纪90年代初，印度深陷政治经济危机，才修改了外资投资的监管政策和专利保护的相关政策,重新向跨国公司敞开了大门。但由于采取了对跨国公司不友好的政策,到 21 世纪初期,印度占全球外国直接投资的比重不足 1%。乔杜里和坎纳(Choudhury & Khanna,2014)研究了 IBM、可口可乐、联合利华等 4 家欧美跨国公司应对印度政策环境剧变的不同策略,其中,联合利华选择在印度留守,IBM 和可口可乐选择了先退出、再进入策略(见专栏 5-3)。

 **专栏 5-3**

跨国公司在印度的艰难抉择:留守还是退出

1888 年,联合利华第一次向印度市场销售产品。20 世纪 30 年代,设立了印度子公司。1956 年,印度公司向公众出售其 10% 的股权;1965 年,印度投资者的股比增加到 14%。当时,印度政府保护了本地企业,于是,联合利华的印度公司——印度利华有限公司(HLL)蓬勃发展。HLL 招募了印度经理,并在 1961 年任命坦登为 HLL 的董事长——这是印度人领导跨国公司子公司的第一例。20 世纪 70 年代印度政策收紧时,联合利华选择留在印度。作为拖延战术的大师,HLL 利用其广泛的联系,经常与政府讨价还价。例如,面对价格管制政策削弱公司盈利的情况,HLL 与印度政府达成协议,以可控价格为低收入群体推出一种香皂产品,以换取取消其他香皂的价格管制。再如,根据印度政府的外汇管理政策(FERA),大多数公司需要将外资持股比例降至40%。HLL 试图保住联合利华的控股权,但只有 60% 的营业额来自核心或高科技领域且 10% 的产品出口,才能保持控股权。为此,HLL 增加了对苏联的出口,并在 20 世纪 80 年代初成为印度第二大私营出口企业。HLL 还辩称,用非食用油制造肥皂是一项复杂的技术,但政府不同意。1977 年,新当选的政府下令,到 1979 年,联合利华持有的 HLL 的股比要降至规定的 40%。HLL 开始拖延,要求分两个阶段减持,第一阶段于 1978 年减少到 51%。1980 年,又一届新政府上台,第二阶段被推迟。同年,HLL 向印度投资者发行了新股票,由 89000 多名印度人持有公司 47% 的股份,而联合利华持有剩余的股份,这确保了联合利华对 HLL 的控股权。次年,新政府允许联合利华继续持有多数股权。

可口可乐是 1956 年进入印度的第一个跨国软饮料品牌。20 世纪 70 年代,

FERA 要求可口可乐将其分公司转变为一家印度公司，并将其 60% 的股份转让给印度投资者。公司被要求用两年时间实现这一目标。印度的专利法还要求可口可乐必须分享其饮料的秘密配方，但可口可乐拒绝这样做。1977 年，可口可乐退出印度，直到 1993 年才重新回到印度，但那时，百事可乐占据了市场主导地位。

在印度总理尼赫鲁推动下，IBM 于 1951 年进入印度。该公司曾强势经营了近 20 年，在印度享有 80% 的市场份额，并控制着向印度销售哪些产品权力，从而主导了印度计算机行业的发展。在印度中央政府成立电子部（DoE）后，DoE 想要控制计算机硬件行业的发展，并对 IBM 的运作发起了议会调查。同时，根据 FERA 的指导方针，考虑到 IBM 所处的行业，该公司必须将其股权减少到 26%，但 IBM 不接受这一要求。由于不遵守 FERA，IBM 在 1977 年被要求退出印度。在离开印度后，IBM 没有完全切断与印度的业务联系。1992 年，通过与塔塔集团合资，IBM 重新进入印度。1999 年，塔塔出售了其在 IBM 的股份，并在政府批准后，成立了 IBM 印度有限公司。除了塔塔保留的 1% 股份外，IBM 印度有限公司完全由 IBM 公司所有。

资料来源：笔者根据 Choudhury 和 Khanna（2014）的相关内容编写。

最为研究者们津津乐道的是德国跨国公司在印度的成功故事。德国跨国公司被认为本质上与英国跨国公司相似，且德国跨国公司的战略通常模仿其英国同行，但德国跨国公司在印度成功地重构了一张思维地图，越来越多地将自己定位为西方殖民主义的局外人（Lubinski，2022）。德国跨国公司在印度的发展情况表明，即使面对艰难的经济民族主义情绪和严苛的国家制度环境，有的跨国公司仍然有可能逆势而上。卢宾斯基（Lubinski，2014，2022）研究了印度独立前的 1880~1940 年，西门子（Siemens）和拜耳（Bayer）等德国跨国企业在印度的商业活动以及它们如何采取多种策略，成功应对"外来者劣势"（Liability of Foreignness）的问题。其重要策略之一是利用与英国的长期贸易竞争和敌对关系，将自己塑造成英国的天然对手，并以政治立场与印度民族主义者建立联系，支持他们独立斗争和经济自给自足。在这个缓慢的过程中，德国跨国公司还与印度的技术和社会精英及商业领袖建立了紧密的联系。法斯特（Faust，2022）的研究表明，拜耳和博世公司（Bosch）等德国企业充分利用自身的技术优势，通过与当地企业建立稳固的合作关系来进入印度市场，并采取了一系列举措，成功将其"德国性"（Germanness）与新的印度世界观结合起来，有效应对印度在 20 世纪 60 年代末至 70 年代初对外资企业的经济民族主义情绪和制度变化压力，在保护德国股东控制权益的同时扩大了印度市场（见专栏 5-4）。菲茨杰拉德（Fitzgerald，2016）指出，德国跨国公司之所以能够在印度取得成功，恰恰因为它们不是英国企业。由于德国跨国公司利用其特定的国籍身份，非常令人信服地将自己呈现为是印度商界和消费者眼中政治中立的合作伙伴，它们在印度市场上获得了比英美跨国公司多得多的市场机会与社会认同。

 专栏 5-4

德国跨国公司在印度的发展策略

在像印度这样对跨国公司非常不利的国家制度环境中，德国跨国公司展示了其强大适应性和创新能力，并巧妙运用各种政治和经济手段，保护和巩固了其印度子公司在印度市场的竞争优势。以下是拜耳公司和博世公司这两家德国跨国公司采取的重要经营策略。

一是选择合作伙伴。对于在印度寻求商机的外国公司来说，选择合作伙伴是一个至关重要的决定。知名印度企业集团比规模较小的集团拥有更专业的技术和管理经验。较小的合作伙伴虽然声誉较差，但在商业决策上，能为外国投资者提供更大的回旋余地。博世将这两种方法结合起来。它们与印度的一个不是很大的家族集团萨兰（Saran）合作。1954 年，博世投资了印度合作伙伴 MICO49% 的股份，并于 1959 年扩大到 57% 左右。拜耳也选择了一家相对较小的业务合作伙伴。为防范印度要求稀释外国资本的政策，博世将股份分配给值得信赖的商业伙伴，以确保即使面临强制要求股比变化的政策压力，MICO 仍在博世的控制之下。而且，博世预计，要求其持股比例降至 50% 以下的政治压力不会持续太久。

二是保持政治中立。尊重和适应当地的商业习惯和文化价值观，积极创建具有德国和印度双重国籍的企业形象，同时与德国政府和印度政府合作，努力保持与两国政策的一致性。在涉及博世的持股比例的谈判中，MICO 的德国总经理退居幕后，由他的印度同行领导主导与印度当局的谈判，以避免对外国人的敌对气氛。在印度的政治事务中，像拜耳这样的德国跨国公司从未积极地偏袒任何一方，它们努力避免卷入任何政治纷争，也避免在可能影响

自身商业利益的政治事件中表态。与之形成鲜明对照的是，可口可乐因为
1977年支持英迪拉·甘地（Indira Gandhi）导致其在选举失败后承压，退出了
印度市场。

三是突出技术贡献。博世和拜耳的业务涉及经济的关键领域和政治敏感
领域。两家公司都游说印度政府，称其向重要产业领域提供了核心技术，以
阻止政策要求其在合资公司中的股权被稀释。德国政府认为自己和美国一样，
是少数几个有能力向"不发达"国家提供援助的国家之一。从20世纪50年代
起，德国外交部和经济部负责向像印度这样对德国外交和经济政策有战略意
义的国家提供援助。发展援助被视为在新独立国家争夺影响力的主要武器，
这一观点得到了德国企业界的认同，他们认为这是在去除印度的英国垄断后，
填补空白的一个好机会。印度和德国在发展援助领域的稳定政治关系为德国
企业的私人投资提供了良好基础，因为这些公司的母国比美国等其他民族国
家有更好的声誉——美国对印度的援助有更多明显的附加条件，被认为不太
可靠。拜耳还声称，德国人服务重要的工业部门，而英国人活跃于消费品行
业，后者对印度工业自给自足没有贡献。此外，德国政府资助的技术培训措
施，也支持了印度与德国技术和工程的积极联系。德国技术在印度享有良好
的声誉。这在化工、机械、汽车等行业的德国跨国公司寻求印度政府批准建
厂时起到了帮助作用。

四是信奉长期主义。德国人采取了征服印度市场的长期战略，他们知道
他们不能获得短期利润，必须首先建立持久的政治和商业关系，才能取得成
功。从更早的时间线来看，在第二次世界大战期间，受雇于德国公司的德国
公民被拘禁在印度，这促使滞留在印度的德国商界人士之间建立了牢固的社
会关系网络。印度独立后，正是这一社会关系网络，有力地帮助了德国跨国
公司重返印度、成功立足与发展壮大。实施长期战略，涉及无数时间与精力
的耗费以及昂贵的讨价还价，这才能确保德方对合资企业的控制和印度政府
可持续的"善意"。

资料来源：笔者根据Faust（2022）的相关内容编写。

谈到制度变量时，人们常常认为，实行民主制度和法治化市场经济的国
家更容易吸引跨国公司，但现实情况远远比这一简单论断要复杂得多。一项
对美国跨国公司在15个行业对外直接投资活动的研究表明，分行业来看，金
融保险等服务业跨国公司对民主和法律制度的需求更明显；在采矿和石油天

然气等资源性行业，跨国公司对民主制度的需求明显次要于对稳定可靠的政策的需求（Kucera & Principi，2014）。当外部环境不确定性上升和政府对企业的政策行动变得不可预测的情况下，跨国公司会更加重视与其商业利益紧密相关的政治活动的战略意义（Sutton et al.，2021）。那些对环境不确定性的响应能力强的跨国公司，往往拥有适应严苛制度约束的经营能力，组织韧性会更强、更有活力，能在政治动荡期保持稳健经营。例如，2016 年，英国全民公投决定"脱欧"，许多跨国公司决定剥离或减少在英国的投资，但易捷航空决定留在英国市场，并继续在欧洲其他地区运营。通过设立奥地利总部，易捷航空获得了奥地利的许可，使自己在英国脱欧后仍能够在欧盟境内运营。作为一个泛欧航空集团，易捷航空在奥地利、瑞士和英国控股的三家航空公司，都在伦敦证券交易所上市（Jones & Da silva Lopes，2021）。

当然，就如伦韦和默瑟（Lenway & Murtha，1994）所指出的，没有哪家跨国公司能够确保自己同时在所有国家都取得成功，也没有一项制度或政策能够保证在每个国家都适用。随着时间的推移，一个国家需要适应自身的国际责任和全球价值观以及本国的经济条件和社会价值观的不断变化，做出相应的法规制度与政策的调整，以持续改善经济效率、社会公平和国家安全之间的平衡。身处快速工业化初期的国家，其政府通常倾向于优先考虑经济效率与社会稳定；当国家进入中后期的经济相对繁荣阶段，对收入平等、社会正义、政治自由与国家安全的需求会逐渐增加。相应地，跨国公司需要动态适应各国的历史、文化、社会和政治背景以及政府经济目标和非经济价值观诉求的变化，积极响应那些受到社会广泛支持的制度与政策，管理好与东道国和母国之间的互动关系。

对于一个跨国公司来说，有时，做出遵守一项国家特定政策法规的决定，不是一件轻松的事。微软公司总裁兼首席法务官史密斯（Brad Smith）有过在 56 个国家和地区应对各国数据安全监管法规政策要求的丰富经验，他以微软公司的实际经历向世人表明，在数字经济时代，跨国公司非常容易陷入遵守一国法律制度与保护客户数据隐私的两难困境（史密斯和布朗，2020）。众多案例表明，在商业活动与国家制度相交错的敏感地带，跨国公司常常行走在对抗、妥协与服从的边缘地带。2024 年 4 月，马斯克卷入与巴西最高法院法官德莫赖斯（Alexandre de Moraes）的纠纷。此纠纷的直接原因是马斯克试图拒绝履行巴西法院对其社交平台 X 作出的封锁特定账户的要求，并公布巴西法院的相关命令。德莫赖斯警告，如果 X 重新激活被封锁账户，将对每个账户每天处以高额罚款。马斯克声称："我们很可能会失去在巴西的所有收入，并不得不关闭在那里的办公室。但原则比利益更重要。"巴西官方则声称："不能纵容国外的亿万富翁控制社交网络并将自己置于违反法治、不遵守法院命令并威胁当局，也不会臣服于互联网平台的力量或大型科技公司的商业模式。"①巴西最高法院启动了对马斯克的调查。在近一年前，巴西最高法院对谷歌和Telegram 的高管也启动过调查，因这两家公司在批评巴西互联网监管法案的运动中扮演了积极角色。相似的监管举措，曾迫使这两家跨国公司给出了合作的姿态。

从理性的角度讲，只要一个跨国公司在一个国家的经营活动是有利可图的，此跨国公司大概率会选择遵从这个国家的法律制度；当这个跨国公司的经营活动变得越来越无利可图时，它就有可能诉诸意识形态或制度正义方面的口号，以掩饰自身经营无能和竞争失利的真相。按照这一逻辑，我们可以理解很多现象：越是在经济衰退中，那些经营状况不太理想的跨国公司，越有可能表现出对一个国家各方面制度安排的不认同或抵触；越是在经济景气中，越是那些经营成功的跨国公司，它们越有可能对一个国家各种严苛的管制要求，表现得非常包容与大度。这些现象，在表面上是以制度差异、制度距离或价值观冲突的程度呈现出来的，但其深层次动因仍然与经济利益得失紧密相关。

当一个跨国公司纯粹出于经济因素考虑，而在不利的经济形势下选择退出时，也有可能招致公众的非议和道德谴责，甚至引发政治危机。1978 年，美国费尔斯通（Firestone）公司作出了关闭在瑞士开办的轮胎工厂的决定（见专栏 5-5）为此提供了一个例证。对许多瑞士人和其他欧洲人来说，这一事件使费尔斯通的名字及其代表的"美国式管理"或"美国式企业文化"，与"野蛮""傲慢"和"管理无能""不良行为"等联系在了一起（Pitteloud，2022）。尽管这一事件触发的危机，没有实质性地改变费尔斯通公司关闭工厂的决定，费尔斯通公司只是受到了象征性的谴责，但这绝不仅仅是一种短暂的或表面的扰动，而是具有更深层次的意义。这是因为，整个事件使贬义的——关注短期利润的美国式管理与褒义的——瑞士所代表的、注重传统的劳资和谐的合作关系的欧洲管理范式，在价值观上的重要分歧被暴露出来了。在这个案例中，

---

① Hern A, Phillips T. Elon Musk Faces Brazil Inquiry after Defying X Court Order [EB/OL]. [2024-04-08]. https://www.theguardian.com/technology/2024/apr/08/elon-musk-brazil-x-jair-bolsonaro.

美国跨国公司高管层的经营决策，没有明显违背瑞士国家法规制度的迹象，但却与非正式制度发生了激烈碰撞，由此激发了瑞士人的强烈抗议和反对美国跨国公司在欧洲扩张的民族主义情绪。

专栏5-5

触犯众怒的美国费尔斯通关闭瑞士工厂的决定

1935年，美国费尔斯通公司与瑞士本地的Dätwyler家族合资开办了轮胎生产厂。Dätwyler家族一直支持，并给予费尔斯通瑞士股份公司（Firestone Schweiz AG）运营管理这家工厂的完全的自主权。1973年，Dätwyler家族将持有的所有股份出售给了美国费尔斯通公司。同年10月，第四次中东战争爆发，引发了第一次石油危机，瑞士和许多其他工业发达国家一样，经历了严重的经济危机。除了经济形势不好外，在市场竞争中，瑞士轮胎工厂的运营还面临一系列挑战：一是高油价造成汽车需求下滑，轮胎行业陷入产能过剩危机；二是竞争对手米其林公司在20世纪70年代引入了经久耐用的子午线轮胎技术；三是费尔斯通因为没有适时引入新技术，导致1977年生产的轮胎存在安全缺陷，并成为史上最大的一次产品召回活动；四是瑞士法郎升值，导致劳动力成本上升。综合各种不利因素，瑞士轮胎工厂的国际竞争力下降了。

自1975年起，这家工厂每年损失约1000万瑞士法郎，市场份额从1973年的30%下降到1978年的20%。1974年，工厂有1450名员工。在1967年，费尔斯通瑞士公司通过集体协议形式引入了关于裁员的共同决策权，这一举动获得了工会和工人们的认可。面对20世纪70年代中期公司经营状况不好的现实，劳工代表接受了减少工资和部分裁员，以换取公司管理层挽救工厂的承诺。但1978年，费尔斯通公司的美国总部还是宣布作出关闭瑞士轮胎工厂的决定，这引起了瑞士的劳工代表和政治家的强烈不满。

尽管瑞士政府尝试介入，但最终工厂还是关闭了，最后的620名工人也失业了，他们与费尔斯通公司达成了和解。费尔斯通公司将关闭决定描述为"经济必要性"的结果，但对这一说辞，瑞士人表示拒绝，他们认为，工厂关闭的根本原因是美国总部管理不善。这种叙事方式，使通常在瑞士被视为不合法的行动（如罢工和政府干预）在这种情况下变得合理了，并获得了公众的支持。劳工代表指控费尔斯通公司违反了集体协议的特定方面，如强制性通知期和与劳工代表协商的义务。1982 年，法院命令费尔斯通公司向其前瑞士员工支付 260 万瑞士法郎。在瑞士雇主组织杂志上，这一判决所做出的惩罚，被描述为"伪装在法律判决中的政治决定"。

资料来源：笔者根据 Pitteloud（2022）的相关内容编写。

三、跨国公司与国家的交互作用

探讨国家与跨国公司之间的交互作用，涉及国际政治经济学、国际商业管理和国际关系等多领域的理论知识。这些理论揭示了两类基本经验：一方面，政府对跨国公司拥有相当的权威性，对此，跨国公司应该心怀敬畏之心；另一方面，跨国公司的发展实践表明，跨国公司绝非被动接受与适应各个国家的制度环境和非制度环境（包括技术、社会政治等）的消极客体，它们有能力通过积极行动来主动影响和改变各种环境因素（Luo & Rui，2009）。苏普尔（Supple，1989）指出，国家对跨国公司的政治控制和跨国公司对国家主权的侵蚀作用，这两者显然都不呈现为线性发展趋势。由于跨国企业和国家有各自不同的利益诉求及不同的利益相关者，因此，跨国公司和国家注定不会是天然的友好合作伙伴，双方之间的权力平衡关系不是一成不变的，双方的相处方式取决于各自的议价能力（Straaten et al.，2023）。

1. 跨国公司的政治行为

国际政治经济学的一个普遍且重要的规律是，在每一个经济体中，政治和商业在组织上都纠缠在一起（Stark & Vedres，2012）。尽管政治与经济这两个领域在制度形式上是严格区分开来的，但在现实中，它们之间有千丝万缕的联系。也就是说，跨国公司不仅要与市场参与者互动，同时，还需要面对政治利益相关者。而且，越大的跨国公司，所感知到的政治利益相关者的影响力就越大（Holtbrügge et al.，2007）。大企业的一种常见做法是，在公司董事会中引入政界精英担任董事。例如，2005 年，施罗德（Gerhard Schröder）在联邦大选失败后辞任德国总理职务，他在任期的最后几天里签署了德国和俄罗斯天然气工业股份公司（Gazprom）之间有关建造北溪 1 号的协议。离任后没几天，施罗德就加入了俄罗斯管道公司的董事会，担任过北溪股份公司和俄罗斯石油公司的董事会主席，直到 2022 年，才辞去后一职务。20 世纪 90 年代中期，戈尔（Albert Arnold Gore Jr.）在选举和担任美国副总统期间，推广了"信息高速公路"一词，推动了美国的信息基础设施建设，为美国互联网经济兴起作出了积极贡献。离任后，他于2003年加入了苹果公司，直到2024年初，他才以75岁高龄为由辞职，是苹果董事会中任职时间最长的董事。

跨国公司通过不同的企业政治活动和采取不同的公司政治策略（Hillman & Hitt，1999；Oliver & Holzinger，2008），如参与游说、竞选捐款或其他形式的政治活动来管理政治环境，对各国政府公共政策施予影响并成为政策塑造者，从而使自己从中受益。对德国跨国公司的研究表明，这些公司通常使用信息、公司声誉建设和财务激励等不同策略，应对政治利益相关者及其提出的各种现实问题。在发达国家，主要采取发布特定信息或参加听证会的策略，公司声誉建设和维护公共关系的策略；而在发展中国家，则主要采取财务激励策略（Holtbrügge et al.，2007）。在各国大企业中，美国大企业是世界各国中参与政治活动最活跃的一个群体。目前，美国有12000名注册游说者，2023年的游说总金额超过40亿美元。① 举例而言，2015年，美国进出口银行（Export-Import Bank of the United States）因特许权到期，而停止为美国出口企业提供融资支持。保守派立法者认为这类政策扭曲市场公平竞争。波音公司威胁，要把一些生产活动从美国转移到能够提供政府融资的欧洲国家。有一些国会议员接受了波音公司的游说，以有可能的失业为理由，来支持备受争议的重新授权。最终的重新授权决定，确保了波音公司及其他出口企业从中受益（Baron，2019）。希罗德卡尔等（Shirodkar et al.，2022）对737家美国大企业的研究表明，越是国际化程度高和多元化程度高的企业所开展的企业政治活动，越有助于提升企业绩效，因为这些企业更擅长洞察与适应外部环境，能够实现市场和非市场战略的有效整合。

德鲁特曼（Drutman，2015）详细论述了美国企业参与游说活动的发展过程。早在镀金时代之前的19世纪初，美国银行就付钱给一位国会议员，让他代表美国银行的利益行事。1907年，在美国经济繁荣增长的年代里，《蒂尔曼法案》（Tillman Act）禁止企业直接向候选人捐款，这一法案有效抑制了大企业的政治活动与社会影响力扩张。20世纪二三十年代，美国经济出现衰退，商务部开始鼓励各行业组织成立行业协会，引导企业开展胡佛总统推崇的"合作

---

① 相关数据由OpenSecrets根据参议院公共记录办公室的数据计算得出。参见"Lobbying Data Summary"，网址为 https：//www.opensecrets.org/federal-lobbying。

竞争"（Cooperative Competition），以避免"毁灭性竞争"（Ruinous Competition）
所导致过度竞争的恶果。20世纪50年代和60年代初，作为战后的经济稳定
增长期，政府政策和公众情绪在很大程度上都亲工业企业，大多数企业满足
于把政治问题留给行业协会。

20世纪60年代，有两本畅销书的发布，成功地在美国掀起了保护消费者
权益和反工业企业不当经营行为的潮流。1962年，美国海洋生物学家蕾切
尔·卡森（Rachel Carson）出版了《寂静的春天》，批评了滥用杀虫剂所造成的
生态环境破坏问题。十年后，美国政府禁止将滴滴涕（DDT）用于农业领域。
1965年，美国律师拉尔夫·纳德（Ralph Nader）出版了《任何速度都不安全：
美国汽车的设计隐患》，批判了以通用汽车为代表的美国汽车工业向用户提供
不安全产品的问题。这本书出版一年后，即1966年，美国国会颁布了《国家
交通及机动车辆安全法》，并在同年成立了美国交通部。进入20世纪70年
代，美国大众舆论和公共政策全面转向了加强企业监管的方向。随着企业越
来越多地感受到来自政府政策手段的威胁，它们开始将大量资源和精力投入
政治活动。当时，美国企业的想法相对简单，就是要努力减轻政府政策对企
业业务及运营成本的干预作用。到20世纪80年代，随着新自由主义的传播
和盛行，曾经威胁企业生存与发展的社会力量不复存在了，但企业的游说活
动非但没有退出历史舞台，反而愈演愈烈。自20世纪90年代以来，美国企
业的游说活动变得越来越主动和有政治影响力了，其想法已经变成要让政府
成为企业的合作伙伴，帮助企业一起解决问题和拓宽市场机会。专栏5-6给
出了波音公司蜕变成为华盛顿游说游戏大玩家的发展历程。

专栏5-6

游说游戏大玩家：波音公司

在1981年之前，波音公司的游说活动规模较小，只拥有9名内部游说
者。当时的公司游说活动主要是防御性的。

1991年，波音公司面临一个重大挑战：美国国家航空航天局（NASA）的
空间站项目预算超支并且进度落后，面临可能被取消的风险。波音公司作为
项目主承包商，空间站的建设对其公司利益有重大影响，因此，公司的游说
者发起了一场大规模的游说活动以挽救该项目。波音公司组建了一个庞大的

联盟，包括数学和科学教师、其他国家政府(如加拿大、日本和几个欧洲国家)。1992 年，美国国会众议院和参议院投票决定继续为空间站项目提供资金。波音公司的此次游说，成功阻击了关于空间站项目给国家带来巨大财政负担的反对意见。

1995 年，波音开始考虑更宏大的战略。当时中国即将做出停止购买美国飞机的决定，波音公司的执行委员会决定带头推动中美贸易关系的正常化，该公司再次组建了一个庞大的联盟。五年后，美国总统克林顿成功地推动美国国会正式给予中国永久性正常贸易关系地位(PNTR)。2008 年，波音飞机约占中国航空市场的 60%。

20 世纪 80 年代，波音公司的游说努力中有 75%是防御性的。但在二三十年后，这一比例变成了 75%是进攻性的。波音公司的积极游说活动，不断推动政策环境向对公司更有利的方向转变。2012 年，波音在游说上花费了 1560 万美元，雇佣了 26 名内部游说者和 15 名外部游说者，共有 115 名说客注册代表波音公司。该公司最关心的政治议题涉及国防、贸易、拨款和国土安全等方面。

资料来源：笔者根据 Drutman(2015)的相关内容编写。

进入 21 世纪，通过设立政府关系办公室、竞选捐款、游说、在听证会上作证、为工业和贸易政治行动委员会做贡献等政治活动来影响或管理政治实体，这类情况在美国持续迅速增加(Lux et al.，2011)。另外，跨国公司通常被认为是最直接关注全球化可能退化为形成相对封闭的区域贸易集团的经济行为者之一，它们还被广泛认为是强有力的政治角色，包括推动各国政府降低国际贸易壁垒(Wells，1992)。

德鲁特曼(Drutman，2015)指出，政治是一个复杂的动态系统，充满了多阶段的因果关系和无数的相互作用和反馈效应。一方面，企业规模与企业政治活动水平之间呈现了显著正相关的关系。规模越大和多元化程度越高的企业，越是积极投身于与自身商业利益紧密相关的政治活动中。起初，一部分跨国公司的政治活动很可能只是为了寻求自保。在制度环境不太有效或不稳定的情况下，这些跨国公司将有强烈的动机去参与政治活动，通过促进政治经济利益交换，维护和增加自身的生存与发展机会(Kucera & Principi，2014)。然后，那些从政治参与中受益良多的大企业很容易转变成为"游说上瘾者"。另一方面，大企业的政治活动，在过去，只是美国传统产业领导企业的惯用作法，而今，快速崛起的新兴技术企业新贵，也迅速融入了积极参与政治活动这一流行游戏中来。由于新兴技术企业的发展快慢与政府管制政策的制定息息相关，近年来，最知名的科技巨头蜕变成为最积极和最慷慨的游说玩家。亚马逊和脸书每年用于对美国政府的游说支出均在 2000 万美元左右，加上谷歌、微软和苹果，这五家公司的年度游说支出就接近 7000 万美元，涉及反垄断法案、在线隐私、税收等一系列敏感的政策议题。

在美国，游说支出排名靠前的公司中，有一家是美国唯一存留的内存制造商美光科技有限公司（Micron Technology Inc.，简称"美光"）。20 世纪八九十年代，美光在美国对日实施经济制裁时曾经充当过急先锋的角色。2018 年中美贸易摩擦以来，美光又投入上千万美元用于游说。在美国政府推动半导体供应链回流政策和出台《芯片与科学法案》的背景下，2022 年该公司的游说支出从之前的年支出不足 200 万美元的水平激增至 420 万美元，达到历史峰值水平，2023 年的游说支出仍高达 273 万美元。①美光公司是推动美国政府对华实施科技制裁和持续打压中国半导体企业的一个重要的"幕后黑手"，中国存储芯片制造商福建晋华、长江存储、长鑫存储作为美光的竞争对手，都被列入美方实体清单。比如，2022 年，苹果公司在中国销售的 iPhone 手机中采用了长江存储的 NAND 闪存芯片。美光向美商务部报告称长江存储违反外国直接产品规则（FDPR）向华为供货。美国政府官员公开评论苹果与长江存储的合作是在"玩火"。2022 年 12 月，长江存储被列入实体清单，不能再进入苹果供应链。

出于对跨国公司发展中各种负面案例的警惕，不少国家多少对跨国公司心存芥蒂，担心在过度开放和失之谨慎的情况下，受到跨国公司权力与影响力的侵蚀或威胁，并损害到自身发展的独立主权。不过，无论一个国家的政治团体如何对跨国公司追求私利的行为采取防范措施，跨国公司仍然有机会影响到国家决策与制度，这里既包括本国政府、弱小的国家，也包括东道国政府、强大的国家。人们容易理解，那些历史悠久或巨头式的跨国公司，它们有丰富的组织资源和专业的运营技能，故而能在一定条件下，产生足以扰动各国政府重要决策的权力与影响力。至于实力与资历相对浅的企业，在天时地利人和均

---

① 相关数据由 OpenSecrets 根据美国参议院公共记录办公室的数据计算得出。参见"Client Profile：Micron Technology"，网址为 https：//www.opensecrets.org/federal-lobbying/clients/summary? id = D000027589。

具备的情况下，它们也有可能发挥独特的竞争优势，塑造出有利于自身生存和增长的制度环境与条件。20世纪70年代，本田公司以缺乏充裕的初始资源和制度合法性的低权力企业的身份，挑战了由丰田（Toyota）和日产（Nissan）这两家日本最大的汽车制造商共同操控的日本及美国汽车工业的政治权力结构，推动日本环保部门制定和出台了更严格的汽车排放标准（见专栏5-7）。

专栏5-7

低权力企业如何参与塑造监管环境

1974年，日本环保局与日本汽车制造商举行听证会，讨论将氮氧化物排放量减少90%的技术可行性，该计划原定于两年后的1976年开始实施。当时的时代背景是，日本为保证对美国的汽车出口业务，需要在日本制定与美国相当的排放标准。

由于日本政府的官僚机构和委员会的专业知识有限，它们依赖于与它们合作的行业协会和公司分析和提供的经济与技术数据。基于这种体制，各大日本汽车公司试图通过派代表与特别委员会会面来影响立法进程。在10名委员会成员中，有8名来自国家研究机构，他们对特定行业的技术没有特别的了解。剩下的2名成员，一名代表石油行业，另一名是美国汽车协会安全和污染委员会主席Kiyoshi Yamoto，他作为唯一一个能够提供信息和技术数据的"专家"，代表主要汽车公司利益。其立场在很大程度上呼应了深受丰田和日产影响的美国汽车协会，主要的汽车制造商们认为，汽车排放控制涉及太多技术挑战，成本太高，而且没有必要。一种流行的观点认为，严格的排放标准将削弱日本汽车企业在全球市场上的竞争优势。为支持丰田和日产的立场，美国汽车协会于1974年1月25日发表了公开评论，强烈反对执行氮氧化物排放标准，相应地，美国推迟执行其环保目标。在日本环保局的听证会上，丰田和日产不仅声称达到拟议的排放标准在技术上是不可行的，而且还强烈反对该标准，否认将汽车作为空气污染的主要来源有任何科学依据。

此时，本田公司登场了。之前，本田公司的主要身份是一家小型摩托车制造商。在汽车领域，本田只是一家新兴的小型企业，在日本汽车市场占有份额相对较小，与政府机构的联系较弱，也没有得到日本通产省（MITI）和日本汽车工业协会（JAMA）的正式承认，在政治制度层面上缺乏影响力。1966

年，通产省都没有将本田公司指定为一家合法的汽车公司。但在极富个性的创始人本田宗一郎(Soichiro Honda)的主导下，本田公司在开发复合涡控燃烧(Compound Vortex Controlled Combustion，CVCC)发动机技术上取得了突破。本田宗一郎的信念是，强有力的技术创新方案，能帮助企业创建品牌，打开成长和生存的机会之窗。1973 年，当美国环境保护署正式认证 CVCC 为第一款达到 1975 年排放标准目标的发动机时，日本汽车行业的领导者感到震惊。凭借着美国的认可，本田公司推出本田思域，并于 1973 年开始在美国销售，且在美国的受欢迎程度稳步上升。1973 年 10 月的"石油禁运"，进一步助力了本田思域这样的日本小型汽车的销售增长，使之成为在美国市场排名第四的进口轿车。

尽管在日本国内，本田公司仍然是一个实力弱的低权力角色，但通过与环境活动家形成非正式联盟，利用社会和政治力量来支持其技术和立场，本田公司在有关环保标准的公共辩论中获得了支持。而且，本田公司分享了CVCC 发动机能够满足 1976 年氮氧化物排放标准的测试结果和具体数据，这与拒绝提交任何技术数据的主要制造商的敌对态度完全相反。最终，日本环保局采纳了基于本田公司提案的 1976 年氮氧化物(NOx)排放标准。通过技术创新和战略行动，本田公司有效改变了原本由丰田、日产和日本政府相关部门控制的监管制度环境。

资料来源：笔者根据 Shu 和 Lewin(2017)的相关内容编写。

新兴经济体跨国公司的快速崛起，给跨国公司的政治行为蒙上了一层新的阴影。在西方国家的政府和企业眼中，新兴经济体跨国公司，特别是与其母国国家所有权相关联的跨国公司，很有可能被母国政府用作"特洛伊木马"来施加政治影响(Vernon，1998)或作为不公平竞争的手段。这类现象，使这些新兴经济体跨国企业和其他国家政府之间不可避免地带有政治色彩的冲突，也变得越来越频繁且激烈。

2. 东道国与跨国公司的互动关系

东道国应如何看待与跨国公司的互动关系，这是关系到跨国公司发展的一个重要理论与实践问题。按照对外直接投资的传统模式，东道国在大多数情况下会是一个后发国家，也就是说，跨国公司的投资运营通常会从经济更发达的高处流向经济相对欠发达的低处。韦尔斯(Wells，1998)指出，从东道国的角度来看，政策制定者面临两个基本问题：其一，外国直接投资对该国有利吗？其二，政府的政策如何使外国直接投资的影响更有利？这两个看似简单的问题，并没有标准答案。从理论上讲，一个国家成为了跨国公司的主要东道国，这既有可能是一件好事，也有可能是一件坏事，问题的关键是要看这个国家能否最大程度地激发跨国公司对本国经济社会的积极贡献，并抑制跨国公司对本国企业的挤出效应。

从欧美国家的经验来看，成为跨国公司的主要东道国，是这些国家走向经济繁荣的重要一步。威尔金斯（Wilkins，1994）研究了第一次世界大战之前欧美发达国家作为东道国接收 FDI 的情况，当时，发达国家是跨国公司最重要的东道国。统计数据显示，一直到第二次世界大战期间，美国和加拿大都是世界上排名第一、第二的东道主国家①。其他国家跨国公司的 FDI 帮助这两个国家开发了资源，引进了新技术，极大地促进了它们的工业化。1960 年，世界上较大的三个东道国分别是加拿大、美国、英国；这一年，加拿大吸收 FDI 占全球 FDI 流量的比例为 24%；美国的占比为 14%；英国的占比为 9%（Jones，2005）。

从历史上来看，英国既是工业化领先的国家，也一直是欧洲最大的东道国经济体。其他国家的跨国公司从英国引进了新技术、产品和销售方法，同时将自己的创新带入英国各地，在创造就业和改善劳工管理做法方面也发挥了重要的作用，带动了英国本土企业的激烈竞争，同时也刺激了本土企业创新（Jones，2003）。迪米特拉托斯等（Dimitratos et al.，2009）研究了 1945 年以来苏格兰的跨国公司分支机构的发展情况。两次世界大战结束后，苏格兰采取了一系列政策措施，利用当地的低工资和工艺技能，吸引外国直接投资，特别是美国的制造业投资，许多跨国企业在苏格兰开办组装制造厂。随着时间的推移，苏格兰的跨国企业分支机构逐步开始承担研发设计和市场营销等价值增值活动。苏格兰的政策适时从侧重成本效益和技术推广转向了增强这些跨国公司分支机构的嵌入性和技术创新，取得了积极的政策成效（见专栏5-8）。

---

① 威尔金斯本人在研究中反复强调，这段历史时期的实际数据是缺乏的，其研究结论属于经验性推断。琼斯（Jones，2003）提及了威尔金斯和邓宁在估算看法上的差异，后文也将提到邓宁的观点。对于这些观点或相关数据上的差异，我们要注意区分全球对外直接投资的存量与流量的关系。例如，英国尽管在当前全球 FDI 流量中占比较小，但在全球 FDI 存量占比上仍然拥有比较稳固的先发优势；与之不同，拉美地区的发展中国家在某些历史时期，在全球 FDI 流量中可能占比较大，但其在全球 FDI 存量中的占比总体仍然处于不高的水平。

专栏 5-8

IBM 的苏格兰格里诺克（Greenock）工厂的升级转型

1951 年，IBM 在苏格兰设立了一个组装厂，主要负责为英国市场组装各种计算和制表机器。在早期，这一分支机构仅被赋予了有限的价值增加空间和较低的自治权，制造投入品以进口为主。最初雇佣了 250 名员工，除直接的就业效益外，对东道国经济发展的贡献有限。

自 20 世纪 60 年代中期开始，Greenock 工厂经历了一段加速扩张的时期，承担了新的责任，包括组装和测试 IBM 第一台台式计算机，员工人数增至 1600 人。20 世纪 70 年代，员工人数进一步增长到约 2000 人。这一时期，工厂的卓越业绩增加了其在母公司层面的可信度，企业自主权和权威水平得到了提升。20 世纪 80 年代初，员工人数达到 2500 人，其中出口占工厂营业额的 50%。

1983 年 1 月，Greenock 工厂开始负责运营整个欧洲、中东和非洲（EMEA）地区的 IBM 个人电脑系列产品。到 20 世纪 80 年代末，这个工厂每四个工作日就推出一款新产品。此时，作为一个高绩效子公司，Greenock 工厂的管理层由高素质的本地管理人员组成，伴随着扩张而来的是本地采购投入比例的提升（1981 年有 120 家苏格兰供应商），并为大量本地毕业生提供了就业机会，为当地经济做出了重要贡献。

20 世纪 90 年代，Greenock 工厂又迎来了"变革十年"。该工厂成功地增加了许多非生产制造的价值增值业务。1997 年，承担了为 EMEA 市场生产所有 IBM 个人电脑的职能，以及某些全球采购和分销功能，并获得了 PC 服务器的产品开发任务。1999 年末，员工人数增加到 3600 人，其中大约 200 人从事全球性产品和软件的开发工作，出口额占年销售额的 86%，该子公司成为苏格兰最大的出口商。

进入 21 世纪，IBM 将 Greenock 工厂的所有计算机硬件运营剥离给外部公司，包括美国旭电公司（Solectron）、新美亚（Sanmina-SCI）和联想（Lenovo）。Greenock 子公司保持了与 IBM 向服务商转型的同步变革态势——到 2008 年，IBM 在 Greenock 的子公司仍然雇佣了大约 2000 名员工，但已经从 100% 的生产制造单位转变为 100% 的服务型单位。

资料来源：笔者根据迪米特拉托斯等（Dimitratos et al.，2009）的相关内容编写。

从实践情况来看，跨国公司与东道国之间可以有多种不同的良性互动关系，只要环境条件恰当，就可以使跨国公司的分支机构，在就业、出口、技术传播、产业升级等多方面产生惠及东道国经济社会长期发展的积极效用。卡斯特拉尼等（Castellani et al.，2024）对上万家英国企业的研究表明，那些有较强创新能力和拥有高素质劳动力的当地企业，相对更有可能从各国跨国公司的技术和管理实践中学习，并从外国直接投资的多种溢出效应中受益。一项针对德国跨国公司在欧洲 16 个国家的子公司的创新行为的研究显示（Kampik & Dachs，2011），德国跨国公司的子公司具有高度的创新性，在大多数国家都比当地企业更具有创新性，通过引进新产品和新工艺，对东道国的经济增长和就业做出了积极贡献，尤其是在创新产出方面。这项研究还发现，德国跨国公司的子公司在不同欧洲国家的创新投入强度和创新产出强度存在差异，在与德国技术差距更大的南欧和东欧国家，德国跨国公司的子公司创新产出强度优于他们在北欧与西欧国家的表现。

从发展中国家的情况来看，成为跨国公司的主要东道国，并不必然收获经济增长和社会进步的积极效应。与跨国公司打交道时，一国政府需要持续性地优化商业环境和政策框架，才能最大化跨国公司的积极作用与影响。根据邓宁对全球对外直接投资规模情况的估算，1914 年和 1938 年，世界上大约 2/3 的对外直接投资流向了拉丁美洲和亚洲的发展中国家，主要从事自然资源开发及相关服务活动。两次世界大战之后，发达国家作为跨国公司的东道国的相对重要性迅速上升，其结果是，到 1970 年，全球只有 1/3 的外国直接投资流向了发展中国家，而且主要是在拉丁美洲（Jones，2003）。莱德曼等（Lederman et al.，2013）的研究表明，尽管拉丁美洲是跨国公司的热门投资目的地，而且这些跨国公司在几乎所有维度上都显示出优于本地企业的创新性，但这些跨国公司在拉丁美洲的企业研发和技术创新活动中的参与度总体较低，大大低于它们在其他发达国家和地区的表现水平。

直到 20 世纪最后 20 年，亚洲国家才成为跨国公司的主要东道国。中国和印度都是亚洲大国，但这两个国家对跨国公司的政策取向有明显的差异。因为两国政策取向不同，日本跨国公司更愿意将其中国子公司整合到全球生产网络体系中来，日本跨国公司在中国子公司的股权结构、管理参与度以及资本化程度上都显示出了较高的参与度，涉及更大程度的技术、管理技能和组织知识转移；日本跨国公司对印度的投资，主要以进入当地市场为目的，相对较少涉及技术和管理技能转移（Anand & Delios，1996）。例如，住友商事

（Sumitomo）在全球拥有超过 300 家子公司，其中在中国有 11 家，在印度有 4 家。在中国的三家纺织业子公司中，住友商事及其日本合作伙伴平均拥有 64% 的股权，而在唯一的一家印度纺织业子公司，日方的股权仅为 49%，管理层参与度也较低。从总体水平来看，日本企业平均在中国子公司中拥有 51% 的多数股权，但在印度子公司中仅平均拥有 32% 的股权。从宏观层面来看，日本跨国公司在中国的对外直接投资规模，大约是在印度投资的 10 倍。中国和印度在对跨国公司的政策姿态及实践效果的差异性表明，中国更加愿意成为跨国公司的主要东道国，印度则不那么愿意成为跨国公司的主要东道国。罗亚东（Luo, 2001）对中国 131 家跨国公司的实证分析表明，更强、更积极的相互依赖关系能改善东道国的跨国公司绩效。

我们可以观察到，不少东道国政府持有相当稳定的新重商主义偏好，偏好跨国公司在那些有利于出口和能产生进口替代效应，创造就业机会，尤其是在经济欠发达地区创造就业机会以及发展技术先进的工业，开展投资运营活动（Caves, 2007）。对亚洲和拉丁美洲国家的对比研究表明，一个国家应将产业政策与跨国公司的活动系统联系起来，通过制定丰富且多样的政策，以吸引"适当类型"的跨国公司活动（Narula & Dunning, 2010）。拉尔（Lall, 2000）分析了 1985~1998 年发展中国家的制造业出口情况，其研究表明，发展中国家发展不均衡的问题非常突出。一些发展中国家成功地在中高技术领域建立了独特的竞争优势，但为数众多的发展中国家则在低技术领域停滞不前。总体看来，东亚国家在发展中国家出口中占据主导地位，且所占份额随时间增加。

中国、日本和韩国这三个东亚国家，各自探索了能实现产业政策与跨国公司良性互动的成功经验，跨国公司不仅给这些国家带去了资本，还带去了产业升级所需要的技术知识与管理经验，帮助提升了这些国家的人力资本，有力地促进了这些国家的本土企业领导者的繁荣壮大。相比之下，南亚、东南亚地区的印度、菲律宾、马来西亚等国家，没有取得同等水平的发展成绩。究其原因，一些国家过于强调本国企业发展，对跨国公司的政策开放度和友好度不够；另一些国家过于开放和过度依赖跨国公司，或者是忽略了发展壮大本国企业，或者是允许跨国公司并购一些成功的本国竞争对手，再或者是削减了原本能帮助提高本国企业竞争力的公共产品及相应的激励政策供给。拉丁美洲的巴西是一个同时提供了正反面素材的案例——在某些领域，巴西取得了与东亚国家相似的巨大的产业技术进步，培育了一批本国大企业，但由于巴西政府在经济发展中不适当地减弱了国家政策对工业发展的支撑作用，导致其工业发展对本国企业技术水平提升的依赖度下降，用于本国工业发展壮大所需要的公共和准公共产品也迅速和过度地减少，抑制了本国工业的进步(Katz，2001)。

　　通过对比后工业化国家的发展情况，阿姆斯登(Amsden，2001)指出，跨国公司是否会给东道国本国企业造成挤出效应，关键取决于引入跨国公司的时机。不少拉美国家都提供了失败的案例(见专栏5-9)。与拉美国家不同，东亚国家的政府由于把握住了政策时机，从而创造了阿姆斯登所说的"以最小的(跨国公司的)挤出效应，获得最大技术诀窍的理想模式"。日本学者小泽辉智(Ozawa，1979)有关20世纪50~70年代日本跨国公司发展情况的研究，为阿姆斯登的观点提供了实践证据。20世纪50年代，日本企业先是受到了巴西、墨西哥、阿根廷、玻利维亚、智利和秘鲁等拉美国家吸引。20世纪60年代初，拉美的通货膨胀、政治不稳定和经济民族主义抬头在一定程度上减缓了日本在该地区的海外投资发展步伐；几乎同一时期，一些亚洲国家和地区开始推行外向型经济发展战略，如韩国在1965年与日本建立外交关系并开始采取以开放工业园区等吸引外资的措施，为日本跨国公司在亚洲的积极扩张提供了有利条件。但在20世纪70年代，日本与韩国、泰国等亚洲国家的政治关系恶化，又抑制了日本跨国公司在这些国家的发展。

专栏5-9

拉美国家的本土汽车企业是如何败给跨国公司的

　　20世纪60年代，阿根廷、巴西和智利等拉美国家都对汽车工业实行了高关税保护政策。为了在高关税条件下最大限度地促进汽车工业竞争，阿根廷、巴西、智利和墨西哥都尽可能多地许可跨国公司进入，以鼓励竞争。

　　巴西汽车工业执行小组(GEIA)预计到一些公司在激烈竞争中将无法生存，行业将整合，为此，GEIA允许大量公司进入市场。确实，在20世纪60年代中期，市场出现了改组。但改组情况并不像GEIA预想的那样，实力较弱的巴西本国企业大都未能度过艰难的岁月，最后，只剩下那些由跨国资本控制的公司。

在阿根廷，通用汽车公司和福特汽车公司在第一次世界大战结束后就开始进入这个国家，1954 年，成立了一家合资企业。1958 年，阿根廷最大的金属加工企业 SIAM Di Tella（简称"SIAM"）决定进军汽车制造工业，这为阿根廷发展自己的世界级汽车装配厂带来了希望。然而，SIAM 的加入，恰逢吸引外国资本的新政策出台。到 1960 年，SIAM 作为 24 家汽车公司之一，努力在一个小规模的国内市场求生存。1962~1963 年，当严重经济衰退袭来时，SIAM 退出了汽车业务，最终整个 SIAM 集团破产。在自由化政策许可下，跨国公司并购了那些相对成功的本地企业。

智利的高成本汽车工业受到经济学家的嘲笑，因为智利的国内市场很小，它不可能变得高效。20 世纪 60 年代初期，智利大约有 20 家汽车工厂，每家工厂只能组装规模数量很少的汽车。政府考虑过将准入限制给予少数几家公司，使这少数公司能以更高和更经济的产出水平运营。但由于无法制定出可接受的筛选标准，政府还是决定让任何愿意并能够满足一般经营条件的企业进入这个市场。淘汰并没有很快发生，最终整个行业都崩溃了。

在墨西哥，一些本国的汽车组装厂破产后，政府提议合并现有的企业。但福特汽车公司担心会创建一个"墨西哥超级公司"，合并谈判破裂，最后，跨国公司完全控制了这个国家的市场。

资料来源：笔者根据 Amsden(2001) 的相关内容编写；有关"阿根廷政府的自由化政策"的内容，出自 Narula 和 Marin(2005)，转引自 Narula 和 Dunning(2010)。

纳鲁拉和邓宁(Narula & Dunning, 2010)指出，政府还需要关注跨国公司与本国企业之间的技术差距——当跨国公司与东道国的本国企业差距过大时，跨国公司对本国企业的挤出效应就有可能占主导地位。这一观点能够较好地解释前文提到的一系列研究成果的结论：首先，威尔金斯研究中展现出来的欧美国家作为跨国公司的主要东道国的成功经验在于，这些欧美国家本国的企业与跨国公司之间技术差距相对较小；其次，邓宁研究的拉丁美洲或亚洲发展中国家作为跨国公司的东道国，主要处于资源被掠夺和摄取的地位，其本国企业与跨国公司之间的技术差距较大，无法从跨国公司的经营管理活动中汲取有益给养；最后，东亚的中日韩三国通过产业发展政策，加快促进本国企业发展，不断缩小本国企业与跨国公司之间的技术经济差距，有效抑制跨国公司对其本国企业的挤出效应，从广泛的国际投资与贸易合作体系中受益良多。

3. 共建国家与跨国公司之间的合作生态系统

回顾企业史，我们看到，在过去的一个多世纪里，跨国公司在所有国家
共同搭建的全球政治经济舞台中所起到的作用，既有发展的必然性，也充斥
着随机性和偶然性，这是一系列随时间向前推移及随地缘政治环境变化而不
断涌现出来的企业决策长期累积的产物。而且，我们可以观察到的一个重要
现实情况是，在漫长的历史进程中，跨国公司运营活动所造成的变化与影响
不是均衡分布的。

随着不均衡发展关系的发展及其影响的扩散，在过去的两个世纪里，国
家与跨国公司之间的紧张关系，主要体现为发展中国家政府与发达国家跨国
公司之间的紧张关系。这些西方发达国家的跨国公司拥有强大的政治经济权
力，对弱小的发展中国家构成威胁，给后者带去了强烈的不安全感。进入 21
世纪，传统的国家与跨国公司之间的政治经济矛盾有所减退，发展中国家政
府越来越适应全球体系，它们与发达国家跨国公司之间的关系从紧张趋向于
缓和，并日益变得融洽起来了。但新的问题又出现了，世界又遇到了国家与
跨国公司之间新一轮的紧张关系，此时，国家与跨国公司之间的主要矛盾重
心发生了变化。随着来自东方和南方世界的新兴经济体跨国公司苗壮成长，
这些跨国公司拥有的国际政治经济权力呈现出日益上升的态势，对原本长期
拥有竞争优势地位的西方发达国家及其跨国公司构成了不小的挑战。于是，
国家与跨国公司之间的矛盾，正越来越多地体现为发达国家政府与新兴经济
体跨国公司之间的紧张关系。面对国家之间的竞争与对抗关系以及与跨国公
司之间的紧张关系，处于相对不利的竞争地位的国家，通常会诉诸制度武器，
来捍卫本国企业完全凭靠公平竞争而无法从国际市场上取得的权益。一旦走
向政治化的国家制度博弈，跨国公司就不得不跟随政治博弈游戏的规则，抑
制与扭曲自己的经济主体本性。

诺斯(North，1990)研究了国家制度与经济增长机会之间的关系。一般而
言，在制度环境高效、公开透明和稳定的情况下，经济增长机会足够诱人，
跨国公司将更加专注于市场机会，这有助于抑制跨国公司对政治活动的参与。
但在制度环境不太有效或不稳定的情况下，跨国公司将有强烈的动机去参与
政治活动，通过促进政治经济利益交换，维护和增加自身的生存与发展机会。
诺斯的研究表明，一个国家营造良好的制度环境，对引导跨国公司向善发展
起着至关重要的影响。阿雷格莱等(Arregle et al.，2013)从跨国公司制定全球
战略的角度，思考跨国公司会如何决定选择哪些国家作为东道国以及决定在

东道国的国际化程度。研究发现，跨国公司的国际化受到国家和地区的总体制度环境的影响，它们通常先选定推进国际化的重点区域，再在这个区域中选择制度环境最好的国家或地区。这意味着，一个国家如果想吸引跨国公司投资，它需要采取正确的竞合策略，一方面，要积极努力改善本国的制度环境；另一方面，要努力增进与处在同一区域内的其他国家之间的紧密合作关系与凝聚力，避免触发功能失调的区域内恶性竞争行为，提高该区域投资活动经济回报的总体水平。

从全球可持续发展远景看，国家与跨国公司之间的理想互动关系应该是充分信任与深度合作。一个国家如果希望构建与跨国公司之间长期合作共赢的良性关系，不仅要积极改善本国的制度环境，还要站在区域乃至全球发展的角度，帮助改善国家间的制度环境与经济条件。同样，一个跨国公司如果希望跟不同国家之间保持长期合作关系，不能仅仅考虑自己的经济利得问题，而是要有服务国际社会和各国人民的胸襟与情怀。人们常常从道德角度看待文化融合或文化进化现象，霍夫斯泰德等（Hofstede et al.，2010）写道："'我们'是好的，而'他们'是坏的……近几千年来，文化进化一直在推动道德圈的扩大，但这一进程还没有完成。我们只能追求道德圈向全世界所有人扩展的方向……每一个人都是人类文化进化中不可分割的一部分，未来是我们创造的，每一个人都可以做出贡献，即使是很小的贡献。"

邓宁在其晚年的研究工作中关注到了道德生态（Moral Ecology）问题，他主张，与跨国公司实践相关的国际规则、各国政府及其制度、跨国公司及有关个人，需要共同汇聚成为一股向善的力量，遵循一定的道德准则，而不仅仅是一股追求有利可图的力量（Fu et al.，2010）。扎德克和麦吉利弗雷（Zadek & McGillivray，2008）指出，在全球市场上培育负责任的企业竞争力的重要性和迫切性，正前所未有地凸显出来。如果任由跨国公司按照经济自利性的驱使来制定各自的全球战略，全球不均衡发展境况下的矛盾与冲突必将持续加剧，世界各国对全球化的信心将不断减弱。为此，我们需要凝聚商业企业、国家政府和民间社会力量的共识，以更关注道德伦理、社会和环境问题的方式重塑未来的全球市场，引导跨国公司以全球战略来发展负责任的竞争力，而非放任它们一味地为经济竞争力而战。负责任的企业竞争力，核心在于促进合作，特别是国家政策与跨国公司战略之间的良性互动。

置身于当下的中美博弈形势中，跨国公司的心态，和一些欧洲国家的立场更为接近。这些跨国公司和欧洲国家，试图同时与中美双方保持合作联系，它们以各自不同的方式，参与并融合到中美两国设定的不同制度轨道上去。居中的跨国公司和欧洲国家在总体上希望维持和平，以持续扩大彼此互惠的国际政治经济关系和全球合作生态系统为主要努力方向——这恰恰是在21世纪维持世界和平的一项基础且重要的机制。无论是美国还是中国，这两个国家的制度与政策都对跨国公司行为给出了各自的约束性规定与限制（Teece，2022）。与此同时，中美两国都为跨国公司提供了有良好增长前景的大规模市场，并提供了生产要素供给方面的不同吸引力。在国际制度框架下，数以千万计的、处于居中地位的跨国公司，仍然在努力地维系全球政治经济纽带，并在此过程中动态构造和搜索适合自己的市场机会。

2022年以来的俄乌冲突和2023年以来的巴以冲突，使居中的欧洲国家变得更焦虑。随着中美两国制度体系之间裂痕的持续扩大，一些跨国公司越来越难以承受不断上升的制度压力与风险，它们开始不惜付出短期的经济代价，坚决收缩经营活动范围，以求规避未来的不确定性和损失。但仍然有一些跨国公司在复杂制度框架下，执着地、坚韧地从企业价值观、经营方针与策略、国际化路径与方式等多个方面，针对种种冲突性因素做出调和与平衡的努力。直面复杂的博弈形势并作出战略性努力的这些跨国公司，将有机会显著提升自身适应多变国际环境的组织韧性，只有这样的企业，才有机会赢得征服未来世界高不确定性的胜券。它们有望和全球政治经济舞台上的一些重要国家一样，对未来世界发挥重要的影响和作用。

下　篇

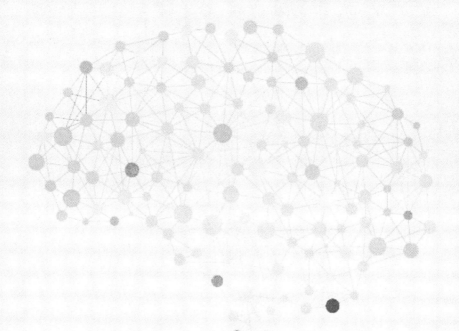

|第六章|
跨国公司的国籍身份

应对当下全球政治经济的复杂形势,跨国公司绕不开的一个核心问题是国籍身份问题。国籍身份,天然地与跨国公司的地域空间布局联系在一起。一方面,国籍,决定着一个跨国公司在空间与地域上的复杂物理结构安排,使之成为拥有各种有形资产与无形资产的所有者实体(Dicken & Malmberg, 2001);另一方面,作为一种受法律规范和历史文化影响与约束的结构性因素,国籍身份又构成了一种独特的战略性资源(Reckendrees et al., 2022),始终渗透在跨国公司的国际商业活动中,使跨国公司成为迪肯和马尔姆贝格所描绘的"网络中的网络"或"系统中的系统"。本章将探讨跨国公司国籍身份问题的重要性,国籍身份如何影响跨国公司的战略决策,以及跨国公司的多国籍性战略选择问题。

一、跨国公司国籍身份的重要性

对于一个具有复杂的企业组织形式的跨国公司,我们需要通过深入解析它的国籍身份特征,从而理解这个跨国公司到底"是谁"——它的历史渊源;"从哪里来"——在牵扯各方利益的两难抉择中,曾经做出了一些什么样的选择;又将"往哪里去"——它如何看待和理解全球政治经济形势,在未来的全球大势变化中可能会做出什么样的策略应对。国籍身份对跨国公司的运营利益有着直接的影响,因为国籍关系到跨国公司的法律身份,决定着跨国公司在国际交易活动中的法律地位和权利,会影响其在外国的商业机会和可以享受的外交保护措施(Denza, 2018)。专栏6-1提供了一个半世纪前的例子。

国家是国籍权益的守护者

在雅典 1847 年复活节的骚乱中，商人唐·帕西菲科(Don Pacifico)的房子被烧毁，而警察袖手旁观。唐·帕西菲科的国籍是英国，因为他出生在英属地直布罗陀，尽管他有西班牙血统，曾担任葡萄牙驻摩洛哥和希腊的领事。他试图从希腊政府那里获得赔偿，结果无果而终，直到 1850 年，英国外交大臣帕默斯顿勋爵(Lord Palmerston)为了支持他的主张，派遣了一支海军舰队封锁希腊。希腊才成立了一个委员会，并赔偿英国 4000 英镑。法国和俄罗斯当时与英国一起是希腊的联合保护国，他们提出了抗议，帕默斯顿勋爵的干预受到了英国上议院的谴责。随后在下议院持续了数天的辩论中，帕默斯顿在 5 个小时的演讲中为自己的行为辩护，指称问题的关键在于：一个英国人——能否像古代的罗马人那样，当他说自己是罗马公民时，能够不受屈辱——无论这位英国子民身在何处，都应确信，英国警惕的目光和有力的臂膀将保护他免遭不公正和冤屈。帕默斯顿的观点在下议院和英国公众中占据了上风。这一观点确立了国籍与获得外交保护的道德权利之间的联系——尽管在现实世界中，道德权利不一定等同于法律上的权利。

资料来源：笔者根据 Denza(2018)的相关内容编写。

对于很多著名的跨国公司来说，其国籍身份非常明确。比如，可口可乐、迪士尼和福特，让人们想到美国；爱马仕、香奈儿和迪奥，让人们想到法国；劳力士、百达翡丽和江诗丹顿，让人们想到瑞士；飞利浦和阿斯麦，让人们想到荷兰，上述这些知名跨国公司的国籍身份是非常明确的。人们通常认为，跨国公司有一个母国，母国之外的其他国家，是这个跨国公司开展经营活动的东道国。对大多数跨国公司来说，母国国籍是这个跨国公司创立之初的总部所在的国家，且此母国与该跨国公司当前的总部所在国家通常是同一的(Yip et al., 1997)。但有一些跨国公司的情况不符合上述常识，随着国际化进程深化和跨国并购活动的活跃化，这些跨国公司的国籍归属变得模糊起来。像联合利华，在很长时间里都是一家有代表性的双总部跨国公司。在 2001 年世界 500 强企业中，有三家企业在两个国家都拥有总部：英国—荷兰的联合利华(Unilever)，比利时—荷兰的富通(Fortis)，英国—荷兰的壳牌公司(Royal Dutch Shell/Shell Group)。在双总部的组织架构下，我们很难说，联合利华是一家英国公司，或是一家荷兰公司，它更像一个"混血儿"（见专栏6-2）。

专栏 6-2

荷英"混血儿"——联合利华

联合利华于 1930 年 1 月 1 日由荷兰人造黄油制造商 Margarine Unie 和英国肥皂公司 Lever Brothers 这两家公司合并设立，这一合并被《经济学人》描述为"欧洲历史上最大的工业合并之一"。就在这桩合并发生的同一年，联合利华的美国竞争对手宝洁公司进入了英国市场。

Margarine Unie 有荷兰的背景——早在 18 世纪初，荷兰的木匠家族 Jurgens 开展了黄油贸易，另一个黄油商人家族 Van den Bergh 在 1870 年时，已经将黄油出口到荷兰黄油的最大市场英国。1908 年，这两个家族企业秘密协议合并，并在非洲成立了一家合资棕榈种植企业。1917 年，它们又在英国建立了工厂。20 世纪 20 年代，在第一次世界大战后的繁荣衰退之后，Jurgens 和 Van den Bergh 联手其他企业创建了人造黄油联盟（Margarine Unie），又收购了法国—荷兰 Calvé-Delft 集团，后者在荷兰、法国、比利时和捷克斯洛伐克设有工厂。

英国肥皂公司 Lever Brothers 的发展起点是 1884 年，在英格兰北部，家族杂货店 Lever & Co 开始生产一种含有椰干或松仁油的新肥皂。发展壮大的 Lever 在南非、欧洲、加拿大、澳大利亚和美国都开展了出口贸易或开办了工厂。

在第二次世界大战发生时，联合利华实际上被分拆了，德国和日本占领区的业务，与英国伦敦和荷兰鹿特丹的业务相隔绝。这导致联合利华当地业务以高度独立性行事并专注于当地市场需求的公司结构的发展。在战后相当长的时间里，联合利华一直在鹿特丹和伦敦分设有两个总部。战争期间，肥皂和人造黄油作为重要的战时用品，需求量巨大，石油和脂肪行业均被英国和德国政府置于控制之下。

由于有过双总部及经历世界大战的这段独特的历史，联合利华具备了超强的发展韧性。20 世纪 70 年代是新一轮全球化来临的前夜，也是最考验跨国公司韧性的年代。在那个时期里，许多国家的政府都奉行反对外国企业和坚持本地人要拥有合资公司控股权的政策，即使在对跨国公司不友好的国家里，联合利华通过将经营管理活动本地化，仍然实现了良性发展。

2018 年，联合利华计划在其荷兰总部下进行整合，但由于英国股东的反对而放弃了这个方案，因为担心联合利华的股票会跌出伦敦富时 100 指数。2020 年，联合利华最终决定放弃荷兰总部，以简化其业务运营。

资料来源：笔者根据 Jones 和 Lopes（2021）、Merced（2020）的相关内容编写；同时也参考了联合利华公司网站的相关内容，网址为 https：//www. unilever. com/our-company/our-history-and-archives/。

跨国公司的国籍身份，是历史、政策和环境的产物。坎南（Kenen，1978）指出，忽视一个跨国公司的国籍——诞生地或目前的总部所在地，是愚蠢且危险的。不同国籍的跨国公司，有不同寻常的企业价值观和经营管理特质。不同的东道国政府，也可以对来自不同母国的跨国公司抱持截然不同的态度。从法律制度角度来讲，一个跨国公司依赖于其与子公司、附属机构、广泛利益相关者之间复杂的协议关系来共同决定其国籍属性，这些协议将决定这个跨国公司受哪些国家的司法管辖与约束，以及在哪个国家的外交保护下获得什么样的国际贸易与投资协定的保障（Wellhausen，2014；Denza，2018）。1970 年的"巴塞罗那牵引公司案"，提供了判定跨国公司国籍的一条原则，即跨国公司的国籍由其成立或维持注册该组织机构的国家的法律来确定（Denza，2018）。

在这个案例中，巴塞罗那牵引公司（BTLP）总部在加拿大多伦多注册，88%的股份由比利时人拥有，在西班牙制造和供应电力，向非西班牙投资者发行债券。在西班牙内战（1936～1939 年）期间，西班牙政府拒绝允许 BTLP 转移资金以向债券持有人支付到期利息，造成 BTLP 违约。一些债券持有人在西班牙提起诉讼，西班牙法院支持了他们的请求。当 BTLP 被出售，盈余分配给债券持有人后，只向股东支付了少量钱款。比利时就比利时股东的损失向国际法院提起了诉讼。国际法院认为，加拿大可以代表公司行使外交保护，而比利时在此事上没有法律利益，因为在此事件中受到损害的是公司，而不是其股东，因此，有权通过提出国际索赔来行使外交保护的国家是加拿大，而不是比利时。有观点将国际法院判定跨国公司国籍身份的原则视为最高原则，也有观点指出，这一判定是国际法院滥用公法权力来侵犯像比利时这样的弱国权益的一个例证。

"巴塞罗那牵引公司案"揭示了跨国公司的国籍身份问题，从表面看是一个经济问题，究其根源却是政治问题。在看似一视同仁的国际制度安排下，隐藏的是不平等的国际政治关系。卡夫斯（Caves，2007）指出，世界各国就外国直接投资达成协议存在一些困难，其原因之一在于有一些基本的经济问题，尤其是对于东道国和母国的划分，参与制订国际协议的各国之间很有可能缺乏一致认同的观点。而跨国公司及其东道国和母国政府的安全和自由，正越来越多地受到各种复杂的国际制度的制约（Wells，1998）。从政治视角切入，我们将看到：在世界以和平为主旋律的年代里，对于绝大多数跨国公司而言，其国籍身份是清晰明确的，与国籍身份选择相关的实践活动的意义不显著，也不构成重要的经营决策问题；但在全球政治经济形势多变的年代，"国籍"将变化成一个多维的伞形概念，各种环境不确定性和经营挑战因素将会从"国籍身份"这把大伞下伸展出来，将一些跨国公司困在其中。新近的一个案例是跨境快时尚巨头希音（SHEIN），这家公司的创始人是中国人许仰天，公司供应链体系主要在广东番禺，市场主要在美国，但总部及注册地于2022年迁至新加坡。近年来，希音一直在推进海外上市的工作，但进展不利。虽然希音为淡化其作为一家中国企业的初始国籍身份做了诸多努力，但到目前为止，美国仍然倾向于将希音认定为一家中国企业。

回顾历史，19世纪是人们可以从一个国家向另一个国家自由流动的时代，那时企业的国籍问题毫不惹人注目。苏格兰银行家查尔斯·阿迪斯爵士（Charles Addis）信奉古典自由主义，他的道德理想就是维持一种理想的国际经济秩序，在这种秩序中，跨国公司的国籍是无足轻重的。20世纪初，美国跨国公司的迅速发展壮大，充分实践了阿迪斯爵士心目中的理想秩序，这些美国企业通常不自视为一家在国外经营的外国企业，它们善于做出调整，表现得就像对东道国社会文化传统敏感和尊重当地法律政策的"真正的跨国公司"（Wilkins，1970）。但是，两次世界大战极大地提高了企业国籍在国际商业中的重要性（Smith & Umemura，2022）。在战争的形势下，世界越来越偏离阿迪斯爵士的理想，跨国公司股东的国籍变得重要起来，在世界各地，对外资所有权的限制都已到位，通常包括对注册公司董事会董事和管理人员的住所的公民身份要求（Reckendrees et al.，2022）。20世纪五六十年代，一些国家开始放松相应的管制政策。随着柏林墙的倒塌和冷战结束，在新旧世纪交替之际的又一轮全球化浪潮中，跨国公司的国籍问题再一次变得不那么重要了，越来越多的超全球主义者热情宣扬无国界的全球政治经济秩序。弗农在1999年发表的一篇论文中讨论了跨国公司与所在国家政府之间的关系正在发生重要变化。在传统上，每一个国家都有其独特的政治与历史，并因此保留了强烈的民族性。但在世纪交替之际，跨国企业日益汇聚在一起，形成了它们从全球角度看世界的独特视角与立场，其国家认同感和忠诚度似乎在减退（Vernon，2001）。

时至今日，跨国公司又重新回到了一个经济民族主义日盛而国籍问题变得越来越重要的时代。阿迪斯爵士盼望的有关国际政治经济秩序的理想，离当下的我们置身其中的 21 世纪 20 年代的世界，已经比较遥远了。那种不看重跨国公司国籍的开明的理想世界，在今天看起来，无异于一个乌托邦式的世界愿景。人们几乎全然忘记，就在 20 多年前，我们还曾处于一个离这一理想非常接近的世界秩序之中。在进入 21 世纪初的相当长的一段时间里，像 WTO 和 OECD 这样的国际组织一直在努力倡导和推进全球市场体系中的公平贸易原则，按照这些国际组织的理念，各国及其跨国公司们可以共同朝着这个理想目标努力。而今天，不同国家之间的敌对情绪，使它们随时可以对站在对立面的国家及其跨国公司做出最极端和最不公平的贸易惩罚与制裁举措。类似的政治经济对抗导致了自由市场经济信念体系的迅速崩塌，国家政治和外交政策对跨国公司的国际化投资决策的影响变得越来越大。艾德曼等（Edman et al.，2024）分析了政治经济民族主义对跨国企业的影响，这项研究指出，跨国公司在应对民族主义情绪时需要做出三种战略应对：一是努力避免民族主义情绪的表现；二是减轻其影响；三是利用民族主义情绪为跨国公司谋利。

从历史经验中我们可以体会到，全球化浪潮是有周期波动性的。这决定了跨国公司的国籍问题是随情境变化而有不同答案的。在相对友好的国际环境里，一个跨国公司的国籍归属不太容易引起人们的关注，因为"你"和"我"都是世界村的友好成员；但在地缘政治摩擦频发的国际环境里，国籍问题随时可以成为跨国公司经营活动中有决定性意义的实践变量。在后一种不利的环境里，那些国籍身份越模糊的跨国公司，越有可能因为自己同时与不同国家存在利益关联，陷入经营决策的两难困境。这类困境，既有可能让一家跨国公司获得常人料想不到的风险回报，也有可能遭受巨大的经济损失（见专栏 6-3）。

UniCredit 的经营难题

UniCredit 是总部位于意大利的国际银行集团，它的悠久历史可以追溯到 15 世纪。毋庸置疑，UniCredit 最初的国籍是意大利，它是意大利最具重要性的大银行，是多家意大利银行集团合并的产物，它的总部设在米兰，之前的名字是 UniCredito Italiano。但世纪交替之际，变化发生了。UniCredit 于 1999 年收购了波兰银行(Bank Pekao)；2005 年，与 HypoVereinsbank 集团(HVB)合并，HVB 本身是由巴伐利亚银行和奥地利信贷银行合并而成的；2007 年，分别收购了一家哈萨克斯坦银行和乌克兰的全能银行(Ukrsotsbank)；2023 年，UniCredit 还成为希腊银行(Alpha Bank)的最大股东并接管其罗马尼亚子公司。随着 UniCredit 通过并购活动将业务从意大利扩展到了中东欧和中亚地区，它主要的业务语言从意大利语转变为英语，它也从一家意大利银行转变为一家国籍身份趋于相对模糊化的欧洲银行。

作为一家上市公司，UniCredit 的第一大股东是美国贝莱德集团，第三大股东是挪威银行。Unicredit 的一位前股东是利比亚中央银行，受地缘政治因素影响，Unicredit 不得不面对敏感的国籍问题，冻结了其利比亚股东的投票权。2022 年，俄乌冲突爆发，更使 Unicredit 在一系列经营决策中遇到了难题。Unicredit 对外宣称，在俄罗斯的金融风险敞口以数十亿美元计，会考虑退出俄罗斯市场。

作为俄罗斯央行 13 家"系统重要性信贷机构"名单上仅有的几家外国银行之一，Unicredit 在俄罗斯金融体系中占有极为重要的一席之地。近年来，Unicredit 面临来自欧洲央行(ECB)等机构越来越大的压力，要求其减少在俄罗斯的业务。Unicredit 坚持拒绝低价出售相关资产，并认为之前法国兴业银行低价将俄罗斯银行出售给俄罗斯寡头 Potanin，以及英国石油(BP)放弃其在国家石油公司俄罗斯石油公司(Rosneft)持有股份的做法，不符合保护股东利益的商业原则。欧洲金融监管机构对 Unicredit 退出俄罗斯市场的缓慢进展表示失望。

截至 2023 年底，Unicredit 的资产总额为 86.7 亿欧元，低于上年同期的 101.6 亿欧元。2022 年和 2023 年，Unicredit 都是在俄罗斯赢利排名第二的国外银行机构，排在奥地利的 Raiffeisen Bank International 之后，净利润累计为 15 亿美元。在 2023 年年报中，UniCredit 强调了西方对俄罗斯实施制裁后在俄罗斯开展业务的风险，该公司在圣彼得堡法院被俄罗斯天然气工业股份公司（Gazprom）拥有 50% 股份的合资企业俄罗斯化学联盟（RusChemAlliance）起诉，涉及总额 4 亿多欧元的担保索赔。此案所涉及的合同项目因西方制裁而终止，俄罗斯化学联盟已经为这份价值 100 亿欧元的合同支付了 20 亿欧元的预付款。2024 年 5 月，俄罗斯圣彼得堡仲裁法院作出裁决，扣押了 UniCredit 价值 4.63 亿欧元（5.03 亿美元）的资产，包括其在俄罗斯的两家子公司 UniCredit Leasing 和 UniCredit Garant 100% 的股份。

资料来源：笔者根据相关新闻资料编写，网址为 https：//www.swissinfo.ch/eng/russian-court-seizes-463-million-euros-of-unicredit-assets/77817036；净利润数据来源于"2022~2023 年俄罗斯外国银行按国家划分的净利润和所得税"，网址为 https：//leave-russia.org/banks。

从专栏 6-2 和专栏 6-3 中的案例，我们可以看到，一个聪明的跨国公司，当其经营活动遇到了使其国籍变成一个敏感问题的国际制度环境时，这家跨国公司就有可能像变色龙一样，努力使自己的国籍身份变得尽可能模糊起来，以尽可能地减轻环境中的制度因素及不确定性对自身业务活动的不利影响。法斯特（Faust，2022）的研究表明，企业国籍是一个具有高度语境性的变量，跨国公司有在特定的政治、文化和国家环境中创建多个"国籍"的必要性。20世纪 50 年代中期和 70 年代早期到中期，这是外国企业在印度的投资环境中处于历史最低点的一段时期。以博世和拜耳为代表的德国跨国公司成功地构筑了自己的德国和印度的双重国籍身份，并使这种双重国籍身份成为自身独特的竞争优势。一方面，它们带去了本地企业所不拥有的德国品质的产品技术，树立了印度公众乐于接受的正面形象；另一方面，与欧美国家的其他竞争对手相比，它们是更让印度放心的外国企业。印度社会对德国人、德国产品及德国政府经济发展政策的普遍认可，使德国跨国公司在印度当局制定的一系列严格限制外资控制的规定下，仍然获得了一定的谈判空间，压倒了印度国家社会主义政权或经济殖民主义对外国国籍企业可能产生的种种负面情绪。

综上所述，一个跨国公司的国籍身份，可以是在不同时代下持续演化的历史产物。如果一个跨国公司像联合利华那样，是多个不同国家的企业合并的产物，它会拥有来自不同国家背景的多个历史源头。除此之外，如果跨国公司的国籍身份变得模糊起来，必然与制度因素的变化有关。在新旧世纪交替的全球化繁荣期，各国税收制度此起彼伏的变化，激励了很多跨国公司借助林林总总的注册地变更手段，来达成避税和税收筹划的目的，这进一步使跨国公司的国籍属性变得模糊。由于一些国家和地区通过类似的"逐底竞争"，不断降低公司注册和维护的制度门槛来吸引跨国公司，导致了对跨国公司的监管标准呈下降态势。今天，很多跨国公司在法律形式上已经隐藏在了空壳公司中，人们很难确定其总部位置和行动责任中心（Findley，2014）。胡尔塔等（Hurta et al.，2018）指出，识别一家跨国公司的国籍属性，需要综合评判该公司在七个方面的地理特征：公司总部所在地、主要人力资源所在地、供应商所在地、研究创新中心所在地、市场所在地、股东所在地和文化认同地。跨国公司在不同的制度维度上处心积虑作出的策略组合及各种错综复杂的协议安排，恰恰反映了它们在全球政治经济的复杂形势下谋生存与发展的智慧。

二、跨国公司国籍身份如何影响其全球战略

一家在经济上非常成功的跨国公司，被卷入某种政治旋涡并不得不承受与其国籍身份相关的问题困扰，这在现实中几乎是跨国公司难以避免的一种境况。如果一个跨国公司在其战略决策中始终没有考虑过涉及自身国籍身份的相关问题，那只有一种可能性，就是这个跨国公司还不够强大，也没有足够的政治经济影响力。正如前文已经指出的：世界不是平的——许多国际组织声称要建立一个公平的世界，但它们渴求公平世界恰恰是因为我们身处其中的世界，绝对不是一个公平对待所有国家的世界。不同的国家，在不同的历史时期，在全球政治经济体系中占据不同的竞争地位。各国跨国公司以不同国籍身份，在不同历史阶段进入全球市场体系，就像表演者要以不同的节奏登上舞台一样，这些跨国公司各自面临不同的竞争挑战，需要分别寻找到适合自己的最佳位置。下文将探讨跨国公司的国籍身份如何影响其全球战略的问题。尼尔森们（Nielsen & Nielsen，2010）指出，由国籍身份所决定的母国特质，是影响跨国公司的全球战略以及其多国籍性（Multinationality）与国际化绩效（Performance）之间关系（又称 M-P 关系）的重要因素。一个跨国公司的母国在资源基础条件和制度文化特性这两方面的不同特质，使得来自特定国家的、拥有特定资源禀赋和制度条件的跨国公司，更有机会从某一种全球战略中获益；而另一些来自其他国家的、拥有特定资源禀赋和制度条件的跨国公司，却有可能从相似的全球战略中蒙受损失。

1. 资源基础观的分析视角

每一个跨国公司都要经历一个从跨国企业的初级形态、小的国际足迹、简单的组织结构与形式，向跨国公司的成就形态、更复杂多变的跨国程度、更复杂的组织结构与形式演化的动态过程（Ramamurti，2009b）。在这个动态过程中，不同国家的跨国公司在国际化动因、国际化的速度与路径等方面，会表现出不尽相同的行为和特点。前文在理论回顾中，已涉及对这些差异化现象进行理论解释的问题。有些学者坚持认为，上述差异性决定了，新兴经济体跨国公司与先发展的发达国家跨国公司具有异质性，应适用于另一类理论解释；但另有一些学者坚持认为，无论是发达国家，还是新兴经济国家，跨国公司的国际化过程与机理始终是相一致的。面对争论，纳鲁拉（Narula，2012）给出的理论解释是，跨国公司在国际化行为上表现出来的差异性，主要是由这些企业国际化的初始条件不同所造成的。在企业国际化的各种初始条件中，跨国公司的国籍身份，即其母国的特质，显然是一个关键性的因素。

从资源基础观（Resource-Based View，RBV）的分析视角来看，国籍身份通过塑造跨国公司的独特的资源和能力，决定了其在进入和竞争海外市场时可能形成的竞争优势或劣势。每个国家都有其先天性资源条件，如拥有自然资源和能源禀赋条件，与国家教育体系和科技人员数量相关的劳动力供应和人力资本质量，资本、技术及各种基础设施的先进与发达程度等。上述因素共同决定着，一个跨国公司能够在特定的母国条件下所能获得的资源水平，以及构筑国际关系网络体系和积累社会资本的极限状态。在国际化进程中，跨国公司除了要获得更大规模的市场外，非常重要的动机是获取母国不具备的生产要素资源。比如，发达国家跨国公司的国际化，常常以获取后发展国家的低成本生产要素资源为目的；而新兴经济体国家跨国公司的国际化，既要获取相对欠发达国家的更低成本的生产要素资源，还要获取发达国家更具有先进性的生产要素资源。

埃兰戈和塞蒂（Elango & Sethi，2007）以世界上 16 个主要的高收入经济体的 1721 家技术密集型企业为数据样本，研究了母国效应（Country of Origin Effect，COE）如何影响跨国公司的国际化实践与企业绩效之间关系的问题。此项研究指出，母国效应是一个复合变量，包含了与跨国公司的母国特征或属性相关的、可能影响企业国际化或企业绩效的多种因素。这项研究提出并检验了两个假设：一方面，小型经济体和贸易开放度高的国家的跨国公司因为国内市场小、参与国际竞争早，其国际化程度的提高通常能够带来企业绩效的提升；另一方面，像美日等大型经济体和贸易开放度适中的国家的跨国公司，通常更加依赖于国内市场成长壮大，需要对业务实施调整，才能适应国际扩张的挑战，因此，这些跨国公司的国际化与绩效之间没有明显的正线性关系，而是呈现出了倒"U"形关系(见专栏6-4)。纳鲁拉(Narula，2012)的研究恰恰提供了另一种理解：发达国家跨国公司通常会在国际化过程中更早地摆脱对母国的依赖，形成更加市场化和全球化的业务布局；新兴经济体跨国公司在国际化初期，更有可能与母国经济结构和技术专业化有更强的联系，但随着国际化程度的提高，这种联系会逐渐减弱。

专栏6-4

M-P 关系："U"形、倒"U"形，还是"S"形?

研究者针对M-P关系，给出了不同的理论解释。其中，比较引人注目的理论解释认为，M-P关系不是单调的线性关系，而是更有可能呈现为"U"形曲线、倒"U"形曲线或"S"形曲线。

"U"形曲线意味着，一个跨国公司在国际扩张的早期阶段会经历一段时期的绩效下降，在这个阶段中，跨国公司无法从东道国市场获得足够的投资回报，但需要持续增加资源投入以适应新的市场环境和获取新的知识与技能。随着其国际化经验的增加，这个跨国公司将逐步克服国际化初期的各种挑战，企业绩效下降的情况将得到缓解，直到企业国际化水平达到一定程度后，企业绩效水平将呈现为显著提升，直到趋于稳定的状态。对美国高研发强度和低资本支出强度的服务业跨国公司的研究表明，其国际化与绩效之间存在"U"形关系。

倒"U"形曲线，恰好与"U"形曲线相反，指跨国公司在国际扩张的早期阶段经历了业绩稳步上升，但随着国际化程度的进一步提高，就有可能会达到一个顶点，之后企业绩效增长会减缓，甚至开始下降。研究表明，大型经济体或对外开放程度一般的国家跨国公司，其国际化与绩效之间存在倒"U"形关系。

"S"形曲线是"U"形曲线与倒"U"形曲线相结合的产物——在一个跨国公司发展的早期阶段，企业绩效先是下降，因为企业在此时通常面临较高的适应成本和学习曲线；随着国际经验和竞争优势的积累，企业绩效开始上升。

但当多国籍化的范围达到一定水平后，这个跨国公司的绩效又可能因为过度多国籍化而遇到组织协调成本和业务运营复杂性上升的问题，此时，企业绩效再次下降。起伏波动的"S"形曲线，将以变化的节奏，持续伴随跨国公司的国际扩张进程。

资料来源：笔者根据 Li（2005）、Elango 和 Sethi（2007）及 Verbeke 和 Brugman（2009）的相关内容编写。

埃兰戈和塞蒂的研究还启发我们，如果从初始条件的分析视角来考察不同跨国公司母国特质，首先应该关注到跨国公司母国的实力强弱或经济体量大小，这是影响跨国公司国际化决策的一个显性因素。自工业革命以来，西方那些最早推进工业化的发达国家的企业，成为最早发展壮大跨国公司的企业群体。而在欧洲各国中，英国作为工业革命的先行者，其跨国公司在整个19世纪和20世纪初期都处于遥遥领先的发展状态。如表6-1所示，在第一次世界大战之前的1914年，英国跨国公司占全球对外直接投资存量的比重为50%，同一时期美国跨国公司占全球对外直接投资存量的比重仅为6%。第二次世界大战结束后，美国实现了对英国的赶超。当20世纪60年代末跨国公司研究成为一个新兴的重要学术议题时，美国跨国公司占全球对外直接投资存量的比重已经上升至55%，当时的研究集中关注英国和美国及少量的日本跨国公司。进入20世纪80年代，随着1986年欧共体理事会签署《单一欧洲法案》及90年代欧盟的设立和欧元的引入，欧盟内部的对外直接投资活动趋于活跃，这才扭转了之前大半个世纪欧洲国家在全球对外直接投资存量中占比持续下降的长期趋势（Ramamurti，2009a）。

表6-1　1914~2006年主要时期欧美日各国在世界对外直接投资存量中所占份额

单位：%

年份	1914	1969	1980	1990	2006
欧洲	93	43.2	41.1	49.5	57.0
英国	50	16.2	14.1	12.8	11.9
法国	43	—	4.2	6.1	8.7
德国		—	7.5	8.5	8.1
荷兰		—	7.4	6.0	5.2
美国	6	55	37.7	24.3	19.1

续表

年份	1914	1969	1980	1990	2006
日本	0	1.3	3.4	11.2	3.6
新兴市场	0	0	12.7	8.3	12.8

资料来源：相关统计数据来自 UNCTAD。在 UNCTAD 的数据中，新兴市场包括发展中国家和转型经济国家，引自 Ramamurti(2009a)。根据近年来的数据，美国在全球 FDI 存量中占比份额提高到了 30% 的水平，新兴市场国家的占比也提高到了与美国相当的水平。

与欧洲国家跨国公司不同，北美跨国公司拥有庞大的国内市场，这导致它们容易产生对本地市场的依赖，习惯将比较成熟的美国产品和服务模式向海外市场推广应用，而不太情愿为吸引力没有那么大的海外市场定制产品和服务模式(Kriger & Solomon，1992)。亚洲国家人口众多，有地理文化的独特性，其跨国公司也容易产生对本地市场的依赖。相比之下，欧洲国家经济规模相对要小一些，其跨国公司大多不拥有母国大市场，因此，它们会更愿意采用适应东道国本地化市场需求的战略，国际化程度也相应地比北美跨国公司要高。在 2001 年世界 500 强企业中，欧洲跨国公司在本土区域的营收占比水平整体性地低于北美和亚洲跨国公司，如表 6-2 所示，除意大利、丹麦和挪威外，其他欧洲国家本土区域营收占比基本处于 60% 上下的水平，北美和亚洲跨国公司的同一指标都处于高于 70% 的水平。

表 6-2   2001 年部分国家和地区世界 500 强企业数量、
平均收入及在本土区域平均销售额占比情况

国家	企业数量（家）	平均收入（亿美元）	平均本土区域销售额（%）
欧洲总计	119	310	62.8
比利时	2	188	58.4
英国	27	253	64.5
丹麦	1	109	94.3
芬兰	2	200	55.1
法国	27	272	64.8
德国	29	373	68.1
意大利	5	387	83.4
荷兰	5	421	39.1

续表

国家	企业数量(家)	平均收入(亿美元)	平均本土区域销售额(%)
挪威	2	216	83.0
西班牙	2	291	50.3
瑞典	5	164	54.3
瑞士	8	347	49.6
两国共有	3	739	47.9
加拿大	16	—	74.1
美国	169	—	77.3
日本	66	—	74.7
韩国	2	—	71.2
澳大利亚	5	—	71.4

资料来源：Rugman 和 Collinson(2005)。

迪肯和马尔姆贝格(Dicken & Malmberg, 2001)给出了企业—领地关系(Firm-Territory Nexus)的视角，有助于帮助我们理解与国籍身份紧密相关的空间与地域因素在推动跨国公司发展中所起到的作用。跨国公司具备操纵地域空间布局和利用领地作为其竞争战略有机组成部分的能力。母国的国籍身份，先天性地赋予了跨国公司制定战略的特定资源基础。每个跨国公司都需要从自身的初始条件出发，再逐步拓宽所占据的领地空间范围。如果一个跨国公司的战略所能覆盖的资源规模与范围越大，一般而言，其"自给自足"的战略纵深空间就越大，能力也就越强。但在特定的国际政治关系结构下，不同国籍身份的跨国公司，被赋予了不同程度的战略空间范围。在给定的战略空间范围内，跨国公司可以根据以成本—收益为核心的经济分析来确定最适宜的领地范围。同时，跨国公司也需要时刻关注宏观层次更复杂的治理体系中各种非经济因素的变化，它们随时可能给跨国公司的战略空间带来不确定性影响。跨国公司需要努力避免自身战略空间的范围与边界受到冲击并触发与周遭环境之间紧张关系的情况，这些情况通常会造成资源能力与经济价值的耗费与损失。

2. 文化价值观与管理心智

国籍身份，还通过文化价值观和管理风格来影响跨国公司的高管，进而影响跨国公司的管理决策。汉布里克和梅森(Hambrick & Mason, 1984)在他们提出高层梯队理论(Upper Echelons Theory，UET)的经典论文中写道：企业高管的价值观和行为特质，决定他们的战略选择。1975年，美国主要公司的高层梯队几乎都是白人男性，而且主要是新教徒和共和党人，就读于同一批名校。同一时期的英国企业高层梯队的传统身份都有上层社会的背景，他们就读于像伊顿公学这样的私校，再进入剑桥或牛津，然后，在某个著名的军团服兵役，拥有知名俱乐部的会员资格。共同的社会经济背景和价值观，塑造了这些企业高管作为组织领导者和战略决策者的相对一致化的行为基准。与这些符合大众文化中的刻板印象的传统企业精英相比，那些在出身背景上表现得相对弱势的企业家，往往要通过更加激进和标新立异的行动，来凸显自己的社会经济地位。

施耐德(Schneide，1989)指出，国家文化涉及一系列有关环境与人之间的关系与行动的假设，国籍差异将对企业战略形成产生显而易见的作用与影响。例如，日本企业总是积极且广泛地扫描环境信息，重视通过人际网络或非正式关系，来获取定性信息，在决策过程中更加强调共识和群体意见；美国企业专注于获取特定类型的信息，更偏好数据和统计方面的定量信息，更加强调任务导向和个人主义，更关注效率和利润等短期目标任务；瑞典企业更重视工作生活质量和环境与社会发展目标，更看重长期战略，同时，会依赖于社会导向的非正式互动来促进决策共识。施耐德还指出，不同国家对时间的感知和问题的紧迫性有不同看法，这会影响企业对战略问题的反应速度和优先级的认知。再比如，像法国这样强调传统的国家，企业习惯于使用历史先例确定当前问题，而美国企业受传统束缚较少，行动限制较少。霍夫斯泰德等(Hofstede et al.，2010)的文化分析，也可以帮助我们理解国籍身份如何影响不同跨国公司的战略决策。与施耐德的观点相近，霍夫斯泰德认为，呈现出男性化文化特征和高权力距离文化特征的国家的跨国公司，更倾向于强调以公司绩效为导向的战略目标；北欧等呈现出女性化文化特征和低权力距离文化特征的国家的跨国公司，通常更重视企业社会责任和利益相关者参与治理、环境保护、员工福祉及工作生活之间的平衡。此外，英美国家跨国公司因为其个体主义和短期规范导向的文化，通常更倾向于实施能快速形成盈利的国际化扩张策略；东亚跨国公司因为集体主义和长期导向的文化，相对更能容忍短期不盈利但有望实现长期可持续发展的国际化策略。

对于跨国公司而言，无论在经济与市场表现上如何趋同，来自不同国家或民族文化背景的企业高管在管理心态上存在显著差异。Geletkanycz(1997)

以 20 个国家上千名高管为调查对象，证实了嵌入在国家文化中的社会价值观，对这些高管的管理心态的重要影响。来自不同文化背景的管理者，对环境会有不同的看法，其采取的组织反应也是不同的，因而也必然会影响企业战略的制定过程及结果。叶等（Yip et al.，1997）对 63 家跨国公司的研究认为，不同国籍的跨国公司在全球战略决策的主观决策意愿与风格上存在显著差异，这些差异由不同国家的历史文化特征、市场竞争特性及不同国家跨国公司习惯使用的国际化方式所决定。可以说，每个国家都有自己独特的政治、法律制度和社会文化，这些因素会直接或间接地影响跨国公司国际化的成本和收益，进而影响其多国籍性与国际化绩效之间的关系。

与文化价值观紧密相关的是，制度因素对跨国公司行为的影响也是显而易见的。各国跨国公司在推进国际化时，面临不同的制度压力或激励，这些制度具有强制性、规范性或同形作用，是跨国公司制定全球战略时不可忽略的。华尔街及发达的金融市场驱使美国跨国公司的管理实践更倾向于追逐股东利益至上和短期财务绩效以及"非此即彼"的思维方式（Kriger & Solomon，1992），这在一定程度上限制了它们兼顾广泛的利益相关者和奉行长期主义的可能性。与美国跨国公司不同，欧洲跨国公司不仅追求经济目标，它们还常常有鲜明的非经济性目标诉求。这些跨国公司有自己的意识形态和道德偏好，我们可以称之为"类人格"。有一些跨国公司具有社会企业家或制度企业家的思想倾向和行动意愿，它们倾向于参照母国制度规范标准或按照自己的道德观念，去影响和帮助塑造东道国的制度环境。

欧洲国家普遍在制度习俗的一致性与文化价值观的多样性方面平衡得较好，欧洲国家的跨国公司普遍拥有较强的国际化能力。衡量跨国公司国际化水平的一个重要指标，是人才的国际化。一般而言，一个跨国公司海外业务管理团队中，国际化人才占比越高，这个公司往往越重视海外业务，其管理方式相应地也更加包容和开放。尼尔森们（Nielsen & Nielsen，2010）指出，国籍因素对高管的思维取向有着深远而持久的影响，这与他们在经营管理活动中发展和积累的思维逻辑和智慧无关。他们以 32 个行业的 146 家瑞士上市公司为研究对象，其研究表明，高管团队的国籍多样性相比于其他方面的多样性（如年龄、教育背景、行业经验等），在影响公司绩效方面起到了更独特和更重要的影响；同时，跨国公司的国际化水平越高，越有助于强化公司高管团队国籍多样性对公司绩效的正面影响。瓦恩和伊瓦尔松（Vahlne & Ivarsson，2014）研究了 17 家瑞典跨国公司，它们的执行董事会中上百名高级管理人员中有将近 40% 不是瑞典裔的。格玛瓦特和范特拉彭（Ghemawat & Vantrappen, 2015）认为，一个国家的财富全球 500 强公司拥有非本国 CEO 的比例与这个国家的经济总体全球化的深度之间有非常强的相关性。从相关指标的国际比较结果来看，瑞士、荷兰、澳大利亚和英国的跨国公司拥有最国际化的高层管理团队，美国跨国公司的数据接近全球平均水平，日本跨国公司在这方面的得分较低，一些新兴经济体跨国公司的数据也低于全球平均水平。

另外，有关各国跨国公司海外子公司中层管理人员中外派经理失败率的对比研究，同样证实了欧洲跨国公司的卓越表现。与美国和日本对手相比较，欧洲跨国公司的管理策略偏于中庸，富有变化的弹性。美国跨国公司外派经理的占比总体偏低，在拉丁美洲、中东、东亚、东南亚和非洲等发展中国家，其比例显著较低。日本跨国公司使用外派经理的比例一般远高于欧美公司，前者约为 70%，后者约为 30%。以松下和 3M 为一组对比，前者国际业务有 4 万名员工，其中有 800 多名外派经理，而美国 3M 以不到 100 名外派经理管理 3.8 万名员工。另一组对照企业是花王和宝洁：在花王，由 60 名外派的日本经理和技术人员组成的核心团队，管理只有 2000 名海外员工队伍；宝洁外派经理人数只有花王的一半，但宝洁的国际业务总销售额是花王的 20 多倍，在宝洁的 44 个子公司总经理中，只有 5 个是美国人（Bartlett & Yoshihara, 1988）。欧洲公司在欧洲国家的外派经理占比相仿或略高于美国公司，但在发展中国家，欧洲公司使用本土外派经理的比例明显高于美国。灵活的管理方式，使欧洲跨国公司在外派人员使用上呈现出更稳定和失败率更低的特点——59% 的欧洲跨国公司报告其外派人员的失败率低于 5%，38% 的失败率占比 6%~10%，只有 3% 的失败率高于 10%（Kobrin, 1988）。对若干关于美国外派经理情况的一项研究表明，美国跨国公司的外派经理失败率相当高，它们在适应海外任务时面临不少的困难，其失败率通常在 30%~70%（Zeira & Banai, 1985）。

三、跨国公司多国籍化的战略选择

当我们考察跨国公司的国际化战略时，通常会涉及两方面的问题：一是跨国公司推进国际化的速度；二是跨国公司推进国际化的范围，也就是多国籍化的范围或程度问题。不同国家的跨国公司，在不同的历史时期进入全球市场，其国际化速度有明显差别。欧美国家的不少跨国公司，在 19 世纪或 20

世纪上半叶，就步入了推进国际化的早期阶段，它们普遍要花费几十年的时间，才能真正发展成为一个跨国公司，在它们发展的时代里，全球经济一体化的程度不太高，跨国公司的规模与实力总体比较有限。在两次世界大战之后，当日本及新兴经济体的企业发展壮大之际，其海外扩张速度明显加快。例如，索尼和本田代表了日本跨国公司中国际化水平最高的企业，它们花了大约 15 年时间来推进国际化战略；比它们起步更晚的新兴经济体跨国公司的国际化速度进一步加快了，如中国的联想和印度的塔塔，基本在成立 5 年内就实现了海外扩张（Dewhurst et al.，2012）。在 20 世纪最后几年，卡夫斯吉尔和奈特（Cavusgil & Knight，2015）提出的"天生全球化企业"以及麦克道格尔和奥维亚特（Oviatt & McDougall，1994）提出的"国际新创企业"，成为有史以来国际化速度最快的企业。下文将着重探讨与多国籍化范围或程度有关的战略决策问题，这涉及跨国公司的多国籍化范围的战略选择与国际化绩效两者之间的关系，即前文提到的 M–P 关系。

1. 多国籍化的测度

研究者在关注跨国公司的国际化范围问题时，探讨了有关多国籍化的定义及度量问题。邓宁和伦丹（Dunning & Lundan，2008）指出，企业的多国籍化或跨国属性是一个多维度的概念，难以用一个维度来度量，他们梳理了已有文献在确定企业的多国籍化程度或跨国强度时采用的一些常见标准，比如：拥有或者控制的海外关联公司的数量和规模；拥有或以某种方式控制诸如海外分支机构或运营主体的国家数目；海外附属公司占其全球资产、收入或就业的比例；企业所有权的国际化程度；研发等高价值活动的国际化程度；海外子公司的财务、运营与管理决策的自由度；等等。不少文献采用了某种有关多国籍性的经典度量方法，即测算国外业务占跨国公司全部业务的比重，这就是人们常说的国际化程度（Degree of Internationalization，DOI）的概念。常用的测量指标包括国外销售收入占企业总销售收入的比重（Foreign Sales over Total Sales，FSTS）、国外资产占企业总资产的比重（Foreign Assets over Total Assets，FATA）、国外雇员数占企业雇员总数的比重（Foreign Employment over Total Employment，FETE）、国外子公司数占全部子公司数（Overseas Subsidiaries over Total Subsidiaries，OSTS）等。

沙利文（Sullivan，1994）批评了单一指标测量方法的不可靠性，并组合使用 5 个变量，即 FSTS、FATA、OSTS、高管国际经验和国际业务的心理分散度，来衡量跨国公司的国际化程度。在沙利文的测量方法中，使用了"跨国公司的国际业务的心理分散度"这一指标，即跨国公司高管对全球不同区域的认知的分散程度，由此可以引出与国际化程度内涵接近但又有区别的另一个概念——国际多样化程度（Degree of International Diversification，DID）。也有学者使用国家范围（Country Scope，CS）的概念，后者相对更接近亨纳特所说的海外足迹。国际多样化程度、国家范围和海外足迹，均指跨国公司的国际扩张活动涉及国家范围的地理多样化程度，这几个概念能在国际化程度的基础上，更准确地反映不同跨国公司在多国籍性的具体结构上的差异（Nielsen & Nielsen，2010）。例如，两个国际化程度同样为60%的跨国公司，一个只在2~3个国家有国外业务，另一个则在十几个国家有国外业务，两者的国际扩张活动在复杂性上显然会有很大的差异性。

联合国贸易和发展会议（UNCTAD）给出的跨国指数（Transnational Index，TNI），相当于FATA、FETE这两个结构性指标和FSTS这一绩效指标的合成指标，是公认的比较常用的一种复合衡量标准。不过，当我们运用TNI来解析一个国家的国际化程度时，也很难确保其吻合事实与体现精准性。一方面，一个跨国公司在FATA、FETE和FSTS这三个子指标上可以有截然不同的表现。另一方面，在考虑到数字经济时代的新变化时，以TNI为核心的传统衡量标准的局限性表现得非常突出。按照传统衡量标准，力拓以99%的TNI值排名第一，排在其后的英美资源集团（Anglo American）的TNI指标值为95%，但这些企业在数字世界中属于最传统且最不具有数字国际化活力的企业。在数字世界，字母表公司（Alphabet）、元公司（Meta）、网飞（Netflix）、阿里巴巴等面向消费者的数字跨国公司，在非传统的国际化方面表现非常活跃（见专栏6-5）。如果我们用传统的TNI指标来测度，由于轻资产及营收模式创新等方面的原因，这些数字跨国公司基本上都属于国际化程度较低的公司（Puhr et al.，2023）。

 专栏6-5

数字时代的国际化水平：基于谷歌趋势的新度量方法

谷歌趋势（Google Trends）的数据，可用作衡量跨国公司在数字世界里的国际化程度。其测量包括两个方面，即国际化量级（Volume of Internationalization，VOI）和国际化程度（Degree of Internationalization，DOI）。

VOI 衡量的是谷歌用户对某一特定跨国公司的全球数字兴趣量。具体讲，就是与该跨国公司相关的人、产品、事件，在谷歌邮箱（Gmail）、谷歌地图（Google Maps）、维基百科等数字平台上的搜索量。VOI 的指标值反映的是被测量的跨国公司在全球范围内数字世界里的搜索兴趣或知名度。

DOI 衡量的是 VOI 在所有国家之间的分布均匀度，即一个公司在不同国家的搜索兴趣是否均衡。DOI 的范围是 0～1，DOI 为 0 的跨国公司，只在一个国家被搜索过；DOI 为 1，意味着这个跨国公司在所有国家都有相同的搜索活动、兴趣和认可度。当一个跨国公司的数字 DOI 下降时，并不一定表明全球对该公司的兴趣下降，而是表明对其的数字兴趣在不同国家之间的分配更加不均衡。

基于谷歌趋势的国际化度量方法，与其他企业国际化度量方法一样，既有可靠的一面，也有不可靠的一面。数据显示，基于谷歌趋势的 DOI 测量与 FSTS 和 TNI 显著相关，但与 FETE 和 FATA 没有显著相关。根据传统的衡量标准，像力拓这样的国际化程度最高的公司在数字世界中是最不具有国际化的，它在谷歌趋势 DOI 中的总体排名最低。为此，在实际使用时，应该将谷歌趋势的 DOI 和传统方法结合起来使用，因为它们各自衡量的是跨国公司国际化的不同方面。

资料来源：笔者根据 Puhr 等（2023）的相关内容编写。

根据沙利文用多种不同方式和方法测度企业国际化程度的建议，戈尔岑和比米什（Goerzen & Beamish，2003）将跨国公司的多国籍性分解为两个方面的因素：一是海外资产分散度（International Asset Dispersion，IAD）；二是国家环境多样性（Country Environment Diversity，CED），即跨国公司海外业务所在国家政治、经济和文化的差异化程度。一般认为，跨国公司国际化程度高，即在非常广泛或多样化的国家环境进行投资。这项研究将 CED 从 IAD 中区分了出来，这可以帮助我们理解一类现象：有些跨国公司的 IAD 高但 CED 低，它们锚定在同一性相对高和环境条件高度相似的国家开展国际化，比如，北欧跨国公司主要在北欧国家运营，拉美或东南亚跨国公司主要在拉美或东南亚运营，等等。两位作者以 1999 年的 580 家日本跨国企业的 13529 家子公司为研究样本，当时的日本是世界第二大经济体，这些样本企业具有显著的地理分散属性，其中一家跨国公司最多拥有 598 家海外子公司，在多达 57 个国家开展经营活动。全部的样本企业平均在超过 11 个国家运营，平均拥有超过

26 家外国子公司。这项研究发现，跨国公司的 IAD 与公司绩效正相关，CED 则与公司绩效负相关。也就是说，一个跨国公司在数量越多的国家开展运营活动，通常意味着有能力获得更多的市场机会和资源，从而能够提高公司整体绩效；但如果在国家环境多样化程度较高的条件下运营，运营管理的复杂性将增加企业的运营成本和风险，从而降低整体绩效。

从以上有关测度跨国公司多国籍化的不同方法来看，不论研究者关注跨国公司在国际化的哪一个方面的表现，只要一个跨国公司的 DOI、DID、TNI 或 IAD 水平比较高，那么，这家跨国公司通常被视作企业国际化相对成功或国际化能力强的企业。不过，当面对两家在企业国际化的外在表现或各种指标上都非常接近的跨国公司，我们不能得出它们必然拥有同样的国际化绩效表现的结论。韦贝克和布鲁克曼（Verbeke & Brugman，2009）指出，跨国公司各自拥有不同的企业特定优势，这决定了，DOI 和 DID 水平相仿的跨国公司，非常有可能在国际化绩效上表现出显著的差异性。为此，如果我们要对一家跨国公司的多国籍性的最佳水平给出有意义的判断，就必须非常深入地去了解这家公司。另外，有研究表明，在被测量出来具有同等多国籍性水平的情况下，不同的跨国公司实施不同的产品多元化战略，也可能有不同的运营绩效（Chang & Wang，2007）。因此，靠关注跨国公司的 DOI 或 DID 或某几个方面国际化指标的数值水平，来研判一家跨国公司的多国籍化战略，是非常不充分的。举例而言，假设有两家跨国公司，它们的 DOI 值同样为 60% 且 DID 值同样为 3，两者的 TNI 与 IAD 水平相仿。其中，一家是北欧国家的跨国公司，只在 3 个邻近的北欧国家开展业务活动；另一家是美国跨国公司，分别在欧亚非的某一个国家开展了国外业务——显然，上述两个跨国公司国际化业务活动的复杂度不具有可比性。这就是只关注 DOI、DID 或 TNI、IAD，却忽略 CED 时会造成的研究误判。对此，研究者需要谨记，必须密切关注跨国公司多国籍化战略的不同方面。

除从资产或业务构成情况来考察跨国公司的多国籍化程度外，FETE 提供了从人力资源构成情况来考察跨国公司的多国籍化程度的另一种分析视角。在这个分析视角上，还有一个非常重要的指标，就是前文提到过的跨国公司高层管理团队的国籍多样性。热列特卡尼奇（Geletkanycz，1997）对 20 个国家的上千位高管进行了调查，其研究表明，在国际舞台上，跨国公司高管同我们所有人一样，受嵌入在国家文化中的社会价值观的影响，而且，这种植根于国籍因素的差异很难从根本上消除，时刻影响着他们的管理思维与战略决策。通常，长期在本国环境里成长起来的年长高管，相对容易受到本国文化价值观的影响，这样的高管管理风格相对保守，其掌管的跨国公司多国籍化程度相对不高；有丰富国际交往与生活、工作经验的年富力强的高管，其管理思维与战略决策的开放度会更高，不太拘泥于单一国家的文化价值观影响，更有可能倾向于提高跨国公司的多国籍化程度。

2. 多国籍化的战略选择

按照亨纳特（Hennart，2009）的捆绑理论，跨国公司的国际化战略决策的关键在于，将在母国形成的企业特定优势，与东道国的企业特定优势——互补性资产这两者捆绑在一起。但随之而来的问题是，一个跨国公司应该将母国的企业特定优势，同多少东道国的企业特定优势捆绑在一块，才构成一种最优决策呢？在分析 M-P 关系时，亨纳特（Hennart，2011）将跨国公司的海外足迹（Foreign Footprint）称作"多国籍性"，指一个跨国公司的国际化程度或在地理空间上跨国界的多元化程度。传统的观点认为，国际化就是好的，因为多国籍性能够使一个跨国公司获取更多国家的资源和更好利用规模经济性。鲍施和克里斯特（Bausch & Krist，2007）以元分析方法综合 36 项相关研究的结果并得出结论，跨国公司的国际化活动与企业绩效在总体上为显著的正相关关系，但两者关系受到研发强度、产品多样化、国家来源、企业年龄和企业规模等情境因素的调节。另一些研究则认为，国际化运营活动与企业绩效结果之间的关系是不确定的（见专栏 6-4）。统计数据表明，20 世纪 90 年代，大公司的海外业务的平均销售回报率一直低于其国内业务，就平均情况而言，国际业务会损害而不是提高企业的绩效水平（Ghemawat，2003）。面对各种分歧性的理论假说与实证观点，亨纳特（Hennart，2011）认为，对于一家跨国公司而言，重要的不是多国籍性程度，而是战略适宜性。只要具备战略适宜性，一家多国籍性程度高、海外足迹多的企业，与一家多国籍性程度低、海外足迹少的企业，同样有利可图。为此，跨国公司需要学会确定正确的多国籍性程度，避免系统性地偏离其海外足迹的最佳水平。

尼尔森们（Nielsen & Nielsen，2010）从多层次的分析视角，分析了影响 M-P 关系的诸多因素，其中除跨国公司的母国身份这一首要因素外，影响 M-P 关系的重要因素还包括：高管团队特征，涉及高管的国际化经验、教育背景和多样性等；跨国公司所处的行业技术特征；跨国公司的全球战略及对子公司的战略功能设定；东道国的市场潜力；等等。他们的研究强调，企业层次、行业层次与国家层次的不同因素之间的交互作用，将会增强或削弱这些因素对 M-P 关系的影响。约翰逊和瓦恩(Johanson & Vahlne，1990)指出，跨国公司迈出的国际化第一步很重要，几乎每一个企业都是通过进入它们最容易理解的市场开始国际化的，因为在那里，它们能看到市场机会，且这些市场机会的不确定性相对较低。这个解释非常有说服力，因为一个跨国公司所能发现的国际市场机会，必然是这个跨国公司高管团队国际视野、企业所处行业技术特征、企业国际化战略取向等因素交互作用的结果。在绝大多数情况下，市场机会与特体的客户是紧密联系在一起的。专栏 6-6 给出了葡萄牙塑料包装公司 Logoplaste 的案例，这家企业的成长及其国际化的驱动力都来自客户(Morgado，2008)。

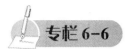

专栏6-6

跟随客户步伐推进国际化的 Logoplaste

1976 年，Logoplaste 的创始人 Marcel de Botton 以 500 欧元的初始资本创立了公司，第一个重要产品是与优诺(Yoplait)合作的酸奶包装，随后与雀巢(Nestlé)合作生产玻璃瓶盖。Logoplaste 通过技术创新和全面服务来为客户提供定制化的塑料包装解决方案，在软饮料行业、人造黄油、食用油和清洁产品生产包装等多个领域，成为葡萄牙市场的领导者。

20 世纪 90 年代，Logoplaste 主要通过跟随客户来推进国际化，优先扩张到那些在地理上或在文化距离上相对邻近的国家：1994 年，进入邻国西班牙；1995 年，与达能在巴西开展业务，巴西曾是葡萄牙的殖民地，两国在语言、文化和社会制度上有相似性；1997 年，作为可口可乐的配套厂，进入了法国；1998~2000 年，与宝洁合作，双方合资在英国建厂；2003 年，为联合利华配套服务，进入了意大利；2005 年，收购了奥地利和捷克的 2 家新工厂，分别生产新鲜牛奶和液体酸奶的 PET 包装。

至此，Logoplaste 集团成为提供硬质塑料包装综合服务市场上的欧洲领导者，在 8 个国家拥有 42 家工厂，员工来自 4 大洲的 15 个国家，国外市场的价值贡献占比超过了 60%。Logoplaste 在全球市场上建立了强大的客户网络，其客户主要是可口可乐、达能、雀巢、优诺、联合利华、宝洁等在市场上处于领先地位和拥有良好声誉的跨国公司。

资料来源：笔者根据 Morgado(2008)的相关内容编写。

　　莱萨尔等（Lessard et al.，2013）认为，已经在国内市场形成一定竞争能力的企业，可以借助 RAT 测试（Relevance-Appropriability-Transferability）和 CAT 测试（Complementary-Appropriate-Transferable），来评估自身的国际化潜力和从国际扩张中获益的能力，并确定国际化战略。RAT 测试对应三个问题：一是已有业务能力能否为新的目标市场的客户创造价值，即相关性；二是已有业务能力在新的目标市场上的可占有性；三是已有业务能力向新的目标市场的可转移性。CAT 测试对应于，在新的目标市场形成的新资产和新能力与现有的业务能力之间是否有互补性，以及新资产或新能力是否具有可挪用性和可转让性。

　　莱萨尔与另一位合作者研究了墨西哥水泥巨头西麦克斯国际化的案例。西麦克斯取得了一系列成功的国际化扩张活动，是一个既通过了 RAT 测试又通过了 CAT 测试的成功案例。1992 年，西麦克斯迈出了国际扩张的第一步，在随后 20 多年间，它在 50 个国家开展业务，员工人数增长了 20 倍，销售收入增长了 100 倍（Lessard & Lucea，2009）。每当西麦克斯收购一家新公司后，就会迅速地将已有技术和管理经验转移到在新的目标市场的新业务中去。更重要的是，西麦克斯建立了一整套的并购后整合（Post-Merger Integration，PMI）流程，以分析和评估新收购公司的最佳实践，在确定那些能够在整个公司内部采用的最佳实践或新功能后，尽快使之成为全球所有工厂都使用的标准化系统，这一做法被称作为"西麦克斯方法"（Cemex Way）（Prokopy，2006）。例如，西麦克斯收购英国 RMC 公司就是一个非常成功的例证，西麦克斯从 RMC 获取到了帮助其升级全球业务运营能力及在欧洲国家的严格监管环境中运营所需的关键知识。相对比之下，有一个跨国公司成为未通过 RAT 测试的经典案例：沃尔玛在美国、加拿大和墨西哥的经营非常成功，但其赖以成功的多个关键要素却在德国遭遇了全面的失败（见专栏 6-7）。

 **专栏 6-7**

沃尔玛在德国的惨败

　　在相当长一段时期里，沃尔玛是世界上最大的企业。1997 年，沃尔玛通过收购两家实力相对弱小的 Wertkauf 和 Interspar 连锁超市进入了德国市场，但沃尔玛在德国的发展并不顺利。2006 年，沃尔玛出售了其在德国的 85 家门店，损失近 30 亿美元。

沃尔玛的竞争优势来自两个方面：一方面，通过主导消费市场和供应商网络，获得最大的规模经济和范围经济。沃尔玛在美国市场的主导地位，使之拥有最多数量的消费者，进而使得该公司能够不断压低消费品价格，由此形成了"每天低价"的战略。另一方面，为确保灵活性和低运营成本，沃尔玛利用美国税收政策、经济发展激励措施和对土地使用的低限制政策，在城郊发展了众多超大门店，这些"大盒子"式的超大门店，是沃尔玛"堆得高，卖得便宜"的竞争策略的核心枢纽；同时，沃尔玛是美国最大的雇主，拥有 120 多万名员工，但沃尔玛保持高利润和低价格能力的一个重要方面即是其人事政策，公司一贯因低工资、大量使用临时工和打压工会而闻名。

20 世纪 90 年代末，德国是世界第三大零售市场——仅次于美国和日本，占欧洲每年约 2 万亿美元零售市场的 15%。进入德国市场，是沃尔玛国际扩张战略的一项重要内容，不仅因为德国本身的重要性，还因为德国是通往东欧市场的门户。通过收购进入德国市场时，沃尔玛在整个德国零售额中排名第 11。但德国食品零售市场高度集中，前 5 大连锁店占总销售额的近 80%，因此，沃尔玛是从一个相对弱势的地位开始的。

尽管如此，在德国市场，沃尔玛坚持采用使其在美国市场占据主导地位的相同策略，这为其埋下了经营失利的伏笔。一方面，沃尔玛力图通过大规模扩张和对供应链的强势控制来构筑低成本优势，但这一策略根本没有撼动德国本土零售商的市场竞争地位。德国的土地使用制度不利于沃尔玛发展超大门店，Aldi 和 Lidl 等德国本土零售巨头通常在社区附近设立中小规模的店，后者更适合于德国客户的消费习惯。沃尔玛采取的压低供应商价格和提高自己利润的做法，受到了德国供应商运用法律手段的抵制。另一方面，沃尔玛追求的灵活用工的行事方式，在德国的严格社会规范和强监管环境下也屡屡受挫。德国企业比美国企业拥有更少的行动自主权和更多的集体责任。面对紧张的劳工关系，沃尔玛尽管支付了更高的工资，但其不愿遵守集体决策游戏规则的不利形象，侵蚀了德国潜在的中产阶级客户群。由于坚持激进的竞争立场，沃尔玛在德国经历了持续性的重大亏损，沃尔玛的股东们失去了耐心，最后，公司在 2006 年退出了德国市场。

资料来源：笔者根据 Christopherson（2007）的相关内容编写。

跨国公司的多国籍化战略涉及全球化、区域全球化与本地化战略之间的平衡关系。人们通常认为，伟大的和目光远大的跨国公司，注定是放眼全球，心存高远意志的。卡农内和乌盖托（Cannone & Ughetto，2014）在研究 ICT 产业的天生全球化企业时，用跨国公司所涉及的不同国家市场的数量，区分了全球化程度高的企业和全球化程度低的企业。他们将国际化的范围涉及 10 个及以上国家市场的企业归为全球化程度高的企业，而国际化的范围少于 10 个国家市场的企业归为全球化程度低的企业。这项研究指出，企业家的外语知识和国际经验对企业国际化程度有显著影响。一般而言，外语能力有助于企业家形成国际思维，因而在企业的早期国际化决策中，比企业家的教育或年龄这些因素来得更为重要。同时，企业所在的产业技术特征和企业家建立的网络关系，都会对天生全球化企业的国际市场扩张范围产生重要影响。越是具有创新精神的企业家，越有可能采取全球化程度高的竞争战略，而不是仅仅瞄准有限数量市场的全球化程度低的竞争战略。

大量实证研究表明，尽管人们对跨国公司的多国籍化程度有较高的期望，但事实上，有不少跨国公司通常会选择到那些与其母国有相对较小的制度距离、心理距离，或有文化习俗一致性的东道国扩张其业务活动。这涉及一个跨国公司在与多国籍性相关的战略上，到底是选择区域全球化战略，还是选择完全的全球化战略的问题。鲁格曼等学者直言，没有真正的全球化企业，即使是世界上最大的跨国公司，也很少有哪一个做到了真正的全球化。绝大多数跨国公司都只是在特定区域内开展运营活动。除了在消费电子等少数行业，经济一体化的全球战略是可行的，对其他大多数行业的跨国公司而言，主要在欧美日等发达国家实施多国经营战略或区域全球化战略要比全球战略来得更为明智，也相对更容易取得成功（Rugman & Hodgetts，2001）。威尔斯（Wells，1992）对美国跨国公司的研究成果也表明，与人们通常认为的相反，大多数美国跨国公司的生产是区域性的，而不是全球性的。他认为，美国制造业跨国公司对全球贸易自由化倒退趋势的反应是冷漠的，这些跨国公司的管理者对降低区域内贸易壁垒的兴趣，远高于对防止区域间贸易新限制的兴趣。

仅从 UNCTAD 测算的全球最大的跨国公司 TNI 值水平来看，多数跨国公司的 TNI 值为 40% ~ 60%，而其他规模不那么大的公司 TNI 值水平更低，这在一定程度上证实了鲁格曼和威尔斯的观点。阿雷格莱等（Arregle et al.，2013）在区域经济一体化背景下，以在 8 个地区、45 个国家运营的日本跨国公司作为样本，分析了其半全球化（Semiglobalization）或集中在局部区域推进全球化的现象。这些日本跨国公司将区域而非全球或单一国家作为其国际化战略规划的重点，由于局部区域内的这些国家市场和制度环境相对相似，跨国公司可以更加高效地在同一区域内实现资源优化配置和战略协调，并保持较强的本地响应能力。格玛瓦特和范特拉彭（Ghemawat & Vantrappen，2015）指出，大多数跨国公司的运营活动实际上都是半全球化的，而且，通常更接近于"零一体化"的这一端，而不是"完全一体化"的另一端。另有一项对 1998～2015 年金融时报证券交易所（FTSE）350 指数成分公司国际化模式的研究表明（Chadha & Berrill，2021），完全不国际化的企业数量占比仅为 13%～15%。随着时间的推移，此研究中样本企业的多国籍特征越来越明显，不过，真正推行全球运营战略或区域运营战略的企业数量较少，大多数企业实行跨区域（Trans - Regional）运营战略；而且，这些企业正在将海外业务从三元区域（Triad Regions），即北美、亚洲和欧洲，扩展到非三元区域（Non - Triad Regions），如非洲、大洋洲和南美洲等。

从其组织起源来讲，跨国公司的本质是利用不同的国家地理条件及与之相关的法律制度、经济和文化等诸多差异性因素来套利的一类企业。格玛瓦特（Ghemawat，2003）指出，在全球化历史进程中，可能最容易被忽视的一个事实是，几个世纪以来，企业的跨国运营活动完全是出于套利的考虑。17 世纪和 18 世纪的大型贸易公司都利用地理造成的成本和可得性的极端差异进行套利。作为重要的传统贸易品种，香料可以在东印度群岛种植，却不能在北欧种植，因此，北欧的香料价格是东印度群岛的几百倍。人们熟知的麦当劳和肯德基等美国快餐在全球流行，以及意大利帕尔玛火腿和法国干邑白兰地等地理标志产品，都是通过不同国家或地区的文化优越感套利的结果。格玛瓦特（Ghemawat，2001）认为，英国与其在英联邦的前殖民地、法国与西非法郎区、西班牙与拉丁美洲之间的贸易活动非常活跃，这与它们之间的历史文化纽带有关。但其他文献也揭示了，像印度这样的英国前殖民地，对英国跨国公司充满敌意。格玛瓦特自己也承认，印度和巴基斯坦虽然有着共同的殖民历史——更不用说地理边界和语言文化联系了——但它们之间的相互敌意，造成了两国间的贸易实际上为零。显然，不同国家之间的复杂关联关系，对跨国公司的运营活动构成了不小的挑战。

利用不同国家之间的差异来套利的做法，与利用跨国界的相似性因素来规避风险的做法，这两者为跨国公司的国际化战略留出了丰富的操作空间。格玛瓦特（Ghemawat，2001）指出，受套利的诱惑，不少跨国公司容易高估国外市场的吸引力，被未开发市场的巨大规模弄得眼花缭乱，以至于忽视了开拓新领域的艰巨挑战。在格玛瓦特看来，信息技术并没有将世界真正缩小为一个同质化的世界，地理距离及由此衍生出来的文化与法律制度、经济差异，始终对企业的跨国运营活动造成重要影响。他给出了一个四维分析框架，即CAGE距离框架，用于衡量不同国家在文化（Cultural）、行政（Administrative）、地理（Geographic）和经济（Economic）因素上的差异性。像加拿大和墨西哥这两个国家，在地理距离上与美国同等接近，但在文化与行政、经济维度这三个维度上，加拿大与美国之间的距离显然要比墨西哥与美国之间距离要近得多。此外，不同行业的跨国公司，对CAGE的不同维度差异的敏感性不一样。比如，前面提到的食品行业的跨国公司对文化差异非常敏感；相比之下，电力行业的跨国公司对文化因素则完全不敏感，却对行政和地理因素敏感。

从企业成长的角度来看，将国外业务集中在有限的几个国家的做法，一般会被视作相对初级的国际化方式；反之，如果国外业务被拓展到遥远的、制度距离与心理距离更大的国家，则被视作技术难度更高、相对更加成熟和更加复杂的国际化方式。在实力相对弱小的情况下，跨国公司更倾向于向那些在地理空间和社会文化上最接近的国外市场渗透。比如，美国企业早期国际化一般是先向加拿大推进业务扩张，或者是澳大利亚企业向新西兰推进业务扩张，这些企业国际化活动可以被视作国内业务的自然延伸与拓展。芬兰公司进军瑞典市场的做法，也如出一辙（Welch & Loustarinen，1988）。在传统产业领域，一个跨国公司通常需要较长时间的历练，才能够实现经济实力的持续壮大和完成必要的国际化经验的积累。新兴经济体跨国公司的发展时间相对较短，实力相对弱小。韦贝克和加诺（Verbeke & Kano，2015）认为，这些企业的多国籍化程度其实不高，不是真正意义上的全球性跨国公司，人们夸大了它们的全球影响力。

在制定全球化战略时，跨国公司可能有过度多国籍化的倾向。有一些跨国公司的管理者从海外扩张过度的决策中获益，因为这样的做法给他们带来更多的权力、声望和更高的薪酬（Dastidar，2009）。也有一些跨国公司存在多国籍化不足的倾向。这些跨国公司经营风格偏于保守，更愿意将经营活动集中在母国及与母国在地理空间和文化制度上比较邻近的少数国家（Kano et al.，2016）。韦尔奇和卢斯塔里宁（Welch & Loustarinen，1988）指出，一个企业在开始推进国际化后，这个过程的继续并不是必然的。有大量证据表明，对一个跨国公司而言，遇到阻力时，"去国际化"（De-Internationalization）的逆转随时可能发生。去国际化，即减少国际业务的参与程度；与之相反，继续推进国际化，则是朝着增加对国际业务承诺的方向发展。在当今世界有可能走向更进一步的经济孤立的形势下，全球化不再是一种绝对优越的商业模式（Ghemawat，2003），跨国公司需要审慎地制定混搭式的全球战略，尝试将不同的策略混搭于不同的业务元素之中。

| 第七章 |
西方世界的跨国公司

在相当长的一段时期里，跨国公司主要来自西方世界，或者是美国跨国公司投资欧洲，或者是欧洲跨国公司投资美国（Ramamurti & Singh，2009）。在西方世界的跨国公司中，英美和欧洲大陆的德法跨国公司堪称第一阵营的跨国公司，它们的特点是国家实力强，跨国公司实力也强。紧随英美德法之后，荷兰、瑞士和瑞典等政治立场相对中立的西欧北欧国家的跨国公司可以被称为第二阵营的跨国公司，它们的特点是国家实力相对不那么强，但跨国公司实力较强。最后是国家实力相对弱小一些的其他西方国家跨国公司。本章将分别探讨这些西方跨国公司的发展特点，并作一些对比分析。巴特利特和吉原（Bartlett & Yoshihara，1988）指出，所有的跨国公司都是其发展历史和国籍的"俘虏"。照此说法，几乎所有的西方世界发达国家的跨国公司都算得上是幸福和舒适的"俘虏们"，因为它们的国家都属于发达经济体的范畴，这些跨国公司大概率从自身的国籍因素中受益颇丰，相对容易在全球市场上构建竞争优势。

一、英国、美国、德国的跨国公司

前文已经涉及一些有关英国、美国和德国的跨国公司的内容。从这些内容中可以了解到，在第一次世界大战之前，英国的跨国公司一直保持了领先优势，美国和德国的跨国公司主要是在 19 世纪末、20 世纪初迅速崛起的。本节将先讨论英国的跨国公司的情况，再分别对美国和德国的跨国公司情况予以讨论。

1. 英国的跨国公司

英国企业的海外商业活动，最早可以追溯到 16 世纪末，但它们不能被视为现代意义上的外国直接投资者。从 19 世纪 60 年代起，英国企业开始发起寻求海外市场和资源的生产经营活动。直到更晚一些时间，英国才真正出现了实施全球化战略的跨国企业（Dunning & Archer，1987）。作为世界上第一个工业化国家，英国在一个半世纪的时间里主导了世界经济，并成为大量活跃在制造业和服务业的跨国企业的所在地。随着其他国家在工业化方面迎头赶上，英国地位的下降是不可避免的。20世纪初，英国作为世界最大工业经济体的地位为美国所取代，但仍然是全球经济的重要参与者（Nachum et al.，2001）。据测算，1914年，英国占按来源国计算的全球FDI投资估计存量的45.5%，同期的美国只占18.5%（Dunning & Archer，1987）；1938年，英国的上述占比下降到40%，而美国的占比上升到28%（Corley，1989）。

有研究将20世纪英国跨国公司在全球市场上竞争地位的下降，归因为英国企业家精神的衰退。英国最负盛名的饼干公司亨特利和帕尔默斯（Huntley & Palmers）提供了一个典型案例。这家饼干公司成立于1822年，在接下来的一个多世纪里，成为"世界上最著名的饼干公司"，鼎盛时期，在137个国家（地区）开展业务。[①] 不过，1897~1914年，在英国国内市场，它被4家苏格兰和爱尔兰饼干企业的竞争逼得节节倒退，这些企业在英格兰建立了工厂；到1939年，它又10次拒绝在海外设立工厂并自称缺乏开展海外投资所需的必要经营管理资源。与当时亨特利和帕尔默斯的企业家精神衰退的表现形成鲜明反差的是加拿大的韦斯顿公司（Weston），这家公司于1934年开始在英国设厂，在几年间迅速成为英国最大的饼干生产商，还在1938年大胆作出了收购百年老店亨特利和帕尔默斯公司的提议（Corley，1989）。

历史地看，英国跨国公司的国际化战略是随着全球经济环境的变化以及英国经济结构的调整而不断演进变化的（Nachum et al.，2000）。20世纪50~70年代，英国FDI的产业结构与英国出口的比较优势之间存在较大差异，因为当时英国的FDI主要以寻求资源和市场为目的。20世纪60年代，英国跨国公司有70%集中在食品、饮料和烟草、家庭用品、造纸、金属制品、建筑材料和纺织品等成熟的和低技术的行业，这些企业的海外投资多以获取本国稀缺或成本较高的资源或海外市场为主要目的；另外30%在化工、工程、电子和汽车等技术密集型行业（Dunning & Archer，1987）。20世纪八九十年代，英国FDI的产业结构与英国出口的比较优势之间的相关性有所增强，显示出更多的互补性，这一时期，英国FDI才更多地出现在英国企业在生产效率上有相对比较优

---

① 参见 Huntley & Palmers 公司网站，网址为 https://www.huntleyandpalmers.com/about-us/。

势的产业领域。2001 年，一项对全球约 200 家大型跨国企业的分析表明，英国跨国企业的海外资产回报率是世界各国中最高的，达到了 7.78%，美国跨国公司居于第二位，为 6.24%——这意味着，英国跨国公司的海外资产价值呈现了稳步增长，保持了令人满意的表现（Nachum et al.，2001）。

纳丘姆与琼斯、邓宁研究了英国对外直接投资及英国跨国公司出口竞争力的发展情况。他们指出，1950 年，英国占世界出口的 25%。20 世纪下半叶，英国制造业出现了萎缩，使英国占世界出口的份额在 1975 年下降到 7.5%。这段时期，英国跨国企业投资重点曾一度转向了加拿大、澳大利亚等英联邦国家。后来，随着欧洲经济复苏和一体化进程的推进，英国跨国企业才又开始更多地投资欧洲市场。20 世纪 80 年代的自由化改革后，英国制造业衰退趋势在一定程度上得到了扭转，英国再次成为世界第二大 FDI 来源国，年均流出量约占世界总额的 20%。研究显示，英国制造业出口表现的改善，在很大程度上是外国跨国公司在英国活动的结果。美国跨国公司的英国子公司往往率先推行新的组织结构和管理技术。这些活动帮助了英国经济结构向技术更先进、更国际化的方向发展（Dunning & Archer，1987）。对英国跨国公司在国内绩效水平的研究表明，这些企业的绩效劣势明显，前沿技术领域通常由外国跨国公司主导，而英国跨国公司追赶外国同行的速度似乎不够快（Girma，2003）。

在钱德勒看来，英国企业国际竞争力下降的根本原因是它们在管理技术创新上的表现落后于来自美国和欧洲大陆的竞争对手。英国企业未能充分参与新兴产业技术的发展，在采用现代管理方法方面也进展缓慢，这既可以被称为"企业家的失败"，也可以被称为"管理的失败"（Chandler，1980）。管理型企业在美国的出现，比在英国的出现要快得多——通常情况下，一家英国公司需要三代人的时间才能达到一家可比的美国企业在一代人的时间内达到的规模和管理实力（Chandler，1980）。在美国大型企业中，训练有素的技术专家和经营管理人才可以担任企业高管，而英国大型企业的高管主要由家族企业成员或有上流社会背景者担任，基层有才干的人才的晋升通道并不畅通。英国管理学院（British Institute of Management）直到 1947 年才成立，伦敦商学院（London Business School）和曼彻斯特商学院（Alliance Manchester Business School）直到 20 世纪 60 年代才成立（Dunning & Archer，1987），在专业化管理人才的教育培养方面落后了美国半个世纪。

总体看来，整个 20 世纪，英国在全球 FDI 中占比的下滑态势是非常明显的。20 世纪 90 年代以来，英国占世界出口的份额进一步持续下降——此时，英国出口已经远低于美国、日本和德国（Nachum et al.，2001）。根据英国贸易工业部（Department of Trade and Industry）在 1996 年对 927 家英国制造业跨国企业进行的调查，这些企业通常先是从出口业务开始涉入海外运营活动，在建立营销和分销业务后，再逐步在东道国投资设厂。这种企业经营策略的变化趋势是具有普遍性的，这也是造成英国企业出口下降但海外资产价值上升的重要原因之一。2012 年，美国推行先进制造业国家计划（Advanced Manufacturing National Program），力图以政策手段为制造业回流美国提供有效激励。2014 年，英国政府也推出了"回流英国"计划（"Reshore UK" Program）。两年后，英国启动了"脱欧"投票。随后的几年间，面对各种对全球化的怀疑主义论调以及各国保护主义政策情绪持续升温的情况，英国从事高附加值、资本密集型生产的跨国公司并没有明显的回流迹象，目前为止，这些跨国公司仍然受到推动其全球化的大部分行动逻辑的支配（Temouri et al.，2023）。

2. 美国的跨国公司

虽然英国在第一轮工业革命中处于领先地位，在许多行业中获得了早期的技术领先地位，但自 19 世纪末以来，美国在很大程度上引领了后来的工业技术进步（Dunning & Archer，1987）。两次世界大战后，由美国大企业领导人联合创设的美国国际工商业委员会（United States Council for International Business，USCIB）被赋予的使命，是在国际舞台上代表美国企业界的利益和提升美国大企业的全球领导力，帮助创造有利的国际经济条件，使美国跨国公司能在全球舞台上大幅扩大投资、出口和生产（Schaufelbuehl，2023）。USCIB 实现了自身的使命，美国跨国公司成为全球最重要的投资主体，在运输和通信等关键的和前沿的产业领域以及领先企业的生产和组织技术方面取得了全面的、比 19 世纪 70 年代末更激进的进步（Corley，1989）。钱德勒对美国大企业的一系列研究成果表明，美国的领先优势主要有两方面的表现：第一，美国的大企业增长速度，要远远快于其他国家企业的水平；第二，美国大企业大多数处于较新的产品技术领域，美国企业处于新兴技术领域的占比，远远高于其他国家企业的水平，这些企业在引领经济增长过程中占据了主导地位。

众所周知，不同国家和地区的技术专业化优势和竞争策略之间存在显著的差异。从全球范围来看，低技术产品在世界贸易中的增长最慢，而技术密集型产品增长最快。过去一个多世纪，美国作为全球实力第一的强国，其跨国公司日益把持住了全球生产贸易体系中增长最快的产品与服务领域。1966～

1986 年，美国跨国公司在全球出口量中所占比例为 15%～17%（Lall，2000）。美国跨国公司在高技术产品领域的全球出口份额高于其在所有产品出口中的份额，而且在高技术产品领域，美国跨国公司的份额相对稳定，甚至有所增加。在中技术产品领域，美国跨国公司的全球出口份额也较高，而在低技术产品领域则较低。在美国跨国公司内部，母公司（位于美国的公司总部）的全球出口份额呈现下降趋势，但外国分支机构的出口份额稳步上升（Kravis & Lipsey，1992）。总体看来，战后的 20 多年间，美国跨国公司积累了强大的竞争优势，拥有了适合持续增长的海外市场的管理技能。直到 20 世纪 70 年代石油危机之后，美国市场在规模、收入和工资率方面与其他发达国家之间的差别才不再那么明显，美国跨国公司的传统竞争优势才逐步受到了侵蚀（Wells，1992）。

20 世纪最后 20 年，日本跨国公司的迅速崛起，曾一度对美国跨国公司的全球领导地位构成了威胁。格玛瓦特和加达尔（Ghemawat & Ghadar，2006）的研究表明，在全球 100 大跨国公司中，美国跨国公司占销售额总量的比例从 1980 年的 50% 降至 1999 年的 31%，主要原因是日本跨国公司的占比从 1980 年的不足 7% 提高至 1999 年的将近 30%。1980 年，美国前 100 大跨国公司对外投资最多的三个国家是澳大利亚、加拿大和英国；2000 年，调整为加拿大、英国和日本。这 20 年间，受到挑战的美国跨国公司，在全球的投资总体上增长，但在各个地区的分布并不均匀。有一项研究收集了 1980 年和 2000 年美国 100 大跨国公司（财富 500 强）海外选址情况的档案数据，其分析结果是，美国跨国公司从中美洲和非洲等地大幅撤出，除传统的投资热点区域外，又扩展到了另一些地区，如西亚（科威特和沙特阿拉伯）和东南亚（印度尼西亚、马来西亚、新加坡和越南）。统计显示，美国跨国公司在 1980 年和 2001 年分别平均在 22.9 个国家和 28.9 个国家有对外投资活动（Flores & Aguilera，2007）。

从 20 世纪 90 年代中后期开始，美国跨国公司步入了"信息经济"或"知识经济"的发展快车道，并凭借在信息技术应用上的领先优势，创造了"生产力增长奇迹"，大大超过了欧洲和日本竞争对手的发展速度。数据显示，美国的年均劳动生产率增速（以每小时工作的 GDP 衡量）从 1973～1995 年的 1.2% 增长为 1995～2006 年的 2.3%；而同期欧洲 15 国的生产率增速却从 2.4% 下降为 1.5%（Van Ark et al.，2008）。事实上，欧洲在信息技术生产部门（如半导体和计算机）的生产率增长速度原本是与美国相当的，但在大量使用信息技术的产业领域——主要是批发、零售和金融服务等服务业，美国实现了惊人的生产率增长，这些产业领域为美国加速增长提供了最重要的驱动力。欧洲很多国家错过了市场服务业的生产率增长机会，唯一的例外是瑞典——其年均劳动生产率增速从 1980~1995 年的 1.3%增长到 1995~2006 年的 2.5%，英国和奥地利的情况稍好一些，分别从 2.6%降到 2.0%、从 2.4%降到 2.3%（Inklaar et al.，2008）。显而易见，美国拥有世界上生产率最高的经济实体——一项对母公司来自不同国家的英国企业的比较研究表明，美国跨国公司在英国子公司的生产率显著优于英国跨国公司以及其他跨国公司在英国子公司的生产率（Criscuolo & Martin，2009）。布鲁姆等（Bloom et al.，2012）将美国生产力增长奇迹与美国企业的卓越管理实践联系起来，他们指出，美国企业竞争优势主要源于管理优势，这进一步证实了钱德勒的观点：卓越管理实践帮助美国企业有效构建了在信息技术创新与应用方面的优势，而且，这些美国企业将其成功的管理实践移植到了海外子公司，取得了显著优于竞争对手的效率。

3. 德国的跨国公司

除英美跨国公司之外，德国跨国公司，当之无愧是欧洲各国中最不容小觑的一股力量。欧洲大国历来有发达的商业或工业传统，这些国家一贯重视发展本国企业和跨国公司，经历了多轮历史性的政治经济博弈，它们深谙本国企业是国家竞争力的代表。在 20 世纪上半叶的战乱年代，欧洲国家跨国公司通过引入创新性的和复杂的法律体系，发展出了各种独特的所有权控制结构——最初是为了税收目的和向股东有效分配股息而设计的，后来则成为战争各方为防止被敌对方没收本国企业资产的战略防御机制（Forbes et al.，2019）。在第一次世界大战结束后，德国政府和企业界通力合作，积极应对国际政治经济环境剧变可能导致的德国大企业丧失控制权的冲击（见专栏 7-1）。而在第二次世界大战中，德国却展现出来了另一面，试图以专制领导的方式对待荷兰等被占领国家的大企业，希望重组这些企业，扩大德国资本及德国管理人员对这些企业的控制（Sluyterman，2005）。

专栏 7-1

德国在第一次世界大战后经济危机中应对"外国化"的挑战

在第一次世界大战之后，德国在军事失败后迫切需要外国资本帮助重建。

在 1929 年前后的经济大萧条中，出现了欧宝和 AEG 等德国知名大企业被美国企业收购的情况，这引起了德国社会、政治界和商业界的关注与热议。之前，以西门子为代表的一些德国大企业便采取了发行有多重投票权的优先股等法律措施和手段，防止自身被"外国化"和维护经济主权。

1929 年，美国通用汽车公司（General Motors Company，GM）收购了德国的领先汽车制造商欧宝（Opel）公司。1862 年创立的欧宝，原本是缝纫机制造商，后来转型为自行车和汽车制造商。欧宝曾试图利用强调民族主义情绪来抵抗外国企业对其市场和行业的渗透。例如，欧宝在对外通信中使用了一个印章，上面写着"在德国贸易平衡活跃之前，我们请求您仅使用德国车辆来访问我们和向我们交付"。但在后来的经济萧条时期，欧宝家族决定将其公司转变为股份公司，并最终将其出售。

同样是在 1929 年，欧宝和美国通用电气（General Electric，GE）一起收购了德国 AEG 公司 25%~30% 的股份。由于 AEG 仍然需要 GE 的投资，双方达成了由 GE 提供资金但不控制 AEG 的协议安排。AEG 的股权结构非常分散，它同意让 5 名美国人在其 32 人的监事会中任职，并授予 GE 最多可收购其49% 股份的权利。

西门子（Siemens）是 AEG 的竞争对手，与 AEG 的股权结构不同，西门子家族拥有绝对的公司控制权。早在第一次世界大战刚结束时（1919~1920 年），德国经济曾经陷入巨大的混乱。当时，大多数的大企业和许多小企业都发行了优先股，将这些股份留给公司创始人及其家族成员，或友好的股东、可靠的银行和德国国民。大企业之间还形成相互持股的安排，以加强防范外国资本或其他力量的介入。这类做法延续了 10 年左右，带来了一些弊病。有些企业的少数股东与管理层勾结，剥夺了多数股东的权利，甚至从原始股东手中夺取控制权。负责批准新的股份发行的普鲁士商务部，公开警告德国企业不要滥用多重投票权股份制度。

资料来源：笔者根据 Feldman（1989）的相关内容编写。

从国际比较的角度讲，德国跨国公司和日本跨国公司有许多相似性。这两个国家都是第二次世界大战中的战败国，其跨国公司都是在战后经济恢复中迅速崛起的，且都在后来拥有了在重要制造业领域挑战和威胁美国跨国公司领导地位的竞争实力。在这个过程中，两个国家的大企业都从美国那里学习了大量的技术和管理经验，并成功击败了其他国家的跨国公司。像汽车工业，1950年，英国企业还是汽车出口巨头，占全球汽车出口量的一半，但到了1956年，德国企业的产量已经超过英国①（见专栏7-2）。1998年，德国大众汽车从英国军工集团维克斯（Vickers Group）手中，收购了代表英国汽车工业最高成就的宾利以及劳斯莱斯汽车的资产②；后来，德国宝马公司又从劳斯莱斯集团那里获得了劳斯莱斯汽车的品牌，重建了一家汽车公司。

 **专栏7-2**

以"魔法打败魔法"的大众甲壳虫

　　1913年，亨利·福特（Henry Ford）的第一辆T型车在密歇根州底特律市的工厂装配线上下线。在美国之外，德国是最早受福特主义魅力吸引的国家之一。20世纪20年代，德国商界领袖就前往福特在密歇根州的高地公园和鲁日河的新工厂考察。1923年底，福特的自传《我的生活和工作》的德语版出版，成为畅销书。20世纪30年代初的大萧条摧毁了大规模生产的经济基础，但催生了福特主义在欧洲最具原创性的一个范本——德国大众汽车（Volkswagen）工厂。

　　第二次世界大战后，大众汽车工厂在纳粹德国时期投资相对完好的状态下较快恢复了生产，并广泛应用了流水线制造技术。1954~1956年，大众汽车完成了以提高生产效率为主要目标的企业重组活动，通过加大自动化投资，使人均产出翻了一番。在这段时期里，大众汽车回归到了福特主义的本源，主要生产I型车，即经典的大众甲壳虫（Volkswagen Beetle）。1961年，这款车占大众汽车总产量的75%以上。同时，大众汽车积极拓展出口市场，美国市场是大众汽车的出口增长战略中不可或缺的一部分。在美国市场上，大众汽车的甲壳虫精准定位市场需求，填补了美国紧凑型汽车市场的空白，美国本土汽车公司直到1959年才推出这个品类的产品。1962年，美国市场占了大众汽车出口的31.2%，而在20世纪50年代中期重组前，这一数值仅为8.2%。

　　面对成功，大众汽车坚决抵制住了在美国当地生产甲壳虫的诱惑。1956

---

　　①　"The Rise and Fall of the UK Motor Industry"，网址为 https://www.drivearchive.co.uk/ukmotorhistory.php。

　　②　"The Histery of Bentley"，网址为 https://www.volkswagen-group.com/en/the-history-of-the-brands-17668/the-history-of-bentley-17674。

年1月，大众汽车曾经考虑过在美国新泽西州收购一个汽车装配厂的计划。最终，大众坚持在德国沃尔夫斯堡（Wolfsburg）的工厂进行大规模生产，充分发挥了德国劳资合作关系及供应商网络的独特工业组织优势，使甲壳虫成为大众汽车这家德国跨国公司运用美国福特主义，而在美国市场大获成功的一个典范之作。

　　资料来源：笔者根据 Abelshauser（2005）的相关内容编写。

　　在学习和追赶时，德国和日本大企业都坚持"以我为主"，探索和发展了符合自身国情的企业制度，构筑了独具特色的国际竞争优势。首先，德国和日本的大企业，都重视长期合作关系和质量，强调与供应商、客户、政府之间的紧密合作。其次，都高度重视员工参与治理和增强员工专业技能的重要性。贝克等（Becker et al.，2005）对比了德国和瑞典跨国公司的海外选址决策，两国跨国公司都考虑东道国的市场规模及与本国的地理距离两类关键因素；同时，德国跨国公司还特别倾向于投资那些技能型劳动力供应相对丰富的国家，瑞典跨国公司却没有表现出这一特征。由此可见，对高技能劳动力的强烈需求，是德国企业打造全球竞争优势的至关重要的一环。最后，德国大企业与大银行通过全能银行（Universal Banking）制度建立紧密联系，这类似于日本的主银行制度的做法。德国大银行通过直接持股、对存托股票行使表决权、任命董事等方式，可以对重要的工业企业施加广泛影响。德国的企业集团（Finanzgruppen）类似于日本综合商社，对其成员企业保持控制权，使之能够有效抵御外来力量，如外国投资者的干预（Akira，1992）。进入20世纪最后10年，1990年的两德统一以及1993年的欧盟正式成立等一系列历史事件的发生，使德国跨国公司迎来了越来越乐观的发展前景。

二、荷兰、瑞士、瑞典的跨国公司

　　与德国、法国这样的欧洲大国不同，荷兰、瑞士和瑞典这几个政治立场相对中立的西欧、北欧国家具有两个方面的特点。一方面，这三个国家都属于本国市场规模相对小的欧洲国家，其国际地位、社会文化传统和经济结构等客观条件使这类国家大企业的成功，必然取决于其发展国外市场及驾驭相关国际政治风险的能力（Donzé，2020）。为此，这些欧洲国家的跨国公司有更强烈的开展国际化经营的意愿和主动性，也更愿意赋予海外子公司丰富的战略角色和责任。另一方面,从历史与政治文化因素来看,荷兰、瑞士和瑞典在两次世界大战期间都是中立国或奉行中立政策的国家。独特的政治立场与历史经历,使这三个国家的跨国公司获得了应对极端条件下的政治风险、经济民族主义、战争和军事占领的丰富经验,形成了有利于自身从复杂的国际政治经济形势中规避风险和获取竞争优势的独特组织管理方式。

1. 灵活运营的组织管理方式

与美国、英国、德国、日本等国的强大竞争对手相比,荷兰和瑞士等欧洲国家的跨国公司在组织结构上更加分散化,在经营决策上更加放权,能够更敏感且更迅速地响应东道国的本地化市场需求和复杂制度环境的各种变化,从而取得了本地化运营的巨大成功。斯卢特曼(Sluyterman, 2005)指出,20世纪初,荷兰公司的平均规模很小,组织结构简单,劳资关系相对灵活,其高度自由化和个体化的管理模式使联合利华、壳牌和飞利浦等荷兰跨国公司在国际化进程中,先后都发展壮大成为世界上国际化程度较高的公司。荷兰跨国公司的海外子公司被赋予了很大的地方自治权以及很大程度上的本地化运营空间。本书前文在专栏中给出了飞利浦的案例,在专栏7-3,即第二个有关飞利浦的专栏中,我们可以看到,飞利浦这样土生土长的荷兰跨国公司具有跨国运营的极大灵活性,它们既充满民族自豪感,又崇尚创新和具有适应性;既勇于竞争,又乐于合作,形成了非常强的"全局思考,本土行动"(think globally and act locally)的能力(Bartlett & Ghoshal, 1988)。通过坚持本土化导向和积极培育海外子公司创业创新的良好氛围,海外子公司发展成了飞利浦收入、利润、资源与能力的重要组成部分。

专栏 7-3

在全球范围内推动本地化运营的高手:飞利浦

飞利浦在其母国荷兰的销售额仅占其总销售额的7%~8%,它在许多不同国家设立的子公司贡献了比母国公司更多的收入。因此,与总部设在美国、日本甚至欧洲较大国家的大多数规模体量相仿的大型跨国公司相比,飞利浦的海外业务部门享有相对较高的组织独立性和经营自主权,这些分散在世界各地的分支机构不仅对当地环境敏感、反应迅速,而且具有高度的创新精神和创业精神。在飞利浦,其海外子公司创新和创业的经营成果不胜枚举，比如，第一台彩色电视机不是在母公司所在地欧洲生产和销售的，而是在加拿大生产和销售的；第一台立体声彩色电视机是由澳大利亚子公司开发的；图文电视（Teletext）由其英国子公司制造；法国子公司推出了"智能卡"……

由于其国外业务的重要性，飞利浦发展了一批具有创业精神的外籍骨干员工。拥有丰富的国际经验，是担任子公司高层职位的先决条件。公司总部地处一个乡村小镇埃因霍温（Eindhoven），远离那些高度国际化的世界性大都市。飞利浦最优秀和最杰出的外派经理们通常在海外度过大部分职业生涯，他们不愿意回到埃因霍温工作和生活，但与总部及其他业务机构之间建立了密切关系。飞利浦在吸引非常有能力的本地管理人员方面没有什么困难，这些人才更愿意成为本地化观点的倡导者，并反对将不适当的企业理念强加给自己。飞利浦支持子公司独立自主的开放态度，是点燃其海外子公司主动性和企业家精神的燃料。

在子公司内部，飞利浦采用了紧密实施功能整合的组织管理机制。从历史上看，飞利浦所有国家子公司的最高管理层都不是由一个首席执行官组成，而是由技术、商业和财务职能部门负责人组成的委员会。这种三头管理制度在飞利浦由来已久，它源于飞利浦创始人飞利浦兄弟的职能背景，一个是工程师，另一个是销售人员。这种共同承担责任和共同决策的传统及相应的工作机制，有助于在多个层次上实施职能整合，提高了本地化决策和行动的效率和有效性。

由于历史性原因，飞利浦形成了全球资产及管理责任高度分散的业务架构。在 20 世纪上半叶的国际化扩张过程中，飞利浦面临着交通和通信技术手段上的障碍，迫使其将大量的地方自治权下放给分散在各国的业务部门。20世纪 30 年代的保护主义压力使得产品或零部件的交叉运输几乎不可能，这进一步加强了各分支机构发展自给自足意识的必要性。在第二次世界大战期间，研发能力也被分散，以防止其落入敌人之手，许多公司经理从荷兰离职，进一步减少了母公司对其海外国家业务的控制。在战后的繁荣时期，海外机构的经理们利用发达的自主权，同样迅速发展壮大起来。

资料来源：笔者根据 Bartlett 和 Ghoshal（1988）的相关内容编写。

与飞利浦相似，联合利华的海外子公司的创新创业活动同样十分活跃。公司管理层长期将海外子公司，即使是发展中国家的子公司，也视作产品技术创新和管理人才的重要来源——其土耳其子公司开发了酥油作为对黄油的替代新品；印度子公司开发了一种生产洗涤剂棒的工艺，以取代占主导地位的肥皂产品（Bartlett & Yoshihara，1988）。这些海外子公司正是因为深入嵌入到本地市场环境中去，才获得了产生新知识与经验的潜力，从而能够帮助提升整个集团的资源与能力（Vahlne et al.，2012）。

瑞典跨国公司有与荷兰和瑞士跨国公司相似的特点。按照霍夫斯泰德（Hofstede）的理论假说，在文化上，与荷兰最相似的国家就是瑞典和挪威（Sluyterman，2005）。相似的文化，使瑞典和荷兰的企业管理活动也具有很强的相似性。由于国内市场较小，瑞典跨国公司往往在很早的发展阶段就开始了国际化进程。瑞典乌普萨拉大学有关企业国际化过程的理论研究，最早就是建立在对瑞典跨国公司的案例研究基础之上的。约翰逊和维德斯海姆-保罗（Johanson & Wiedersheim-Paul，1975）研究了四家瑞典跨国公司，这四家公司在开始国际化时在国内市场上都算得上是大企业，但在国际市场上都属于规模不大的跨国公司。在国际化进程中，这些瑞典跨国公司采取了不同策略。例如，Sandvik 钢铁公司，在 1971 年时，总营业额中就有 85% 来自国外，该公司选择了先在德国、英国和美国等大型工业国家建立子公司。另一家公司沃尔沃（Volvo）在国际化进程中，先是选择在丹麦和挪威等地理与文化距离相对邻近的国家发展，以及在工业化程度较低的遥远国家，如阿根廷、巴西、西班牙和葡萄牙等发展，经过 20 多年后，才开始尝试向欧美大国市场拓展业务。沃尔沃的国际化策略，相对来说更具有代表性。

以爱立信为例，这是第一家在国外设立制造厂的瑞典跨国公司，迪肯（Dicken，2011）的研究表明，公司创始人在 1876 年创设爱立信，先是跟贝尔和西门子学习，制造出自己的电话，向瑞典及其他北欧国家销售。1882 年，在俄国设立了第一个海外工厂。1884 年，爱立信抄袭了美国西部电器（Western Electric）公司的设计，当时西部电器公司的产品只在美国获得了专利权。由于美国和德国的企业具有领先的技术优势，因此，爱立信选择避开这些欧美大企业激烈争夺的大国市场来开展运营活动。1892 年，爱立信与中国签订了第一个供货合约。从爱立信的做法可以看到，由于瑞典跨国公司在国际化之初往往没有太强的竞争实力，如果没有稳定可靠的客户关系，它们倾向于选择回避在大国大市场的正面竞争。这和欧美大国跨国公司的做法有所区别：英美跨国公司通常以母国市场运营为基础，在开启国际化进程之前已经在国内市场上发展壮大起来了；瑞典跨国公司通常从较小的规模起步，在推进国际化过程中不断壮大自己，不断学习和动态提高能力，从而更加符合乌普萨拉国际化过程模型的描述。

不少研究者认为，荷兰、瑞士和瑞典拥有全球化水平最高的跨国公司。如表 6-2 所示，在 2001 年世界 500 强企业中，瑞士、瑞典跨国公司的本土区域营收占比仅为 50% 多，比欧洲其他国家的同一指标低约 10 个百分点，荷兰跨国公司的这一指标值更低，不足 40%。尼尔森们（Nielsen & Nielsen，2010）的研究指出，瑞士企业因为国内市场规模小和国际业务历史悠久，具有相对较高的国际化程度。瑞士拥有欧洲最具竞争力的高管劳动力市场，也是跨国公司中外国高管比例最高的国家。瓦恩和伊瓦尔松（Vahlne & Ivarsson，2014）对 17 家瑞典最大的跨国公司的研究表明，12 家采用了高度全球化的运营模式，在至少 100 个国家开展业务，其他 5 家跨国公司在 30~70 个国家开展业务，通过在全球范围内运营广泛的价值增值网络，这些瑞典跨国公司做到了比其他许多跨国公司更加全球化。格玛瓦特和范特拉彭（Ghemawat & Vantrappen，2015）的研究表明，瑞士、荷兰等国的跨国公司往往拥有最国际化的高层管理团队，这些国家的财富全球 500 强公司拥有非本国 CEO 的比例显著高于全球平均水平，这一表现与这些国家经济总体的全球化深度紧密相关。

2. 中立的政治立场和高超的隐形术

尽管荷兰等政治立场相对中立的欧洲国家看起来是最坚定的自由市场经济政策的倡导者和实践者，但事实是，这些国家擅长维护本国利益。之所于显得如此包容和开放，是因为像瑞士和荷兰等国家，早在 18 世纪已经处于产业技术发展的前沿，它们不需要太多政策手段来保护本国产业企业。将历史再向前推，张夏准（Chang，2003）描述了 17 世纪荷兰为建立海上和商业霸权而采取的一系列令人印象深刻的干预措施。1869 年，在英国迅速崛起的年代，荷兰废除了 1817 年的专利法，拒绝遵守专利法的表面理由是专利是制度上造成的垄断，与自由市场原则不一致。这一做法的实际意义在于，保证和促进荷兰本土的人造黄油和电气公司的发展，使它们能够自由地从其他国家复制创新，尽管它们只能在荷兰境内使用这些技术（Jones，2003）。直到 1912 年，荷兰才重新引入专利法。而瑞士，直到 1907 年才克服了对专利法的抵触情绪，颁布了保持范围相对宽一些的新专利法——之前在 1888 年颁布的专利法只限于保护"机械模型"专利，被称为"最不完整和最具选择性的专利法"（Ritter，2004）。总体看来，当 19 世纪末 20 世纪初的世界遇到了第一次经济全球化浪潮造成的混乱和不确定性时，各国相继转向了经济民族主义，但荷兰仍然像英国一样保持了坚定致力于自由贸易的良好声誉（Sanders et al.，2016）。

同时，作为欧洲政治立场相对中立的国家，荷兰、瑞士和瑞典在世界事务中缺乏军事力量和政治野心。在不稳定甚至充满敌意的政治环境中，政治风险的涌动，有时候恰恰能够为这些国家的跨国公司提供更多的发展机会，使它们比处在国际政治冲突与博弈风口浪尖的其他大国的跨国公司，更有可能在不利的制度环境中站稳脚跟。与其国家的政治角色与政策风格相匹配，这些国家的跨国公司不仅有灵活的组织管理方式，还有比较独特的政治认知观念和与高风险的国际政治环境打交道的管理智慧，并因此而享有卓越的全球性公司声誉。贝拉克（Bellak，1997）曾经对比了与瑞士、荷兰相仿的另一个欧洲小国奥地利在发展跨国公司方面的差异。一方面，奥地利在历史上和德国紧密关联，因此其企业更多地依赖国内市场，国际化起步普遍较晚，因此不拥有大规模和成熟的国际化企业。另一方面，奥地利并不具有中立的国际政治立场，两次世界大战对奥地利的负面影响尤为显著。在第一次世界大战之后，奥地利失去了大片领土和市场，经济遭受了重创。1938年，纳粹德国吞并了奥地利。这些政治风险因素直接冲击和干扰了奥地利国内经济以及奥地利企业的国际化进程。当欧洲的政治立场相对中立的那些国家的跨国公司多少尚能从战乱时局中获利时，奥地利跨国公司遭受的只有损失，大量的生产经营活动被中断，只有少数幸存下来。与奥地利跨国公司的困境形成鲜明反差的是，飞利浦、联合利华和雀巢、罗氏等欧洲中立国家跨国公司充分利用自身的国籍优势，在两次世界大战和冷战时期的艰难国际政治局势下，通过各种灵活的重组整合措施，规避了国际政治经济冲突与争端风险，保全了自身的生产经营持续性和竞争优势（见专栏7-4）。

专栏 7-4

经历两次战乱的罗氏公司

罗氏公司（F. Hoffmann-La Roche AG，简称 Roche）于1896年在瑞士、德国和法国边境交界处的瑞士城市巴塞尔成立，其独特的地缘政治区位使公司运营活动天然就具有国际运营的属性。对罗氏公司而言，两次世界大战成为一个重要的推动力，使其从一个以欧洲国家为基地的跨国公司转变成一个真正的全球性跨国公司，罗氏公司成功地应对了分裂的世界市场的威胁。

在成立初期，德国专利法要求在获得批准后三年内在国内行使专利，因此，罗氏公司便将其主要工厂设在了德国边境附近的格伦扎克村（Grenzach），并先后将大部分研发功能、销售组织和专利管理业务迁到那里。1929 年，罗氏公司已经在 35 个国家设有子公司和代理机构，成为当时仅次于 IG 法本（IG Farben）的欧洲第二大制药企业。

第一次世界大战给了罗氏公司意想不到的重大打击。瑞士和德国的边境被关闭，其最大的制造基地格伦扎克和总部之间的交通被阻断，从德国到瑞士的中间材料供应中断。而且，因为该公司在德国最大的工厂以其创始人的名字命名——这是一个法国名字，它面临被抵制和被列入黑名单的风险。1915 年 7 月，时任德国格伦扎克工厂经理、后来成为罗氏公司总裁的巴雷尔（Emil C. Barrell）被拘留，并被软禁在柏林直到战争结束。1916 年初，德国工厂被重组，获得了独立的法人地位；直到战后，工厂股份被回购而保留了由瑞士股东主导的局面，但大部分审计委员会和董事会成员都换成了德国人，员工也根据国籍的不同，在巴塞尔总部和德国生产基地之间进行了调整。这是一次追求淡化瑞士国籍属性的尝试。

由于战乱和战后的汇率波动，罗氏公司在 1919 年面临破产。次年，公司创始人弗里兹·霍夫曼（Fritz Hoffmann）去世后，巴雷尔从德国回来担任总裁，设法通过大幅裁员来渡过难关。经历此次危机后，美国子公司在美国总裁博斯特（Elmer H. Bobst）的领导下，收入实现了惊人的复苏，超过了 1926 年的德国子公司和 1929 年的巴塞尔总部的业绩。在战争期间，罗氏公司成为盟军最大的维生素供应商。美国子公司的员工人数从 1940 年的 669 人增加到 1943 年的 2000 人，同期巴塞尔总部员工人数仅从 800 人增加到 1200 人。1935 年，瑞士、美国和德国的收入占集团的总收入均在 20% 以下。但 1935~1943 年，美国子公司的收入增长了 17 倍，占集团总收入的一半。

之前，罗氏公司的巴塞尔总部直接拥有其外国子公司的股份。经历战争后，罗氏公司的股东在列支敦士登新设了控股公司 Sapac，将外国子公司的股份转给 Sapac，以保证外国子公司的独立性和业务活动的连续性，避免其受战争影响而被查封或被列入黑名单。1938 年 3 月，纳粹德国吞并奥地利后，罗氏将 Sapac 搬迁到巴拿马，缩减了巴塞尔的扩张计划，将战略重心转向美国和英国，并通过了一项搬迁总部的决议。从 1940 年秋天到次年，公司的许多管理人员和研究人员转移到美国。这样，罗氏公司逐渐转变为双重总部体系，以应对战争形势下市场分治的局面。

第二次世界大战结束后，1946年初，巴雷尔返回巴塞尔，领导罗氏公司对战时建立的双重总部架构进行整合，强化了瑞士总部的功能。同时，在乌拉圭首都蒙得维的亚建立了另一个中心，以避免美国政府对海外控股公司加强征税。1962年，Sapac从巴拿马搬迁到了加拿大。

注：此专栏中提到的"IG Farben"，是20世纪上半叶世界上最大的化学公司之一，于1925年由多个德国化学公司联合设立。IG Farben在纳粹德国军事扩张中扮演了重要角色。第二次世界大战结束后，IG Farben被盟军解体，拆分为拜耳（Bayer）、巴斯夫（BASF）、阿克发（Agfa）、赫斯特（Hoechst）、卡塞尔化学公司（Kassel Chemical Company）和格里斯海姆电解公司（Grimme，Hessel & Co.）。

资料来源：笔者根据Kurosawa和Wubs（2018）的相关内容编写。

从以上案例中，首先，我们可以看到，这类跨国公司的国籍原本属于瑞士和荷兰这样的相对小的欧洲国家，但它们的业务很快覆盖了包括法国和德国在内的欧洲大陆，并迅速扩张到了英美市场，也就是说，它们在公司设立的相对早期阶段便具有跨国经营的属性。其中，有的企业国际化运营是被迫推进的，比如，飞利浦在荷兰设立后，很快进入了德国市场。但在第一次世界大战之前，飞利浦被排除在西门子和AEG等德国主要电气公司及美国GE之间的全球协议之外，该协议的目的是交换专利和开拓势力范围，于是，飞利浦被迫寻求在北美、南美、东南亚、澳大利亚和南非的新市场机会。1919年，GE持有了飞利浦20%的股份，同时，西门子在英国和法国的工厂以及AEG在意大利的工厂，都被当作敌对方财产扣押起来，加之全球专利联盟协议失效，这些因素都助推了飞利浦快速的国际化扩张。

其次，这类跨国公司的业务架构能顺应国际政治经济形势变化而动态调整，它们会适时选择凸显自己的国籍归属，实行相对统一化的集团管控；也会适时采取隐形（Cloaking）措施，淡化自己的国籍身份，实行高度分散的管理自治。福布斯等（Forbes et al.，2019）认为，隐形是一种理性的管理策略，不仅可以应对东道国风险，还可以应对母国风险。这些跨国公司追求的理性选择是，即使在战争状态下，它们也能在敌对双方的市场上，各自形成独立开展运营活动的经济实体。雀巢公司是过去半个世纪以来全球食品行业最大的跨国公司，其历史可以追溯到1866年。1866年，美国兄弟查尔斯和乔治·佩奇(Charles and George Page)在苏黎世设立了英瑞炼乳公司;次年,德国药剂师亨利·雀巢(Henri Nestlé)在瑞士洛桑附近的韦威(Vevey)推出了婴儿奶粉,这两家企业在 1905 年合并为雀巢公司。① 自此后到 1922 年,雀巢一直都拥有多个总部——英瑞炼乳的管理层负责运营德语区业务;原雀巢的高管负责运营欧洲大陆非德语区(法语区)业务及法国和瑞士的 4 家工厂;伦敦作为第三总部,负责监管英国和北美业务。所有子公司的管理人员基本由创始人的家庭成员或亲属组成,集团仅对不同业务板块进行最小限度的整合,而非统一管理。在欧洲国际政治局势紧张的 20 世纪 30 年代中后期,与罗氏公司的股东做法相同,雀巢的股东也在巴拿马成立了一家控股公司 Unilac,持有欧洲大陆以外的大部分海外资产。雀巢的股票编码和 Unilac 公司的股票编码完全一致,禁止各自单独出售,两家公司成了"双胞胎",就像罗氏和 Sapac 一样。1939 年 12 月,通过引入一种复杂的信托计划,雀巢的股东们在乌拉圭成立了一家名为 Uprona 的公司,将 Unilac 的大部分优先股转让给了 Uprona,其余股份由两位已迁往美国的高管和美国子公司总裁私人持有。这些措施是为了在两家控股公司之间实现更高程度的正式分离。第二次世界大战后,雀巢又和罗氏一样,选择恢复其瑞士的国籍身份,1964 年,瑞士总部才从 Unilac 手中买回了美国子公司的股份(Kurosawa & Wubs, 2018)。

前文已经有专栏介绍过联合利华的创设情况,作为欧洲最大的跨国公司,联合利华在 40 多个国家经营着 500 多家企业,它用了相当长的时间,才打造出来了一个统一的业务架构,但战乱局势迫使联合利华对业务架构进行重组,由控股公司 Mavibel 负责在大英帝国范围外的海外业务。由于业务规模庞大,联合利华采取更加复杂的组织制度安排来应对多变的国际政治形势。1937 年,为应对不稳定的局势,联合利华在南非设立了两家控股公司,将英国以外的所有海外资产转移到这两家控股公司,又通过信托合同,使伦敦的 Unilever Limited 能够管理这些外国子公司。英国政府容忍了联合利华的这种做法,否则,在德国入侵并占领中立的荷兰时,Mavibel 的资产将作为"敌方资产"在法律上受到没收和接管。这就形成了 Mavibel 和伦敦的 Unilever Limited 的两个控股公司各自控制相关业务的组织管理架构,两个公司的董事会成员分别由荷兰和英国人组成。德国占领时,Mavibel 的母公司的董事会进行了改组,德国董事占了一半,但最重要的职位仍然掌握在荷兰人手中。利用纳粹德国的

---

① 相关信息来自雀巢公司网站,网址为 https://www.nestle.com.cn/about_nestle/history。

政治内斗及其相互矛盾的经济战略，英国伦敦的 Unilever Limited 和荷兰鹿特丹的 Unilever NV 在沟通有限的情况下，仍然做到了分享共同的战略。1945 年荷兰解放后，Mavibel 母公司的德国董事被迫离职，他们的股份也被荷兰政府没收，联合利华恢复了作为英荷合资公司的国籍身份。

　　尽管本节所探讨的政治立场相对中立的欧洲国家跨国公司在战时享有其他一些国家的跨国公司不具备的政治中立身份的独特优势，但战乱仍然会给它们带来各种政治经济风险。荷兰曾是仅次于美国和英国的、拥有最多外国直接投资的国家，在 20 世纪 60 年代，荷兰在全球外国直接投资存量中排名第三。斯勒伊特曼（Sluyterman，2005）对 20 世纪荷兰企业在两次世界大战和经济萧条期间发展情况进行了研究。他指出，荷兰因其悠久的贸易传统和殖民历史而拥有开放的经济体系，一贯积极参与国际化运营。在国际商业中，荷兰企业擅长扮演合作者角色，通过与其他国家企业建立合资企业和合作关系，共同开发市场和技术。1940 年 5 月 10 日，德军进攻了荷兰，打破了荷兰像第一次世界大战期间那样保持中立立场的幻想。荷兰跨国公司在一夜之间突然要面临两个政权，一个在盟国领土上，另一个在德国占领下。不久后，荷属东印度群岛（印尼）的生产体系又完整地落入了日本手中，日本以比德国人更无情的方式接管了这些荷兰公司，如从事造船和电气工程的三井，通过与东芝的合资企业，接管了飞利浦的工厂（Sluyterman，2005）。幸好在 20 世纪 30 年代末，荷兰政府及企业根据第一次世界大战的经验，做了一些战争准备。政府成立了国家局，以控制食品和工业原料的分配。有些企业增发了特殊股票，积极采取了总部迁往海外，设立信托或管理公司，推动管理人员和技术专家移民等措施。应对得当的荷兰跨国公司和国际贸易商，其国际活动在战乱状态下得以继续。尽管德国威胁接管一些不服从其监管的荷兰企业并抓捕了一部分管理人员，但仍然有一些荷兰企业从业务向德国市场的扩张中受益，战争头两年的财务业绩甚至好于 20 世纪 30 年代经济萧条时期。对管控飞利浦和联合利华这样的高度国际化的跨国公司，德国政府的政策更是力所不逮。

　　总体看来，在战乱时期，政治立场相对中立的欧洲国家跨国公司通过采取一系列的战略举措，来应对战争和民族主义经济政策带来的重重挑战，包括组织结构的重组、总部的转移、建立信托计划以及适应各国民族主义经济政策的本地化策略。这些战略举措帮助它们度过战争的混乱时局而幸存了下来，避免了资产被没收的风险，保证了生产运营活动的可持续性，为其在战争时期及战后的扩张奠定了坚实基础。所有这些努力之所以能够取得成功，需要两个重要的前提条件：第一，这些跨国公司都选择将远离欧洲的美国作为战略性的避风港，因为美国既提供了政治安全的庇护，又提供了无与伦比的市场增长机会（Kurosawa & Wubs, 2018; Sluyterman, 2005）。第二，即使是在战争冲突的境况下，各国政府仍然会对跨国公司商业活动的一部分合法行动框架表示支持与认同，而不是采取决绝否定的强硬立场。不论是德国还是英国，在一定程度上接纳了这些跨国公司从法律与业务上所做的业务分离和总部迁移等适应性努力，对之予以了必要的包容。

通过利用母国相对中立的政治角色，有时，欧洲国家跨国公司能够获得进入某些政治相对敏感的国外市场的得天独厚的有利条件，并规避经营风险。在一些政治危机或紧张局势下，中立国有可能介入并帮助解决本国跨国公司与东道国之间出现的问题，确保本国跨国公司的商业活动稳定和可持续性运营。在这方面，瑞士政府发挥了非常积极的作用。多泽（Donzé, 2020）指出，雀巢与瑞士政府之间一直保持了紧密联系，像佩蒂皮埃尔（Max Petitpierre）在就任雀巢董事长之前，曾担任联邦政府负责外交事务的官员。瑞士的中立国家的政治身份，使之能够与不同意识形态的国家建立和保持外交关系。瑞士政府在国际事务中代表本国企业的利益，通过双边、多边条约和外交网络资源来保护它们的海外投资和商业利益。第二次世界大战期间，瑞士大使馆曾帮助雀巢保持了在东南亚的业务和资产的完整性，当时，雀巢在中国香港、泰国和新加坡的子公司隶属于美国控股公司 Unilac，因此，被视为敌方财产并被日军没收，事后，雀巢主张 Unilac 的股东是瑞士人，因此，公司权益具有瑞士的中立性。第二次世界大战后，雀巢还曾经在瑞士联邦政府的帮助下，通过货币兑换协议，克服了日本的《外汇和对外贸易管理法》对跨国公司外汇和资本输出的限制，将在日本市场上形成的利润成功转移回了瑞士。此外，瑞士政府还通过技术援助和合作项目的形式，帮助雀巢在印度等国建立生产基地，并帮助雀巢在海外市场维护其品牌权益和知识产权。

三、其他西方世界的跨国公司

下文将讨论西方世界中，除英国、美国、德国和荷兰、瑞士、瑞典等国家之外的其他西方国家的跨国公司，其实力相对弱小。在这其中，又有实力相对强一些的大国，如加拿大和意大利；也有实力弱一些的大国，如澳大利亚；还有比利时、芬兰、挪威等小国。总体看来，这些国家的工业化发展水平不低，但是，其或者是工业化进程相对较晚，或者是国土面积小和人口少，各种相对不利的因素决定了这些国家的跨国公司没有那么领先的技术经济实力，需要各自寻求独特性的竞争优势。

1. 加拿大的跨国公司

由于地理区位相近，19世纪中后期，美国制造业企业最早实施国际扩张时，通常会以加拿大为首选地。这造成了加拿大的工业化进程相对较晚，且在很大程度上处于美国的控制之下。这一局面，既给加拿大本地企业发展带来了不可避免的弊端，也带来了一定的益处。在研究加拿大及其企业的国际竞争力时，鲁格曼和德克鲁兹（Rugman & D'Cruz，1993）在波特的钻石模型（Porter's Diamond Model，也称"国家竞争优势模型"）的基础上给出了改良的"双钻石模型"（Double Diamond Model），或称为"北美钻石模型"（North American Diamond）。他们认为，对美国、日本和欧洲等大国企业而言，其竞争优势主要来源于母国的各种要素，但对加拿大这样的实力相对不太强的开放经济体而言，其企业的竞争优势应该同时依赖于加拿大和美国的各种要素。

与美国之间的紧密社会经济联系，使加拿大一方面受益于美国的资本、技术和管理技能，从而能够比在没有外国投资的情况下更快地实现经济增长和技术进步；另一方面，加拿大也需要对美国对加拿大经济关键部门的过度控制保持警惕与担忧。加拿大前财政部长戈布顿（Gobdon，1966）明确指出，加强国际合作和相互依赖是必要的，但要避免单方面依赖的情况，以保护国家的完整性和独立性。与美国的完全经济联盟对加拿大来说将是一场灾难，因为这意味着减少了加拿大作为一个真正意义上的独立政治实体继续长期存在的可能性。为兴利除弊，加拿大需要通过政策法规手段，来确保掌控关键经济部门，并确保本地企业有机会以平等且有进步意义的方式参与对外开放的经济增长。

从后面半个多世纪的情况来看，加拿大采取的发展策略是，充分发挥美国作为世界领先的技术生产国的近邻优势，将加拿大发展成为世界领先的技术进口国和应用国。特殊的国情，导致加拿大跨国公司在领先技术创新方面的表现不突出，但它们非常擅长扮演技术模仿者或技术捕食者的角色。例如，飞利浦的第一台彩色电视机就不是在母国所在地欧洲国家生产和销售的，而是在加拿大生产和销售的，因为那里的市场紧随美国推出了彩色传输技术（Bartlett & Ghoshal，1998）。尼奥西（Niosi，1985）对加拿大跨国公司的研究表明，相对弱小的西方国家跨国公司能将从工业化强国引进的大规模技术调整为适合本国小规模生产的技术，它们不仅利用这些技术为不那么繁荣的或发展中国家的市场，提供更符合其市场需求的产品，也会对美国和欧洲等工业化程度更高的国家进行投资。Niosi 对韦尔斯有关国际啄食顺序的理论观点表示出一定程度的质疑和批判性，从数据来看，加拿大的海外投资中，超过80%投资于发达国家，只有不到20%投资于不发达国家（Wells，1985）。

　　加拿大跨国公司分为两种类型：一是大跨国公司，它们往往是一个行业的唯一领导者，是在相对较小但高度集中的国内市场中拥有近乎绝对垄断地位和绝对规模优势的领导者；二是相对小一点但市场地位稳定的寡头垄断企业。在"只有国内市场的领导者才有可能成为跨国公司"（Niosi，1985）这一规律上，像加拿大这样的第三阵营的西方国家跨国公司，同荷兰、瑞典、瑞士等第二阵营的西方跨国公司具有一致性。但两者的重要区别在于，第三阵营的跨国公司的技术实力明显弱于第二阵营的跨国公司，第二阵营的跨国公司一般拥有自主可控的产品技术优势，而第三阵营的跨国公司不是先进国家的技术绝对领先的创新企业，它们以独特的方式发展自身拥有相对的市场优势的产品技术。以梅西-哈里斯（Massey-Harris）公司为例，这家加拿大跨国公司从事农业机械的生产，通过收购美国和英国的生产商，它获得并快速吸收和掌握了拖拉机生产的关键技术，扩大了产品线，提升了生产效率，进而开始在全球市场上与其他拖拉机生产商竞争。再以加拿大铝业公司（Alcan）和加拿大国际镍业公司（Inco）为例，两家公司在历史上都曾经是美国跨国公司在加拿大运营的子公司，其中，Alcan 的历史可以追溯到 1902 年美国铝公司设立的分支机构，这也是加拿大最早的跨国公司之一；Inco 是全球最大的镍生产商之一，前身曾是一家美加合资企业，后来又并购了一家在加拿大运营的英国跨国公司①。这两家企业同属技术变革较慢的资源性行业，但它们凭借加拿大在全球采矿和金属行业中的重要地位，控制了关键矿产资源，又积极采取了与东道国或与其他跨国公司建立合资企业的方式，实现了国际扩张，提高了自身在全球经济中的竞争力。后来，Alcan 在 2007 年以 380 亿美元出售给了英国—澳大利亚跨国公司力拓（Rio Tinto），Inco 在 2006 年以 194 亿加元出售给了巴西矿业巨头淡水河谷公司（Vale）。

---

　　① Niko Block. Inco Limited［EB/OL］.［2015-08-10］. https：//www. thecanadianencyclopedia. ca/en/article/inco-limited.

以上案例表明，加拿大跨国公司通常不会自己从头开始做技术研发，但它们很擅长利用技术市场的信息不对称性，通过不同的合资合作方式，从美国或欧洲企业那里获取新技术，并在新技术被广泛传播之前迅速掌握它们，再对这些技术进行综合利用与适应性改进，提高自身产品与企业的国际竞争力，实现在全球范围内的投资扩张。加拿大跨国公司之所以能够成功地采取上述策略，是因为加拿大在地理上、文化上和商业上都与美国和英国非常接近，这种得天独厚的一致性，使加拿大的跨国公司能够在本国技术市场非常不完善的情况下，出人意料地发展成为世界上最快的前沿先进技术"追随者"——加拿大的跨国公司将美国发电设备卖到巴西和委内瑞拉，将德国的塑料技术卖到美国，将英国的拖拉机和美国的合成橡胶卖到欧洲大陆；在阿根廷生产苏格兰威士忌，在美国生产法国和日本的地铁车厢（Niosi，1985）。

在工业相对欠发达的亚非拉国家，加拿大的跨国公司有时会比欧美日强国的跨国公司，更灵活地适应这些东道国的不同环境条件，通过更富有谈判空间的合资合作方式，参与并掌控这些国家的一些相对低技术的传统工业，从而获得比较稳固的竞争地位（Niosi，1985）。为了适应激烈的市场竞争，有的加拿大跨国公司还会奉行多样化战略，当其在传统产业领域失去竞争优势时，它们会向与传统业务完全无关的新兴领域扩张——这是第三阵营的跨国公司与第二阵营的跨国公司的又一个共同点，究其原因，本国市场容量小迫使它们提高了应对激烈竞争环境的战略灵活性与多变性。

2. 其他发达小国的中小跨国公司

钱德勒（Chandler，1990）指出，历史告诉我们，"要在全球竞争，你必须做大"。卡洛夫（Calof，1994）针对加拿大联邦政府商业机会采购系统的上万家加拿大企业数据的实证研究表明，规模越大的企业，其国际化姿态就越显著；小企业对国外市场不像大企业那样"感兴趣"。钱德勒和卡洛夫的研究结论获得了许多实证数据的支持。数据显示，2000 年，美国的 550 万家企业中，只有 4%从事出口业务，而在这些出口企业中，前 10%的大企业占了美国出口总额的 96%（Bernard et al.，2007）。弗罗因德和皮埃洛拉（Freund & Pierola，2012）有关"出口超级明星企业"（Export Superstars）的研究表明，一个国家的企业国际化业务是由大企业来定义的。据其对 32 个国家的调研，最大的企业可以占到一个国家对外贸易份额的 15%，前 1%的出口企业平均占出口总额的比重过半，前 5%的公司占近 80%，前 10%的公司占近 90%。两位研究者在后来的调研中，将各国出口排名在前五的大企业视作为一个独特的国际化群体，这几家企业平均占其所在国家出口总额的将近1/3，并贡献了将近一半的出口增长。

尽管如此，从20世纪90年代开始，还是有一些学者开始关注到另辟蹊径成功实施国际化的中小企业群体。阿哈罗尼（Aharoni，1994）指出，研究人员将注意力放在大国的大跨国公司身上，却忽视了小国的小企业在国际市场上的蓬勃发展。基于对以色列跨国公司的研究，他发现，中小企业有很多方法在特定产品领域或利基市场上形成全球性的竞争优势。比如，一家企业专注于在水资源稀缺和昂贵的地方使用专门的水种植设备，就能够在这个领域成为全球市场的绝对领导者。一方面，中小企业应避免与企业巨头们直接竞争，在分散化的、缺乏规模经济和产品多样性高的产业领域，通过产品组件标准化，或产品类型、细分市场、客户类型或地理区域的专业化，以及在制造、分销或服务的某个环节实现规模经济，从而获得主导地位和实现更高的产品附加值。有不少中小企业通过选择成为大型跨国公司全球生产网络体系中的一部分，从而推进国际化。也有不少中小企业选择在一个品牌名称下联合起来，比如，新西兰猕猴桃种植企业或丹麦家具制造企业。进入21世纪，依托互联网技术而迅速发展壮大的平台企业，进一步为中小企业提供了新的国际化机遇。比如，爱彼迎或希音、TikTok等。在需求波动不定的国际竞争环境中，中小企业有可能比大企业更灵活、更有竞争优势。

麦肯锡公司的雷尼（Michael W. Rennie）从小在西澳大利亚州长大[①]，他在研究那些拥有大量国际业务的澳大利亚新创企业时，最早将这些企业称为"天生全球化的企业"。这些企业往往在成立之初或即将成立之时便开展了国际业务——平均在成立后仅两年内就开始发展国外业务，国外业务占比超过总销售额的3/4。统计数据显示，这些企业的平均年龄是14岁，占据了澳大利亚高附加值制造业出口的近1/5（Rennie，1993）。澳大利亚是与加拿大在产业结构上最为相似的一个国家，但澳大利亚的市场规模小，且与讲英语的英国、美国两个大国的距离相距遥远，这使得澳大利亚无法像加拿大那样走上全面利用先进技术来发展本国企业的发展道路（Niosi，1985）。但幸运的是，澳大利亚中小企业仍充分发挥了自身与发达大国在语言与社会文化上相近的优势，

---

① "Introducing Michael Rennie to the LiveHire Board"，网址为 https：//www.livehire.com/us/blog/introducing-michael-rennie-livehire-board/。

在细分产业领域形成了特定的技术优势。比如，科利耳（Cochlear）是人工耳蜗植入设备制造商，通过与世界各地的医院和研究单位的紧密联系保持国际技术领先地位，国外业务占了公司4000万美元销售额的95%（Rennie，1993）。

相当一部分天生全球化的企业来自发达小国。卡夫斯吉尔和奈特（Cavusgil & Knight，2015）指出，在澳大利亚和丹麦等国内市场较小的国家，容易出现企业在发展早期便开始并加速国际化的情况。卡农内和乌盖托（Cannone & Ughetto，2014）也认为，小国市场容易饱和，过于激烈的国内市场竞争是推动其企业在发展早期就走向国际化的重要力量。除少数案例外，小国的新创企业中天生全球化企业所占的比例高于大国，而且，这些天生全球化的企业在发达小国中正变得越来越重要。针对挪威中小企业国际化情况的一项调查研究表明，20世纪70年代成立的企业平均要27年才能开始出口，80年代成立的企业只花了2年时间，90年代成立的企业往往在第1年就开始出口。在奥地利等国，初创企业中约有1/5是天生全球化的公司；而在罗马尼亚、比利时和丹麦，这一比例高达40%~50%（Eurofound，2012）。

尽管发达小国的跨国公司，从全球竞争标准来看，其先天规模体量一般相对偏小，但这些企业所在的发达小国也有自身的发展优势：其一，拥有高素质的人力资源；其二，其基础设施建设水平相对较好，信息通信和交通运输的综合成本低；其三，与发达大国之间的社会制度与文化心理距离相对较小，新产品技术的扩散和市场机会的融通更为便捷，有利于企业跨国开展业务活动。科维埃洛和麦考利（Coviello & McAuley，1999）对研究丹麦、芬兰、爱尔兰、意大利等国小企业国际化的文献进行了综述，它们指出，规模因素不一定构成影响小企业国际化的阻碍，因为小企业的国际化不同于大企业的国际化。大企业的国际化一般是谨慎的和渐进的，通常是依托国内业务的现有市场基础再逐步向国外市场稳步拓展而求发展的。相比较之下，小企业不遵循这种模式，它们可以在没有任何国内业务基础的情况下，直接瞄准国外市场，找到适合自己的独特方法，克服规模"小"的局限性。专栏7-5使用"跳伞全球化"（Parachuting Internationalization）这个词，描述了企业如何勇敢地在陌生的国外市场成功拓展国际业务（Fang et al.，2017）。这些企业通过鸟瞰全球来发现目标市场，做到定位精准；然后，客户在哪里，它们便往哪里，在目标市场上，它们学习迅速、行动迅速，高效发展关系网络和运营能力，从而实现了看似不可能实现的目标。

为全球而生的"跳伞者"

2016 年 10 月底，华为创始人任正非在一次集会上使用"跳伞"这个比喻，以承诺华为将派遣 2000 多名华为研发人才到市场前沿，来履行其对全球各个市场的承诺。当时，华为作为全球领先的信息和通信技术（ICT）解决方案提供商，活跃在 170 多个国家和地区，拥有超过 17 万名员工。任正非将全球市场比作一个战场，华为员工必须运用速度和效率来响应消费者的需求，鼓励他们"穿上降落伞"，在全球各地的市场上成功"跳伞"。

资料来源：笔者根据 Fang 等（2017）的相关内容编写。

有相当一部分成功国际化的发达小国的小企业是从事专业技术活动的，它们生产或拥有专有性的技术知识（Knight，2015）。比如，在高度专业化的知识密集型行业或传统行业的特定利基市场，小企业可以将整个世界看作一个单一市场，利用专有知识和快速的技术创新，构筑自己的全球竞争优势（Gomes-Casseres，1997）。一些新兴技术领域的中小企业，可以通过加入并发展壮大"盟友群"（Constellation of Allies），通过跨境知识网络或国际社会资本获取和调动资源，从而参与对未来技术路线主导权的竞争以及获得必要的规模经济和范围经济。这种做法，就像航空公司在单打独斗难以获胜的情况下，可以通过发展全球联盟伙伴关系和共享代码，来受益于规模经济和便捷地参与全球业务（Hordes et al.，1995）。

2006 年，库迪纳等（Kudina et al.，2008）对大剑桥地区集群的十几家 ICT 领域的高科技公司进行了研究，他们发现，尽管英国是当时的世界第四大经济体，但在高科技领域的整体经济表现不佳，无法为这些公司提供足够的国内市场需求，因此，这些企业很早就开始了国际业务（平均年龄为 2.5 岁），在国际收入中所占比例非常高（平均为 69%），增长迅速（过去五年平均每年超过 60%）。在被调研时，这些企业成立都不到 20 年，收入从 2000 万英镑到 2.7 亿英镑不等。在库迪纳等看来，如果这些公司没有走向海外，它们将无法生存——对它们来说，国际化不是一个选择题，而是必须的。与库迪纳等的视角相类似，奥维亚特和麦克道格尔（Oviatt & McDougall，1994）关注到了一个有关英国软件公司 IXI 的案例。IXI 公司的创始人安德森（Ray Anderson）先是为一家英国电脑公司工作，在美国波士顿和加拿大开展公司业务时，他意识到了北美市场的需求。这家电脑公司倒闭了，安德森认为，公司经营失败的根源在于试图先在英国销售，然后再在美国销售，当意识到这一战略失误时为时已晚。安德森创立 IXI 时，公司战略是先瞄准美国，再是日本，当在这两个国家的海外市场站稳脚跟后，再回到英国，然后转向欧洲大陆。IXI 的启动资金来自于英国和德国的投资者、一家奥地利银行和一家日本公司（Oviatt et al.，1995）。在公司产品推出四年后，IXI 的收入中大约有 60% 来自美国，20% 来自英国，10% 来自日本，10% 来自其他国家。安德森本人毕业于剑桥大学，他之前服务的火炬计算机（Torch Computers）就位于剑桥地区——显而易见，IXI 是大剑桥地区高科技公司群体中的一个典型样本。

贝尔等（Bell et al.，2001）关注到了另一类有趣的现象，他们用"再生的全球化企业"（Born-Again Global Firms）的概念，来描述那些在国内市场已经稳固或者是已经陷入经营困境、原本没有强烈的国际化动机，但在某一个关键时刻、迅速决定拥抱并顺利推进了国际化的中小企业。在贝尔等研究的企业中，在第一次参与国际业务的 2~5 年，有近 2/3 的企业的国际业务占总销售额的比例超过 50%，近 1/3 的企业国际业务销售额占比在 20%~49%。如专栏 7-6 所示，这些企业之所以在短时期里发生剧变，是因为经历了重大的经营变革，有的企业被管理层收购；有的被竞争对手或国外客户收购，或者是实施了破产重组；还有的企业并购了开展国际业务的企业，或者是收购了跨国公司的子公司，再或者是跟随新老客户而被带着实施国际化了。随着企业所有权、管理层或业务关系发生重大变化，这些企业引入了新的信息、资金、技术、人才或渠道，在短时期内产生了强烈的国际化决策与行动的意愿。贝尔等的这项研究对象为英格兰、北爱尔兰和苏格兰等英国的不同区域以及澳大利亚和新西兰的小企业。事实上，无论是发达小国的小企业，还是发达大国的小企业，在推进企业国际化的过程中，管理者的态度和行为承诺的变化通常决定了公司国际化决策的取向（Coviello & McAuley，1999）。起先，企业可能对国际市场少有或没有兴趣，直到突破了心理上的封闭认知，尝试开展主动性的行动来寻求扩张，进入更具挑战性和不确定性的国际市场。只要企业管理者的行为受到了企业国际化行动所产生的积极结果的激励，他们将会持续强化国际化的信念与信心，越来越致力于国际业务的增长。

专栏 7-6

随机应变的小企业国际化

以下将给出五家小企业国际化的案例：前两家企业跟随客户需求变化、顺势而为地拓展了国外市场；第三家企业被收购后，跟随股东的步伐推进了国际化；后两家企业在经营困境中，转向开拓国外市场而获得了重生。

一家北爱尔兰面包店原本只做爱尔兰本地市场的业务。赛百味（Subway）在爱尔兰建立了特许经营业务并开始了快速而专注的国际扩张，在这个过程中，赛百味需要稳定的冷冻半烘焙面包供应商。这家面包店作为赛百味的供应商，跟着赛百味，向埃及以及葡萄牙、英国和其他一些欧洲国家的赛百味特许经营商供货。这些业务帮助这家面包店发展了在瑞典和荷兰直接向大型零售连锁店供应产品的海外业务，直到海外业务占比过半。

一家澳大利亚小企业，本来只是从事向澳大利亚本地来自希腊、南斯拉夫和其他南欧国家的移民发售进口的外国电影，并给这些电影加上英文字幕的业务。后来，经一位当地客户推荐，为一个海外制片公司在国际市场上发行的外国电影提供英文配音服务，就此与该海外制片公司建立了战略联盟，进而发展起来国际化业务。

新西兰的一家专业工程公司，在成立后的将近 20 年间，主要专注于国内市场，在澳大利亚有零星的合同。1988 年，该公司被一家美国公司收购，并迅速扩张到美国母公司已有业务的多个出口市场，包括阿根廷、智利和爱尔兰。通过母公司，这家公司还在美国获得了大量业务。通过发展国际化业务，公司的销售额提升到了过去的 5 倍以上。

一家苏格兰家族企业成立于 1892 年，主要从事国内市场的鱼类加工。1983 年，由于国内市场需求的低迷，公司进入了衰退期，濒临破产。为实现自救，这家企业在稳固国内市场的同时，开始拓展国外业务，直到将 60% 以上的产品销往了法国、德国和荷兰。

一家小型苏格兰手工地毯制造商在成立 30 多年后，于 1995 年进入破产管理程序。新的股东购进了这家公司并采取了更积极的国际战略。公司的增长战略是专注于在海外市场开发利润丰厚的利基市场，目前，对奥地利、挪威和瑞士的出口占公司收入的 40% 以上。

资料来源：笔者根据 Bell 等（2001）的相关内容编写。

在发达小国的跨国公司中，芬兰的诺基亚（Nokia）的兴衰故事非常引人注目。诺基亚原本是一家纸业公司，由采矿工程师弗雷德里克·艾德斯坦（Frederick Idestam）于1865年创立。纸业曾经是芬兰的支柱产业，因为森林是芬兰最重要的自然资源，被称为"绿色黄金"。芬兰有2/3的土地是林地，1920年，芬兰94%的出口产品是木材制品（Sanders et al.，2016）。在发展过程中，诺基亚通过并购，形成了多元化的业务格局。1979年，诺基亚与彩电制造商Salora合资创建了一家名为Mobira Oy的无线电话公司，进入电信行业。几年后，诺基亚推出了世界上第一个连接瑞典、丹麦、挪威和芬兰的国际蜂窝电话系统。芬兰作为一个小国，能为本国企业提供的市场机会、生产要素资源、资本和技术知识等方面的支持非常有限。同时，芬兰的国籍身份，又限制了诺基亚在传统电信产品技术领域与欧洲强国两家百年老店——德国西门子和法国阿尔卡特开展正面竞争的成功可能性。用诺基亚手机系统负责人萨里·巴尔德奥夫（Sari Baldauf）的话来说："我们不可能与西门子和阿尔卡特在它们的母国市场竞争，我们没有机会能够把产品卖给它们的国有电信管理机构——因为这其中70%是政治因素"（Rugman & Collinson，2005）。20世纪90年代，诺基亚抓住了通信行业技术更迭的历史性机遇，搭上了全球电信行业放松管制的浪潮及全球化快车，创造了起死回生的传奇故事（见专栏7-7）。

 专栏 7-7

诺基亚的全球化历程

芬兰在20世纪90年代初经历了经济衰退，诺基亚公司在财务上陷入困境，放弃了与电信没有直接关系的业务部门。在20世纪的最后8年时间里，诺基亚从一家苦苦挣扎的多元化企业跃变为全球移动电话行业的领导者——成为当时欧洲市值最高的公司，拥有美国之外的最高价值的品牌，业务遍及140个国家，收入接近200亿美元，在全球雇佣了超过5万名员工。诺基亚的快速全球扩张，得益于多个关键因素的综合作用。

首先，诺基亚遇到了一个完美的发展机遇期。20世纪90年代初，诺基亚仍然身陷经营困境。1992年，在芬兰银行的压力下，诺基亚想将其手机业务出售给竞争对手爱立信（Ericsson），但这一提议被拒绝了，逼着诺基亚不得不开始谋求在欧洲之外的北美、亚洲和非洲市场的扩张机会。当时，恰逢全球电信行业放松管制和私有化的浪潮，从英国开始，随后扩展到了欧洲，以及中国和印度等新兴市场，全球消费者对新兴技术(网络设备)和产品(移动手机)的需求激增。诺基亚因为专注于投资 GSM 技术平台，其市场份额从 12% 增长到 36%，保持了移动电话行业最高的利润率。1994 年推出的诺基亚 2100 系列手机，预计销量 40 万台，实际销量达到了 2000 万台。

其次，融资的国际化。1991 年，芬兰投资者持有诺基亚 90% 的股份。但由于诺基亚的母国芬兰市场规模过小，无法为有野心发展壮大的诺基亚提供必要的资本支持。公司选择在纽约证券交易所上市，1993 年上市后，芬兰投资者的所有权占比迅速下降，从上市之初的 40% 进一步下降到 13%。到 2000 年，美国投资者持有了公司 55% 的股份。

最后，研发与运营的国际化。为维持新技术和新产品开发的步伐，诺基亚建立了全球研发结构，支持其分布式创新系统。诺基亚大约 1/3 的员工在 10 多个国家的 50 个实验室和工程中心从事研究、设计和研发活动。其中，只有不到 1/10 的技术人员在芬兰总部的研发机构工作。为进入特定国家市场，诺基亚还与各个国家的持牌网络运营商结成了联盟。比如，签订了向和记电讯印度公司 13 个许可地区中的 9 个提供 GSM 设备的协议。

资料来源：笔者根据 Rugman 和 Collinson(2005)的相关内容编写。

诺基亚作为领头羊企业，有效带动了芬兰的信息和通信技术(ICT)产业的发展壮大，培育了一批中小企业。在欧洲，另一个 ICT 产业非常发达的小国是爱尔兰。根据爱尔兰科技部的数据，其数字经济规模达到了 500 亿美元，占 GDP 的 13%[①]，上千家数字跨国公司在爱尔兰运营，将爱尔兰作为其欧洲业务的中心，包括苹果、微软、甲骨文、思科、谷歌、IBM、英特尔和 Meta 等美国巨头。爱尔兰形成了一个由知名跨国公司和本土企业组成的数字企业社群，在众多本土企业中，有一部分因为融入了跨国公司全球运营体系而快速推进了国际化。需要注意的是，像爱尔兰这样的发达小国，由于过度依赖少数的跨国公司对主导产业的贡献，在面对特定行业的负面冲击时，很有可能出现整体的结构性脆弱问题。科内弗里等(Conefrey et al.，2023)指出，自 2022 年中期开始的全球 ICT 行业的调整，可能对爱尔兰企业产生不利影响。

① Information and Communication Technology（ICT）[EB/OL].[2024-01-25]. https://www.trade.gov/country-commercial-guides/information-and-communication-technology-ict.

努梅拉等(Nummela et al.，2016)研究了芬兰和爱尔兰的四家软件企业的失败案例，其研究表明，这些发达经济体中相对弱小国家的企业尽管迅速实现了国际化，但也有可能因为无力应对国际政治经济波动的负面冲击，而被迫走向业务收缩，甚至是被重组或关闭。常见的情况是企业负责人过于自信和过度乐观，高估了自身经验与能力，对未来发展抱持有不切实际的期望，最终未能把握好企业国际化的规模、范围、速度与推动、维持国际化努力所需的资源和知识之间的复杂平衡。萨曼特等(Samant et al.，2023)提醒那些快速国际化的企业，不要为了获取、吸收新技术知识或追逐新市场而追求过快扩张，要充分考虑国际化进程中累进的技术吸收与创新的难度以及不断增加的组织复杂性。

|第八章|
亚洲及全球南方的跨国公司

全球化像一条"高速公路"，不仅助推了西方跨国公司的发展壮大，也帮助了一批亚洲及全球南方的跨国公司成功"上路"，它们逐渐对西方发达国家跨国公司的传统权力和地位构成了挑战（Wijen & Slangen，2012）。20 世纪，日本跨国公司成为东方世界中最成功地融入全球化浪潮的一个群体。20 世纪60 年代，大约有 30 家日本公司出现在《财富》全球 500 强榜单上，无其他东亚国家企业上榜。韦尔斯是最早关注到除日本以外的亚洲及全球南方跨国公司的学者，他在 20 世纪 60 年代末到访过拉丁美洲，又在 70 年代观察到了印尼的亚洲国家的跨国公司（Wells，2016），在那个时代的研究者眼中，来自世界不同国家和地区的跨国公司的经营行为和管理动机没有明显的差别。30 年后的世纪交替之际，来自东亚国家的《财富》全球 500 强上榜企业数量过百①。即使是西方世界的跨国公司在西方世界的投资与贸易布局份额也纷纷有所减少，而大幅增加了在亚洲及全球南方的相应份额（Vahlne & Ivarsson，2014）。更为重要的是，全球跨国公司的投资活动流，不再以从地球的北方和西方世界向南方和东方世界流动为主要特征，南方和东方世界内部的跨国公司活动日趋活跃，从地球的南方和东方世界向北方和西方世界的跨国投资活动流，也日益成为不容忽视的力量。上述的全球跨国公司及其经济资源在地理空间分布结构上的显著变化，推动了 BRIC 和 VISTA② 等国家跨国公司的更快崛起，这些企业日益呈现了与西方世界跨国公司不太一样的品质，推动着全球政治经

---

① 根据 Ramamurti（2009a）的数据，2007 年日本、韩国和新加坡有 92 家企业上榜。但经官网检索（https：//www.fortunechina.com/fortune500/c/2007-10/15/content_9517.htm），当年，日本、韩国和新加坡分别有 62 家、12 家和 1 家企业上榜，中国有近 30 家企业上榜。

② BRIC 代表巴西（Brazil）、俄罗斯（Russia）、印度（India）和中国（China），VISTA 指的是越南（Vietnam）、印尼（Indonesia）、南非（South Africa）、土耳其（Turkey）、阿根廷（Argentina）。这些国家被认为是在发达国家实现工业化后全球有着最大市场潜力和经济增长动力的国家。

济格局的重要转变。本章将讨论来自东方的日本和韩国跨国公司，以及来自亚洲及全球南方的印度、拉丁美洲的新兴经济体跨国公司的发展特点。

一、日本的跨国公司

日本是东方世界最发达的国家，在其工业化初期就做出了"脱亚入欧"的战略选择，故经常与西方世界发达国家并列于同一阵营中。但与欧美国家相比，日本在地理上、政治上和文化上的孤立，以及工业革命的姗姗来迟，使日本企业的国际化扩张比欧美同行要来得晚一些（Bartlett & Yoshihara，1988）。在第二次世界大战之前，日本企业开展了一些国际贸易活动，并在少数殖民地建立了工厂。第二次世界大战后，日本的海外投资始于 1951 年，投资了印度果阿的一个铁矿石开发项目，以解决国内资源贫乏的问题。但到 20 世纪 60 年代中期，日本海外投资才开始加速发展。在发展早期阶段，日本企业大多属于小规模和低技术的企业，它们的行为与欧美跨国公司的典型行为不同，主要靠低技术与低成本的竞争优势取胜。之前，建立在英美国家跨国公司实践基础上的传统对外直接投资理论认为，技术领先的跨国公司与东道国企业之间技术差距越大，推进国际化的动机就越强烈；否则，这类投资活动存在的必要性不大。日本企业的实际发展情况，与上述理论的描述不相符。早期的日本跨国公司并不像西方学者描述的欧美跨国公司那样追求技术领先，它们不具备欧美跨国公司所具有的明显的垄断优势，但它们以独特的方式，找到了国际市场上的发展机会。

基于日本企业的实践，日本的学者提出了不同的理论假说。赤松要（Akamatsu，1961）研究了战前日本的对外直接投资活动，于 20 世纪 30 年代提出了"雁行模式"（Wild-Geese-Flying Pattern）。在雁行模式中，各国处于不同的发展阶段和发展水平，各自专注于不同的产业和产品；随着时间推移，后发展国家有望从技术扩散过程中获益，逐步实现从低阶工业向高阶工业的爬升式发展。具体到日本企业，一方面，它们将欧美先进工业技术转移到后发展的国家，带动这些国家的经济增长与社会进步；另一方面，在促进先进技术的全球扩散时，利用相对有限的技术优势来不断构筑和增强自身的独特竞争优势。小岛清（Kiyoshi，1977）拓展了赤松要的观点，他指出，日本式技术转移，不同于美国式技术转移，美国跨国公司通常凭借在高技术产业领域巨大的技术差距来塑造自己的竞争优势，为追求垄断利润，而限制技术的传播与扩散；日本跨国公司给东道国带去的是与标准化生产相关的一般性经验和技能，不是最新的，是相对成熟和稳定的技术。日本跨国公司通常从与东道国技术差距相对较小的产业技术领域起步发展，在这些领域里，技术转移和提升反而更有可能发生，对外直接投资活动也更活跃和更繁荣。小岛清认为，日本企业的技术转移活动，既帮助东道国发展其产业经济，又倒逼了自身的产业转型升级。

小泽辉智（Ozawa，1979）指出，日本很可能是工业化国家中，最致力于传播工业技术知识以促进发展中国家经济增长的一个国家。他深入分析了日本跨国公司对外扩张的时代背景。20世纪六七十年代，日本将自己打造成世界工厂的工业战略非常成功，但这带来了两个问题：一方面，这个小岛屿国家很快耗尽了可用的工业空间，污染和生态破坏的代价变得越来越无法忍受；另一方面，日本工业持续追求高规模经济，不得不冒着在国外市场造成经济和政治紧张局势的风险，推动更多产品出口。于是，工业发展越成功，日本面对的国内外问题越棘手，这构成了日本需要通过外国直接投资向外扩张的重要宏观经济背景（Ozawa，1979）。在政策层面上，日本政府将海外投资活动视为优化国内产业经济结构的重要催化剂，支持那些日本已经拥有较强制造优势的工业领域的企业加快国际化，推动高污染、高资源消耗和劳动密集型产业向发展中国家转移，实现本国产业转向绿色清洁和知识密集型的新兴工业（Ozawa，1979）。小泽辉智还发现，在政策保护下，日本形成了一种从事资本密集型业务的大企业和主要从事劳动密集型业务的中小企业并存的双重产业组织结构（Ozawa，1979）。日本海外投资总额的近一半是由中小企业（雇员总数为300人或更少，或实收资本为1亿日元或更少）完成的，这些中小企业集中在劳动密集型和中低技术的产业领域（Ozawa，1979）。数据显示，日本制造业企业总数的近70%位于亚洲国家，但亚洲约占日本制造业投资总额的40%，这表明，日本在亚洲的制造业投资总体上比在其他地区的投资规模小得多（Ozawa，1979）。这印证了小岛清所说的日本式技术转移具有在发展中国家低阶工业领域发展的竞争优势的观点。

日本大企业的国际化也颇有发展特色。在早期阶段，日本企业以发展出口业务为主，在这个过程中，形成了一类独具特色的跨国公司群体——日本综合商社（Sogo Shosha）（见专栏8-1）。1973年，排名前十位的日本综合商社在日本对外贸易中，分别占了出口的51%和进口的63%，它们是第一批进行海外投资以建立全球营销网络的日本企业（Ozawa，1979）。研究表明，日本综合商社的经营策略、组织结构、运营管理方式和在全球政治经济中扮演的功能角色，与许多西方跨国公司相比显著不同（Dicken & Miyamachi，1998）。其一，日本综合商社的业务范围非常广泛，经营多元化程度大大超出西方跨国公司。其二，日本综合商社都嵌套在日本财团的持股网络关系中。其三，日本综合商社在全球拥有广泛的办事处和分支机构网络，承担了国际商务活动中信息中介和协调者的重要功能，它们还起到了协助日本中小企业在海外发展的重要作用。其四，日本综合商社对全球经济和政治变化的适应性强，风险管控能力强。其五，日本综合商社在本地化运营方面普遍有局限性，高级管理职位上的非日本员工比例低。

从面条到卫星：日本综合商社的全球扩张

19世纪末，明治维新后不久，日本综合商社已经在欧洲开展业务了。1878年，三井物产株式会社（Mitsui & Co，LTD.）在巴黎开设了第一家西方办事处，两次世界大战期间，日本综合商社在欧洲的业务有所中断。从20世纪60年代起，日本综合商社开始重返国际市场，这早于20世纪60年代末和70年代初第一批日本制造企业进军海外市场。到20世纪末，日本综合商社已经从一个小型的专业化贸易公司，发展壮大成为在全球范围内拥有广泛经营活动的商业巨头，其业务覆盖了从面条这样简单和基础的产品到卫星这样的复杂和先进的技术产品的整个谱系。作为日本第一批发展真正广泛的国际网络的跨国公司，日本综合商社的全球扩张经历了四个时期。

第一个时期：20世纪60年代，日本综合商社的国际网络处于相对早期的发展阶段。1962年，九大企业——三井物产、三菱（Mitsubishi）、伊藤忠（Itochu）、住友（Sumitomo）、丸红（Marubeni）、金松（Kanematsu）、日商岩井（Nissho Iwai）、东绵（Tomen）和日本化纤（Nichimen），总共运营468个办事处，其中许多是小型的代表或联络办公室，功能有限。这些办公室的作用是促进与日本的贸易，收集有关当地市场供需信息，充当情报和信息收集前哨。这些办公室分布在85个城市中，其中包括14个东亚和东南亚城市、11个北美城市和16个欧洲城市。当时，总共有6984名员工，其中1/3是日本人，其余为当地雇员。

第二个时期：20世纪70年代，日本综合商社的国际网络在规模和范围上都有了显著增长。1972年，九大企业的办事处数量增加到751个，遍布135个城市，员工总数达到16457人，日本员工占比不到30%。与十年前相比，除北美、西欧和亚洲的主要市场外，日本综合商社还发展了在拉丁美洲和澳大利亚的原材料采购业务。

第三个时期：20世纪80年代，日本综合商社的国际网络进一步扩展。1983年，九大企业办事处数量增加到1012个，分布在190个城市，员工总数增长到23026人，其中28%是日本人。北美和欧洲的员工份额有所下降，但在这两个地区的办事处数量却有大幅增加。为应对20世纪70年代的石油危机，日本综合商社对中东地区的活动大幅增加。同时，日本综合商社还迅速响应了20世纪70年代末中国的改革开放，在中国设立有44个办事处。

第四个时期：20世纪90年代，日本综合商社的国际网络扩张速度有所放缓。1996年，九大企业办事处总数仅增加到1175个，分布在242个城市，员工总数为26292人，日本员工只占20%。在地理分布上，北美和欧洲的办事处数量略有下降，但东亚和东南亚的办事处数量和员工总数显著增长，反映了该地区作为主要市场和资源及中间制成品采购地的地位。

资料来源：笔者根据Dicken和Miyamachi(1998)的相关内容编写。

面对平衡加强全球战略控制和提高对本地市场的适应性这两方面的挑战，日本跨国公司在国际化发展过程中，发展了其相对独特的战略与组织形式。巴特利特和戈沙尔（Bartlett & Ghoshal，1988）指出，欧美跨国公司会采用真正意义上的多国立场（Multiple National Positions）的战略姿态和"分散的联盟"（Decentralized Federations）的组织形式，以适应不同东道国及其当地市场的差异化需求，并对每个本地市场都保持高度敏感的战略响应。这类战略及与之匹配的组织架构的弊端在于，难以对全球范围内的行动予以统一协调和控制。与欧美竞争对手不同，日本跨国公司习惯于将全球市场视作为一个整体，它们采取一种集中枢纽式（Centralized Hubs）的全球组织架构，主要业务集中在日本国内，由总部牢牢掌控经营决策大权。一些日本跨国公司还积极吸收借鉴欧美跨国公司的管理经验来克服国际化运营管理的弊病，发展跨国界管理能力。像擅长高效的集中协调管理的松下公司为克服本地化运营灵活度欠缺的问题，就采用了一系列改进性的管理举措，如做出拓展海外业务的坚定承诺，积极转变将海外业务当作业务补充的观念；积极培养新的组织能力，通过发展多重联系，增强子公司影响总部有关其市场的关键经营决策事项的能力，并减少对总部的依赖性；引入内部市场机制；促进人员流动；等等。

总体看来，日本跨国公司独特的组织特点给它们带来了国际化的一些优势，但也使它们面临一些与众不同的挑战。日本是一个相对孤立且具有独特文化的国家，这种文化在日本跨国公司的全球业务中发挥了核心作用，日本跨国公司通过文化控制来维持其独特的管理模式和组织结构（Kranias，2000）。而且，日本企业在管理实践中强调长期关系、共识性决策和参与性决策，它们倾向于通过文化规范来行使间接但有效的控制，使它们能在不牺牲长期目标的情况下采取更加灵活的管理方式（Kriger & Solomon，1992）。由于过于依赖根深蒂固的文化与习俗，随着全球化环境变化，日本跨国公司的管理方式有可能对日本企业国际化产生阻碍作用（Bartlett & Yoshihara，1988）。

一方面，在管理心态上，日本企业的文化及管理方式常常有过度自信的问题，它们倾向于拥有"日本第一"的优越感和偏见，容易对外界变化持保守和狭隘的姿态。莱克等（Liker et al.，1999）将日本管理系统（Japanese Management Systems）分为不同的层次。首先，车间层面的管理系统最容易对外移植，它们在生产力和质量方面发挥了关键作用，这也是公认的日本管理系统有最强竞争力的方面。其次，是工厂和公司层面的管理系统。最后，社会制度背景层面的管理系统由于与文化价值观紧密关联而最难移植。像终身雇佣和年功序列制度，属于日本独特的就业系统和劳资关系的有机部分，难以完全移植到欧美国家。夏田等（Natsuda et al.，2020）调查了22家捷克的日本企业，发现了日本管理系统与捷克这样的欧洲国家管理系统之间的差异，这其中林林总总的文化与管理观念上的差异，对日本跨国公司将其国内的管理系统移植到其他国家构成了不小的挑战（见专栏8-2）。

专栏 8-2

日本管理系统在捷克的移植情况

捷克和斯洛伐克、匈牙利、波兰共同组成了维谢格拉德集团（Visegrád Group），这个中东欧国家联盟普遍具有低成本和高度熟练劳动力的竞争优势，也都将吸引外国跨国公司，引入先进技术知识和资本作为经济转型和发展的关键驱动力。捷克是中东欧地区最有利的外国直接投资目的地之一。日本是仅次于德国的捷克第二大外国直接投资提供者。对捷克的日本制造企业的调研发现了以下情况：

第一，日本公司在捷克本土化人力资源管理方面做出了相当大的努力，但它们不太愿意将最高管理层的权力和责任分配给本土经理。由于捷克人经常对外国模式持怀疑态度，因此，日本企业敏感地适应和调整了管理风格。被调查的 22 家公司一共雇佣了 13984 名员工，日籍员工占比不到 1%。但捷克籍 CEO 的比例非常低，22 家公司中只有两家公司这样做了。为强化本地化运营，日本跨国公司会派出日籍员工担任没有实权的协调员，充当总部与子公司之间的联系纽带与桥梁，同时增加除 CEO 之外的捷克籍管理人员。

第二，日本企业强调和谐劳动关系和员工对公司的忠诚，欧洲企业的劳动关系更注重合同和法律框架下的雇佣关系。日本制造企业强调积极主动、注重团队合作和持续改进的文化，通过多技能培训和继续教育与培训，提高员工执行各种工作任务的能力。而欧洲企业的员工有较强的职业主义观念，他们的个人职责通常固定且明确，按福特制方法进行专业化分工。捷克的工业传统和社会主义历史，还导致了捷克员工容易有保守甚至被动的工作态度。

第三，日本企业的信息共享和团结意识的水平比较高，企业向员工提供大量关于业务绩效的信息，乐于开展小团体活动。日本企业经常组织像品管圈（Quality Control Circle，简称"QC 圈"）之类的自愿的小组活动，作为改善工作流程和生产力的一种常见的管理做法。但要将这类做法引入捷克，却是相当大的挑战。日本员工认为减少闲置时间是技能升级，捷克员工却认为通过这样的改善来减少生产时间会导致更高的工作要求。丰田全球所有工厂的 QC 圈活动参与率为 80%~90%，但丰田关联企业 Tokai Rika 捷克公司的 QC 圈活动的平均参与率仅为 30%~40%。有趣的是，一旦捷克员工参与小组活动后，他们的完成率可以达到 100%，这是丰田所有工厂中最高的。

资料来源：笔者根据 Natsuda 等（2020）的相关内容编写。

另一方面，在组织管理体制机制上，日本跨国公司也面临不少问题。一是日本跨国公司的组织流程过于严密化，它们习惯于近乎无差别地与海外子公司打交道，难以跨越地理空间上的距离及语言和文化的障碍，也无法实施有效的差异化和本地化运营。二是日本跨国公司普遍采取总部主导的战略，只让海外子公司发挥有限的战略作用，它们习惯于将最新产品的生产和最新技术都留在日本国内。这和前文提及的欧洲跨国公司对海外子公司采取的开放与包容的战略姿态，形成了比较鲜明的反差。三是复杂的基于文化和关系网络且高度集中的决策过程，几乎将日本之外其他国家的经理人才都排除于日本跨国公司高管队伍之外。一个极具有戏剧性的案例是卡洛斯·戈恩（Carlos Ghosn），他通过雷诺－日产联盟成功拯救了日产并推动了公司转型发展，在日本拥有英雄般的声誉和地位，但即便拥有如此辉煌的经营成就，戈恩还是因涉嫌财务犯罪而被捕、走上了逃离日本的道路。

20 世纪最后 20 年，是日本跨国公司在全球市场加快扩张的时期，它们的强势崛起在一定程度上激发了欧美国家的竞争对抗与抵触心理。为应对相对不利的情势，日本跨国公司采取了一些因应对策。邓宁（1986）在研究日本跨国公司在英国的发展情况时观察到了一类现象：日本跨国公司通常在英美发达国家不那么繁荣的地区设立子公司，如南威尔士、苏格兰和英国北部地区，它们属于英国区域协调发展战略中的相对欠发达的特殊发展地区和发展中地区。邓宁（1986）认为，日本跨国公司看重经营理念和管理哲学的灌输，它们将家长式作风和顺从的行事风格大量传递给了它们英国子公司，这些子公司的英国员工行为和态度接受日本管理理念的强烈影响。基于这种理解，邓宁认为，日本跨国公司在英国设立子公司时考虑那些失业率高于平均水平的地区，这样，在招聘过程中将拥有更广泛的选择，确保对员工更有利的讨价还价地位，更加容易确保员工对企业的文化价值观认同。邓宁的分析结论，在其他研究成果中也得到了印证，比如，日产汽车选择在失业率达到 30% 的英国桑德兰开设了一家制造工厂（Oliver & Wilkinson，1992）。克兰尼斯（Kranias，2000）研究了两家日本跨国公司在英国的经营情况，其子公司都位于威尔士高失业率的两个地区，英国政府为投资这些地区的企业提供了投资激励政策措施，以期它们能帮助解决当地的失业问题。类似的现象在美国也有，前文中已提到，日本半导体企业在硅谷受到排斥和冷遇后，便转向了经济相对欠发达的波特兰地区，参与了"硅森林"的建设发展。

在相当长一段时间里，日本跨国公司基本代表了东方与南方跨国公司中综合实力最强的一个群体，它们的实践探索也揭示了一些潮流趋势。从西方发达国家视角来看，西方跨国公司需要向广泛的新兴经济市场扩张；从东方和南方后发展国家的视角来看，它们的跨国公司需要学习西方的先进技术和品牌运营方法。亨纳特（Hennart，2009）指出，西方跨国公司和日本、中国等新兴的东方与南方企业在后者的本地市场之间的竞争结果，取决于本地企业在获得先进技术和品牌方面的相对成本，以及西方跨国公司在获得新兴经济市场分销渠道方面所面临的相对成本之间的比拼与较量。随着东方与南方本地企业快速成长，即使它们在很长一段时间里不能在全球市场上与强大的西方跨国公司发生正面竞争，但至少能在本地市场及更广泛的新兴经济市场中构筑竞争优势，成功抵御西方跨国公司的进攻。专栏 8-3 中的企业案例表明，一个西方的跨国公司尽管拥有领先技术和品牌，由于无法有效获得日本的分销网络等当地的互补性资产，仍然出现了经营受挫的情况；当地企业在与美国跨国公司合作时，缩小了与后者之间的技术差距，不仅有效提升了自身的海外扩张能力，还最终迫使这家跨国公司减少了在日本市场的足迹。

博登公司在日本市场与明治的合与分

日本于 1971 年取消对糖果和食品的贸易限制后，开始通过与亚洲和欧洲的糖果制造商合作，为这些市场开发和销售产品。就在这一年，美国乳制品制造商博登（Borden）在 1971 年通过许可协议（Licensing Agreement）进入日本市场，授权日本当地的食品巨头明治集团（Meiji Holding CO.，Ltd.）牛奶公司生产和销售冰激凌。1972 年，Borden 与明治牛奶成立了一个对等出资的绿地合资企业 Meiji-Borden，生产和销售奶酪、人造黄油和冰激凌。通过利用明治广泛的分销网络和 Borden 的技术，Meiji-Borden 成功在日本市场创造了高端冰激凌市场。它们的品牌 Lady Borden 在 1990 年之前已经占据了该产品细分市场的 70% 份额。

1990 年，Borden 试图独立运营，希望购买明治集团在合资企业中的股份，将其转变为全资子公司，但双方未能达成协议，合资企业被解散。明治因此失去了 Lady Borden 品牌和 Borden 的技术帮助，而 Borden 失去了明治的制造工厂和分销系统。此后，明治迅速推出了两个竞争性的高端冰激凌品牌 Aya 和 Brenges。在此前，从 20 世纪 80 年代开始，明治已经成功地在亚洲和中东推出了最初为日本市场制造的品牌。随后，明治还在亚洲和北美的一些国家增加了生产工厂的数量，更广泛地推广了其品牌。

在与明治分道扬镳后，Borden 开始从澳大利亚和新西兰进口 Lady Borden 冰激凌，并与明治的竞争对手 Morinaga 和 Mitsui Trading 合作进行分销。最后，Borden 的营销策略未取得成功，1994 年，Borden 离开了日本市场，将其 Lady

Borden 的技术和商标许可给了另一家日本公司 Lotte，这标志着 Borden 退回到了最初进入日本市场时采用的模式。

资料来源：笔者根据 Hennart（2009）和明治集团官网（https：//www.meiji.com/global/about-meiji/history/global-expansion.html）的相关内容编写。

二、韩国的跨国公司

韩国是比日本更晚实现工业化的国家，也被称作为晚期工业化（Late Industrialization）国家（Amsden，1989）。晚期工业化国家工业化进程起始点比最早实现工业化的欧美国家要晚不少，因此，这些国家通常面临与早期工业化国家不同的国际政治经济挑战和机遇。具体到微观层面，西方世界第一、第二阵营的企业主要靠自己研发新产品技术来推动本国工业化的发展进程；日韩企业则和西方世界第三、第四阵营的企业相似，它们既靠引进、学习和应用西方领先工业化国家的技术，也在不同程度上融合了自身的技术创新活动。在工业化进程上越落后的国家，其企业学习和应用领先国家技术的程度越高，而自身的技术创新程度相应越低。韩国跨国公司和日本跨国公司一样，经常充当欧美跨国公司的"学徒"，但它们不只是简单模仿和复制的初级学习者，而擅长以高超的学习技艺，在世界前沿寻找新技术并推动自身的长期可持续扩张。

第二次世界大战结束后，韩国才从日本的殖民统治下解放出来。在此之前，韩国的现代工业基本是从日本移植过来的。随着日本大企业的撤出，韩国的大企业发展出现了空档期。直到进入 20 世纪六七十年代，受国家干预政策的强力驱动，韩国快速推进了工业化，这就是所谓的"汉江奇迹"。与日本大企业一样，韩国大企业的广泛多元化程度远远高于欧美大企业，而且，韩国政府支持大企业多元化的发展模式，倡导重组，以期韩国大企业能化解产能过剩和产业组织结构不合理的问题，并在国际竞争中对抗强大的日本竞争对手。按照这样的发展思路，韩国迅速发展成为世界上经济集中度最高的国家，形成了一种具有很强国情特色的企业组织制度——财阀（Chaebol）。

财阀，指的是创始家族控制的大型企业集团。如专栏 8-4 给出的浦项制铁案例所展现的那样，韩国财阀是在政府特权支持、限制性贸易壁垒与企业自身艰苦奋斗这几个方面因素的基础上成长起来的（Amsden，1989），它们对

189

韩国经济的发展壮大起到了"双刃剑"式的作用。一方面，财阀提供了一种非常独到的聚合资本、实现知识共享和分散经营风险的体制机制，为韩国政府主导经济发展的工业发展模式做出了重要贡献。琼斯(Jones, 2005)指出，韩国在财阀控制下发展成功的汽车工业，与巴西以国家力量发展汽车工业的失败尝试，两者形成了鲜明对照——前文第六章也有相关的讨论。三星、LG、SK 等韩国财阀企业集团，是韩国大企业群体的领导者，也是韩国在全球市场竞争中彰显竞争实力的中流砥柱。另一方面，韩国财阀与政府之间的关系非常复杂，政商勾连造成了严重的经济和社会问题。中国加入 WTO 后，这些主要的韩国大企业同其他国家的跨国公司一样，持续增加对中国的投资，加快制造业的外包。这些企业不仅强化了自身在韩国经济中的主导地位，还完成了从对世界其他地区出口的韩国公司向总部位于韩国的真正的跨国公司的身份转变。随着韩国财阀企业集团的规模与实力增长及其日益国际化的性质蜕变，韩国政府对财阀集团的权力制衡作用被大大地削弱了（Klingler-Vidra & Pacheco Pardo, 2019）。2009~2017 年，80% 的财阀集团公司都存在大量的集团内部关联交易，约占其总销售收入的 13%（Park, 2021）。过去 20 年，财阀改革已经被视作韩国化解自身所面对的经济与社会危机的一项重要改革举措。

专栏 8-4

浦项制铁的胜利

韩国浦项钢铁集团公司(Pohang Iron and Steel Co. Ltd, 简称 POSCO)是韩国政府主导后发工业化和产业升级，且在全球化竞争中取得成功的一个典范。它的案例表明了，即使在面对非常不利的条件和面临重重困难的情况下，一个后发展国家的企业抓住机遇，通过正确的策略和持续的创新，也有机会实现从追赶到领先的蜕变。今天的浦项制铁，不仅为韩国的经济增长做出了巨大贡献，也为全球钢铁产业树立了新标杆。

当韩国政府决定推动发展综合钢铁制造项目时，韩国缺乏高效生产钢铁所需的技术技能和经济资源。结合印度和土耳其的经验，世界银行的一个研究小组在 20 世纪 60 年代明确表示："在韩国建立综合钢铁厂，是一个不成熟的提议，没有经济可行性。"韩国面临多方面的不利因素：首先，钢铁一体化投资是资本高度密集型的，但韩国缺少资本。其次，钢铁生产成本对规模敏感，韩国国内市场很小，附近最大的市场是日本，日本是世界上最高效的钢铁生产国。再次，缺乏铁矿石资源，远离主要供应来源。最后，缺乏炼钢技术和复杂工程设计能力。但韩国政府仍在 1968 年成立了浦项制铁，通过政府大力支持和自身持续学习与创新，这家公司迅速成长为世界成本最低、竞争力最强的钢铁制造商之一。

浦项制铁于 1970 年 4 月 1 日开始建设，工厂于 1973 年 7 月 3 日投入使用，刚好赶在第一次全球能源危机前两个月。在建设与运营期间，浦项制铁采取了一系列策略来克服面临的挑战。

首先，利用国际政治经济手段，争取到了新日铁等日本方面的资金和技术援助，并借助政府资本支出和基础设施投资补贴来降低成本。从其运营之初，浦项制铁就是一家盈利企业。在短短十多年的时间里，浦项制铁赚到了足够多的钱来壮大自己，也学到和积累了足够多的技术知识与经验。

其次，浦项制铁的所有权由政府持有 30%，韩国产业银行(政府所有)持有 40%，私人商业银行(但由政府控制)持有 30%。尽管所有管理层任命和最高政策管理都需要政府批准，但公司赋予管理人员足够的经营自主权，建立了一个由忠诚的工人和管理人员组成的组织，辞职率远低于韩国工业的全制造业平均水平。同时，公司支付远高于现行标准的工资率，从而加速了远高于平均水平的技能迭代。浦项制铁采用渐进式的引进吸收方法，使各种外国技术迅速地被内部技术投资所取代。在分阶段学习的过程中，到最后的阶段，日本合作方的唯一职能仅限于评估浦项制铁自己提出的总体工程计划。

最后，浦项制铁通过出口实现了规模经济。尽管国内市场对钢铁需求大，但浦项制铁不贪恋国内市场增长的安逸，坚持设定了 30% 的出口目标。很快，浦项制铁不仅在国际市场上与发达国家钢铁企业开展正面竞争，还反向为美国等国家的钢铁厂提供了技术和管理支持。

资料来源：笔者根据 Amsden(1989)的相关内容编写。

在用了 20 年左右时间培育大企业后，韩国政府又用了大约 20 年时间，推动韩国大企业成长为具有国际竞争力的跨国公司，并将以电子产品制造业为代表的新兴产业发展成为韩国的主导产业。20 世纪八九十年代，韩国及其他东亚新兴经济体经历了全球性政治经济环境变化与动荡的挑战，这一时期，以三星物产、三星电子、SK、LG、浦项制铁为代表的韩国跨国公司，加大了向海外的扩张力度，并逐渐脱颖而出，成为《财富》500 强的入榜企业。韩国跨国公司拥有竞争优势的一个重要产业是消费电子产品领域。在这个领域，韩国企业面临的形势是：一方面，低端市场出现了严重的经济衰退，来自发展中国家的追赶压力迅速加大；另一方面，新产品的生命周期越来越短，技术创新速度加快，作为韩国公司主要技术来源的日本企业不愿意向韩国企业提供新技术。几乎与此同时，韩元对日元大幅升值、韩国的工资水平在短短几年间翻了一番，发达国家的保护主义有所抬头。面对严峻竞争形势，韩国跨国公司纷纷推动了自身的战略与组织变革，它们的战略重心从成本领先转向产品差异化，从追求数量增长转向追求价值实现(见专栏8-5)。

专栏 8-5

三星的战略选择

一是实施了雄心勃勃的技术开发战略，将研究和发展投资从1988年占总收入的3.7%增加到1993年的10%。几年时间里，三星在美国、日本和德国建立了11个新的研究中心，以开发和获取新技术。为解决低盈利能力的问题，三星结束了与主要竞争对手金星(Gold Star)之间不计得失的销量竞争，转向努力提高生产率和产品质量。

二是综合施策降成本。为了应对不断上涨的劳动力成本和韩元升值，三星裁减了10%以上的劳动力；将生产转移到最不发达国家，1989～1992年，在海外建立了15家制造厂，包括半导体工厂和消费电子产品装配线。

三是加大力度拓展海外市场。过去，三星专注于对美国的出口，现在，开始致力于渗透到世界多个地区；通过设立区域总部来协调海外业务，同时向战略业务单位下放大部分的决策权。与日本同类产品相比，韩国产品品牌形象薄弱。通过大规模的推广活动，三星努力改善了品牌形象。

四是通过战略规划、预算编制和绩效评估、奖励制度，实施了有效的战略控制。

资料来源：笔者根据 Kim 和 Campbell(1995)的相关内容编写。

在管理体制上，韩国跨国公司在发展的早期阶段，主要采用低控制模式，如设立少数的合资企业，但在发展的后期阶段，则更加偏好于采用高控制的管理模式，更愿意设立全资子公司或控股性的合资企业。当然，如果市场潜力足够大，韩国跨国公司的所有权控制倾向会有所妥协（Erramilli et al.，1999）。张夏准（Chang，2020）指出，韩国跨国公司的独特竞争优势体现在两个方面：一是地理区位优势。韩国与中国及东南亚国家在文化及地理位置上有紧密关联性，这使韩国跨国公司有近水楼台的优势，更容易理解和进入这些快速增长的新兴市场。从美国和欧洲国家的视角来看，韩国在其东亚地区的政治经济布局中也有比较重要的地位，与西方国家的制度距离和心理距离相对较小，西方国家相对乐于接受韩国跨国公司。二是高素质和高竞争度的人力资源。韩国员工具有东亚人勤奋上进的品质，他们具有接受长时间工作、对组织忠诚、高效务实的行为特点，表现出了超强的组织竞争意识和卓越的个人能力。

三、印度的跨国公司

印度是南方世界最有代表性的大国之一。作为全球人口数量最多的国家，印度市场天然具有班（Bang，2010）所说的大基数效应（Large Base Effect），据其估算，到2025年，印度的中产阶级接近4亿人，超过美国的总人口数量。对于跨国公司而言，这是一个非常有吸引力的大国市场；同时，大基数市场也为培育印度本国的跨国公司提供了坚实的经济基础。庞大的人口，使在较低的消费水平和产品渗透率的情况下，印度企业及各国跨国公司仍然能在其中发现为数可观的待开发的客户群体（Bang et al.，2016）。然而，印度在历史上长期遭受英国的殖民统治。殖民统治，主要服务于英国自身发展需要，少有考虑印度自身的发展。这段痛苦的历史，给印度造成了对以英国为代表的英美跨国公司的强烈对抗情绪，又导致了印度在民族主义与全球化之间摇摆的复杂关系。

过去的一个世纪，印度企业的发展经历了以下几个历史阶段：

第一个阶段是20世纪初，这是印度本土企业的萌芽时期，如孟买周边的纺织业和印度东部的钢铁业，开始出现并在两次世界大战期间蓬勃发展。

第二个阶段是印度独立后的20世纪50~80年代，印度政府对外资实行抑制政策，使国有企业在印度经济中占有重要地位，私营企业在保护主义政策环境中免受外国竞争，但也只是在相对有限的经济空间运作——私营资本占总实收资本的比例从1955年的92%下降到1986年的25%（Chittoor & Aulakh，2015）。20世纪60年代初，印度企业作为发展中国家进行对外直接投资的先行者，开始有所行动：1960年，博拉（Birla）集团在埃塞俄比亚建立了一家纺织厂；1961年，塔塔（Tata）集团在瑞士楚格设立了全资贸易子公司。据统计，印度跨国公司的数量从20世纪60年代的11家增加到80年代的146家（Pradhan & Sauvant，2010）。不过，这一时期，印度政府对印度企业的海外投资项目实行了严格的控制和监管。按照相关政策规定，印度公司在海外投资项目中只能拥有少数股权。上述限制性监管政策导致印度只能部分地参与世界经济，制约了印度经济增长和技术进步，其负面性是显而易见的。但也有研究者认为，抑制跨国公司的政策使印度一些行业主要依赖国内企业发展，这为未来更大的经济增长空间奠定了产业基础（Jones，2005）。

第三个阶段是20世纪90年代初期至今，由于国际收支状况出现了严重危机，1991年，印度开启了经济自由化改革，逐步从封闭经济向开放经济转型，重新向外国投资开放国门，印度的经济发展范式开始转变（Lubinski，2022）。2014年，印度政府启动了"印度制造"倡议，这是一项旨在促进印度工业发展和经济增长的倡议，核心目标是将印度发展为全球制造中心，通过提供优惠政策、简化审批流程、改善营商环境、加强基础设施建设等措施，吸引国内外投资者在印度设立生产基地、增加就业和提升印度制造业的全球竞争力。"印度制造"倡议，在汽车、化工、纺织、信息技术、制药、国防制造、新能源等20多个重点产业领域，取得了实质性发展成就，显著提升了印度在这些制造领域的全球竞争力。2021年和2022年，流入印度的外国直接投资总额均超过800亿美元。

印度企业发展及其国际化有以下几个特点：

第一，印度政府制定的政策在推动印度企业发展及国际化方面起到了重要作用。在国内市场上，印度政府对市场运行干预较多，经济自由化的改革进程比其他经济转型国家慢，企业的发展壮大，大都离不开政府支持。早在印度独立之前，其新兴的企业家阶层就预见了国家独立后企业与国家之间的共生关系，新兴的印度企业阶层与印度民族主义运动结盟，对抗英国的殖民统治（Chittoor & Aulakh，2015）。1944年，一群印度企业家共同签署了一份后来被称为"孟买计划"（Bombay Plan）的愿景文件①，该计划的主要论点之一是，

---

① Rao A. Flashback Friday：Revisiting the 1944 "Bombay Plan" and its Vision for India［EB/OL］.［2024-01-26］. https：//www. wionews. com/business-economy/flashback-friday-revisiting-the-1944-bombay-plan-and-its-vision-for-india-683930.

国家要通过政策干预手段推动实现印度独立后的经济增长，确保国家控制战略经济部门，保护本土企业免受外国竞争。这一政企关系密切的传统，导致了印度企业要在重要领域谋求发展，或者是要维持相对较高的利润水平，都必须依赖于与政府之间的紧密联系。比如，印度的汽车零部件工业，就是在政府政策引导下，才融入了跨国公司主导的整个行业的全球价值链体系，顺利实施了技术追赶，缩小了技术差距（Kumaraswamy et al.，2012）。但政府管制下的竞争性国内市场，也非常容易出现过度竞争和企业利润水平过低的情况，于是，一部分印度企业希望逃离母国的竞争"红海"，去国外寻找利润高的市场机会，这是印度企业追求国际化的重要推动因素。在国内市场竞争加剧的情况下，印度政府鼓励印度企业向国外市场扩张。

第二，企业集团（Business Groups，BGs）在印度这样的新兴经济体社会经济格局中发挥了关键性的作用。同日本、韩国、中国等亚洲国家及拉美国家一样，印度也发展了业务高度多元化的企业集团。新兴经济体的实践表明，西方将其视作为"恐龙"的企业集团，更加适合发展中国家的制度环境，能够填补这些国家和地区的制度空白以及应对与监管部门之间关系时的不确定性（Khanna & Palepu，1997）。印度的企业集团生于印度、长于印度，它们有更长远的发展眼光，对本地市场更有信心和耐心（Prabhu & Jain，2015）。根据经验性估计，企业集团占印度企业总数的1/3，创造了的企业总收入和利润占比更高（Chittoor & Aulakh，2015）[①]。科梅拉等（Komera et al.，2018）指出，在推行经济自由化改革20年后，印度的企业集团仍然控制着印度企业部门70%的资产。以制药业这一重要产业为例，印度拥有全球第三大的制药产业，而且，印度的制药企业有非常高的发展自主性。而在印度制药业领导企业中，有不少都隶属于家族控股的企业集团。美国的《哈奇-韦克斯曼修正案》（Hatch-Waxman Amendments）为印度的非专利药品进入美国市场开了"绿灯"。印度政府于2005年修订了《专利法》。印度制药企业集团认识到，无论是在本土市场，还是在国外市场，与国外企业竞争，都需要大力加强技术研发，于是，制药业成为印度最大的研发支出行业，占印度制造业研发总额的1/3。在获得美国专利最多的20家印度公司中，有16家来自这些制药企业集团（Ashwin et al.，

[①] 此文献中的数据显示，2010年，企业集团及下属企业数量约占印度全部企业数的30%，约占印度企业总收入的40%。同期，印度国有企业和外资企业各自占印度企业数的5%左右，国有企业贡献了印度企业总收入和利润的35%，外资企业贡献了印度企业总收入和利润的10%。另据其他文献中引用的数据，印度企业集团的总收入占印度企业总收入的比重高达60%。

2015）。

第三，并购是印度跨国公司成功地快速成长为全球市场参与者的重要策略。相关理论与实践均表明，如果新兴经济体跨国公司与发达国家跨国公司在特定行业领域存在巨大的技术差距，此时，并购是迅速缩短技术差距的有效途径之一。作为国际市场中的后来者，新兴经济体跨国公司可以通过并购来链接与获取领先企业的关键性资产与技术。许多印度跨国公司是企业集团的成员企业，它们会利用企业集团内的多样化资源及在国内市场上的有利地位，快速识别和把握国际化进程中的并购机会，形成并购活动中的早期先发优势（Early-Mover Advantage）（Fuad & Sinha，2017）。萨曼特等（Samant et al.，2023）强调，新兴经济体跨国公司需要平衡好国际化的速度和深度，以确保能有效地吸收和利用新的技术知识。他们用并购速度这个指标，将企业国际化方式区分为渐进式和跳板式这两种方式。例如，采用跳板式方式的 Sun 制药公司以每年并购 1.3342 家企业的速度，在技术先进国家设立了 148 家子公司；Glenmark 制药公司以每年并购 2.54 家的速度，在技术先进国家设立了 78 家子公司。相比之下，采用渐进式方式的 Emcure 制药公司以每年并购 0.343 家企业的速度，设立了 24 家海外子公司；Intas 制药公司以每年并购 0.14 家企业的速度，设立了 7 家海外子公司。

在实践中，我们可以观察到，印度跨国公司是 EMNEs 中最积极的通过推进海外收购来实现快速国际化的一个群体，而且，它们擅长在并购浪潮中较早地收购那些相对发达的经济体目标企业。专栏 8-6 给出了印度 Suzlon 公司的案例。Suzlon 进入风力涡轮机这个新兴行业时，行业内的企业规模不大，进入门槛相对低，Suzlon 通过频繁收购产业链上相关的发达国家中小企业，展现出了明显的后发优势，在很短时间内完成了对发达国家的行业领导者丹麦 Vestas 公司的产品技术追赶，并开始对之构成竞争挑战。在有效缩小技术差距后，一方面，像 Suzlon 这样的新兴经济体跨国公司有效利用低成本优势，先实现了对像 Vestas 这样的发达国家跨国公司的产能赶超；另一方面，Suzlon 还能够在技术研发活动中形成与 Vestas 差异化的竞争优势，这样，即使 Vestas 在前沿技术上始终保有一定的优势，Suzlon 仍可以保持敏捷追赶和快速复制前沿创新的能力。按照纳鲁拉（Narula，2012）的预测，只要时间足够长，以这种追赶方式，新兴经济体跨国公司与发达国家跨国公司之间可观察到的差异将趋于减少。

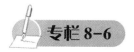 **专栏 8-6**

印度 Suzlon 公司对丹麦 Vestas 公司的追赶

丹麦 Vestas 成立于 1945 年，是风力涡轮机行业的早期进入者。1979 年，为满足对可持续能源日益增长的需求，该公司开始制造风力涡轮机。2009 年，Vestas 成为业内最大的公司，拥有 12.5% 的全球市场份额。2010 年，该公司拥有 2.3 万名员工，为 66 个国家和地区安装了 43433 台风力涡轮机。自成立以来，Vestas 一直非常注重创新和研发，以多项突破性创新引领了行业发展。Vestas 是首批获得早期三叶片丹麦风力涡轮机设计权利的公司之一，该设计后来成为行业主导设计。

印度企业家 Tulsi Tanti 于 1994 年投资了德国公司 Südwind 的两台涡轮机，以确保其纺织厂的电力供应稳定。在与 Südwind 合作的基础上，Tulsi Tanti 于 1995 年创立了 Suzlon 公司，在印度销售涡轮机，并与 Südwind 签订了技术合作协议。Suzlon 进入该行业时，印度风能市场刚刚起步，大多数本土公司都在销售欧洲制造的风力涡轮机。Suzlon 最初的策略是以比竞争对手低得多的价格，销售技术相当的本地制造的涡轮机。1997 年，Südwind 破产后，Suzlon 聘请了工程师并开始制造涡轮机。当时，印度政府实施了有利行业发展的政策，包括风力发电设备 100% 加速折旧、关税和消费税减免、五年免税和优惠贷款政策等。

作为一个追随者，Suzlon 奉行追赶技术前沿的战略，通过收购欧洲各国的风力涡轮机制造商和子组件供应商或与之结盟，来积累风力涡轮机制造相关技术知识，以便在全球范围内与行业内的领先企业竞争。在 Suzlon 的全球研发网络中，其研发总部位于德国汉堡，与德国、荷兰、丹麦和印度的小型开发团队合作，继续专注于风力涡轮机的整体技术；位于德国罗斯托克的研发中心开发集成在风力涡轮机机舱、轮毂和塔架中的机械和电气系统；荷兰的研发中心作为收购 AE-Rotor Techniek BV 和 Aerpac B.V 的延续，专注于空气动力学和转子叶片结构的开发；比利时的研发中心则专注于收购 Hansen Transmission 的齿轮箱。

在短短四年时间里，通过各种收购和许可协议，Suzlon 获得并整合了所需的行业专业知识，成为印度风能市场的绝对领导者。同时，Suzlon 迅速成长为一家跨国企业，在 25 个国家和地区拥有 1.6 万名员工，形成了与 Vestas 相接近的产出能力，是仅次于 Vestas 和通用电气的世界第三大制造商。

资料来源：笔者根据 Awate 等（2012）的相关内容编写。

第四，2000 年以后，涌现出了上千家中小型的印度跨国公司，它们不是传统的印度商业公司(Pradhan & Sauvant，2010)，而是大量集中在信息技术和制药等新兴产业领域。由于在 20 世纪 80 年代之前的相当一段时间里，印度奉行对外资低依赖的发展政策，这造成印度企业通常缺乏直接的国际经验，主要通过商业和社交网络获取间接的国际经验以及发现国外市场机会和找到可靠客户(Arte & Barron，2016)。普拉尚坦和达纳拉杰(Prashantham & Dhanaraj，2014)研究了上百家印度软件企业，发现一些新创设的软件企业通过与跨国公司的印度子公司建立伙伴关系和联盟，加快自己的国际化进程。他们将这类国际化路径称为构建国际新创企业与跨国公司之间有益的交互关系(INV-MNE Interactions)。比如，Mitoken 公司先在班加罗尔与摩托罗拉密切合作，再将合作活动扩展到芝加哥。再如，总部同样位于班加罗尔的 Dhruva 公司，通过与英特尔合作来了解国际市场。另一家软件企业 Skelta，其联合创始人之一曾在阿联酋和美国与微软有过接触，于是，Skelta 积极寻求与微软建立联系。公司核心产品建立在微软的技术平台上，通过微软的独立软件供应商(Independent Software Vendor，ISV)合作伙伴计划与微软建立了正式联系，又任命了一位曾在美国软件产品领域有丰富经验的 CEO，并与从微软印度调至美国微软总部的印度裔高管保持良好关系，与微软的本地联系转化为自己发展壮大全球合作伙伴网络体系的资源与关系基础，实现了在 20 多个国家的业务扩张。

专栏 8-7 给出了印度 Innovassynth 公司的案例，该公司在创业早期阶段根本没有化学品的制造经验，由于创始人 B. M. Ghia 有一位化学工程师朋友，在他的帮助下，从化学商贸业务转行进入了化工产品制造领域。后来，Ghia 家族的企业发展壮大成了一个企业集团，当集团下属的传统化学制造业务经营不下去时，通过参加国际展会和论坛会议，才进入了特殊化学品和定制合成药物中间体研究领域，在这个领域，Innovassynth 公司从无到有、从小到大，发展成为欧美日企业及全球客户提供研发服务的公司。

 **专栏 8-7**

凤凰涅槃的 Innovassynth

印度 Innovassynth 公司由 B. M. Ghia 创立。B. M. Ghia 最初从事纺织贸易，

后进入化学品贸易，担任过拜耳等公司的销售代理；于 1960 年成立了印度有机化学公司（Indian Organic Chemicals Limited，IOCL），从事乙醛等基础化学品制造。B. M. Ghia 的儿子 Shyam 从美国获得 MBA 学位后，于 1970 年加入家族业务。20 世纪 80 年代中期，经营状况良好的 IOCL 实施了业务多元化战略，推出了马铃薯威化饼等儿童食品，开了电脑零售连锁店和成立了一个软件部门。几年后，公司陷入过度多元化后的亏损困境。由于成本上升和市场竞争压力，IOCL 于 20 世纪 90 年代被迫关闭。

1998 年，Shyam 任用拥有沃顿商学院学位和印度科学研究所管理学博士学位的 Sahu 担任 Innovasynth 的总裁和 CEO，领导公司从传统的大宗化学品制造商向研发型企业的转型。在 IOCL 腾退出来的土地上，Innovassynth 建设了研发与生产设施。千禧年前后，人类基因组被破译了，Innovasynth 看到基因治疗领域的机遇，开始从事定制合成、合同研究和合同制造等高价值、高技术含量的新业务。Innovassynth 密切关注全球生命科学行业对制造和研发服务需求的激增，参加国际性的化学论坛、会议和贸易展会，与潜在客户进行互动。通过与位于加州的初创企业、基因治疗领域的先驱 Isis Pharmaceuticals 取得联系，Innovassynth 用 10 年时间将自己发展成为世界领先的低核苷酸生产商。

Innovassynth 的科研团队年轻、缺乏经验，但他们充满热情、动力、信心和决心，善于抓住机遇，并从实践中学习和获得新的能力。Innovassynth 的科学家们原本都不了解基因治疗等高技术专业领域所需的化学知识，因为这一学科在任何印度大学的化学教学大纲中都没有教授过。在与美国 Geron 公司最初接洽合作时，Innovassynth 的项目团队由一位 25 岁的年轻科学家 Kirtee Wani 领导，整个团队对可能出现的困难一无所知，没有人对产品的规格和物理特性有任何了解，便接受了这一挑战。引用 Sahu 博士的话："当我们接受定制合成的订单时，客户和我们都不知道所涉及的步骤。"尽管如此，Innovassynth 实验室还是不断出现化学前沿领域的新发现和工艺改进，在极限情况下，甚至能将成本降低到客户最佳猜测估计和期望的 1/5 到 1/10。就这样，Innovassynth 发展成为全球基因治疗领域排名前三的公司之一，也是唯一一家来自印度的公司。

资料来源：笔者根据 Mathur（2017）的相关内容编写。

牛津大学的印度裔学者桑贾亚·拉尔（Sanjaya Lall），同威尔斯一样，是较早关注到第三世界跨国公司这一新现象的一位重要学者。为纪念拉尔的杰出学术贡献，《牛津发展研究》(*Oxford Development Studies*)每年为在该刊物上发表的一篇最优论文颁发"拉尔奖"(The Sanjaya Lall Prize)。早在20世纪70年代，拉尔便注意到，亚洲国家跨国公司在印度尼西亚的投资量超过了欧美日跨国公司的投资量(Lall，1983)。基于微观工业发展视角，拉尔(Lall，1996)指出，受企业家精神驱动的技术学习和管理发展，在亚洲新兴经济体快速工业化及企业发展过程中发挥了重要作用。他认为，"东亚奇迹"(The East Asian Miracle)的成功，靠的并不仅仅是政府在宏观层面采取的"市场友好"或顺应市场的方法，而是由政府在宏观层面施予适当干预，再加上微观层面的一个个具体企业在技术和管理方面取得的发展成就。

在拉尔看来，东亚经济体普遍对外国技术持开放态度，亚洲和拉丁美洲的大多数国家也是如此——只有印度除外(Lall，1994)。拉尔敏锐地观察到，日本、韩国和中国台湾作为当时本土技术能力相对最强的东亚经济体，其优势在于，对外资采取了比印度更加开放和友好的合作姿态，同时，它们放弃了"市场友好"的观念，对外国投资有选择性，甚至怀有敌意。这种心怀警惕的开放，有选择性的敌意却又非完全的敌意，表明这些国家和地区的企业拥有正确的开展对外竞争与合作的管理心智，这恰恰是这些国家和地区产业发展取得重大成功的诀窍所在。拉尔对撒哈拉以南非洲(Sub-Saharan Africa，SSA)国家的一项合作研究表明，这些国家更容易受到经济危机的负面冲击，尽管这些国家采取了国际货币基金组织(IMF)和世界银行(WB)推荐的基于市场自由化原则的调整政策，但由于企业在技术学习和管理能力建设上的失败，其工业基础的脆弱性和对外依赖性未能得到有效改善，在世界贸易体系中的份额只能持续下降(Lall & Wangwe，1998)。

四、拉美地区的跨国公司

拉美地区的跨国公司，往往出现在经济体量较大和人口相对众多的国家，且通常在本地企业有可能形成竞争优势的特定行业出现。在那些国内市场规模比较有限，又有为数众多的中小企业参与竞争的行业，通常难以发展出具备一定经济规模优势和竞争实力的跨国公司。由于拉美地区跨国公司本身具有后发展的天然劣势，参与全球市场体系时竞争实力相对较弱，因此，它们需要借助政府政策手段来帮助自己在处于相对竞争弱势境况下维护利益得失。

而与此同时，全球市场又驱动它们需要学习适应和运用市场经济的公平竞争规则来发展壮大自己。

国家资源禀赋是影响跨国公司投资活动的一个重要因素。拉美地区拥有丰富的自然资源，这为资源型行业跨国公司的发展提供了得天独厚的条件。巴西石油公司和淡水河谷公司，是拉美地区最大的两家跨国公司，都属于资源型行业，在 1997 年改革之前，两家公司都是国有企业。巴西淡水河谷公司的市场化改革力度更大，但它的经营业务领域仍然属于受到政府政策高度监管的行业（Rodrigues & Dieleman，2017）。巴西政府的全力支持，对巴西淡水河谷公司的发展至关重要。企业和政府两方面力量非常紧密的交互作用，使巴西淡水河谷公司这样的跨国公司的市场战略和非市场战略错综复杂地联系在一起。由于企业与政府之间联系较深，多方面受益于政府的各种财政补贴、产业准入和对外交往等方面的政策支持，因此，这类跨国公司在国际扩张中随时可能受到国内外政治经济风险的冲击，格外需要注重平衡好来自不同方向的政治经济挑战和威胁。在特定情况下，非市场战略会比市场战略来得更重要（见专栏 8-8）。

 专栏 8-8

巴西淡水河谷公司的战略摇摆

巴西淡水河谷公司（Vale of Brazil，简称"淡水河谷"）是于 1942 年由时任巴西总统巴尔加斯（Getúlio Vargas）创建的一家国有企业。巴尔加斯希望通过工业化帮助巴西实现现代化。1952 年，他创建了巴西国家经济和社会发展银行（BNDES），为工业化进程提供资金，该公司随后成为淡水河谷的主要股东之一。淡水河谷的国际化始于 20 世纪 70 年代。到 20 世纪 70 年代中期，它已经成为世界第一大铁矿石生产和出口商，以及巴西最大的外汇收入来源，对巴西经济做出了重要贡献，堪称巴西的经济支柱。

在 1997 年私有化之前，淡水河谷主要是一家专注于铁矿石业务的国有企业。2000 年，阿涅利（Roger Agnelli）被任命为公司 CEO。阿涅利上任时，巴西正在推行历史上与最大规模私有化计划相配套的新自由主义政策。作为一位拥有 20 年金融行业经验的前银行家，阿涅利组建了擅长资本运营的管理团队，他的雄心是让淡水河谷走上全球化道路，成为全球矿产行业的领导者。

从 2002 年开始，阿涅利坚定地推动公司业务范围和地理空间布局的多样化。而且，淡水河谷国际化战略的一个重要转变是脱离以发达国家为代表的传统市场，转向了新兴市场和发展中国家市场，进入亚洲和非洲。2008 年，全球金融危机导致全球金属和矿产价格暴跌，整个行业的快速增长戛然而止，全球几乎所有矿业公司在市场调整后都进行了重组。淡水河谷从之前的良好财务业绩和全球扩张及影响力提升中获得的合法性受到了打击，在加蓬和蒙古等非洲和亚洲国家一些争夺采矿权的战役中失利，削弱了淡水河谷国际化战略的可信度。

为减少和避免政府对公司战略的影响，阿涅利采取的措施之一是说服政府出售其剩余股份。2010 年前后，政府和淡水河谷之间还发生了一场重大争端，因为政府方面打算增加勘探和开采活动的税收，这将直接影响阿涅利所看重的淡水河谷的股东利益。2010 年，罗塞芙（Dilma Rousseff）当选巴西总统，她对淡水河谷的期望是：提高全国就业水平，提高巴西钢铁业的竞争力。2011 年 11 月，在政府施压下，费雷拉（Murilo Ferreira）成为阿涅利的接任者。费雷拉采取了与阿涅利截然不同的姿态。费雷拉愿意将政府的利益视为自己的主要优先事项之一，并为政党及其政治目标服务。他上任后的重要任务之一是将公司注意力重新集中在巴西，聚焦于核心业务——铁矿石、煤炭和钢铁，缩减海外业务。自此，淡水河谷的国际化进程放缓了，在全球最大矿业公司中的排名有所下降。

资料来源：笔者根据 Rodrigues 和 Dieleman（2017）的相关内容编写。

拉美地区国家的人口数量众多，像巴西和阿根廷等拉丁美洲大国，都是跨国公司想要服务的大市场。在消费品行业及发达国家跨国公司参与意愿不太强的竞争性行业，拉丁美洲和非洲跨国公司，也有机会在有着相似的政治经济和社会文化特征的区域化市场上构筑竞争优势。

智利是拉美国家中公认的经济增长相对稳定的一个国家，也是对外开放程度较高的一个国家。该国企业受益于自由贸易，具有相对较强的国际化意识和导向。迪米特拉托斯等（Dimitratos et al.，2014）的研究表明，智利企业中99%是小企业，这些小企业提供了全国 3/4 的就业机会，在这些企业中，那些愿意承担风险且愿意加强国际关系网络建设的小企业，通常表现出来了较高水平的国际化取向。不过，当拉美地区成功推进国际化的中小跨国公司想向远离母国及周边国家的其他地理区域进一步扩张时，它们的尝试往往不容易取得成功，导致上述现象的原因包括以下几个方面：

首先，拉美和非洲国家的跨国公司，很难在发达国家的市场中与有领先优势的发达国家跨国公司开展正面竞争。例如，巴西化妆品巨头 Natura 成立于 1969 年，主打植物活性成分的化妆品，在核心价值观上强调对社会福利和环境保护的可持续发展承诺。Natura 曾经多次被评为世界最具创新力的增长公司之一，公司将年净收入的 3% 用于研发（Dornelas et al.，2016）。1982 年，Natura 在智利开始了国际化进程。1983 年，Natura 创立了 Numina 品牌，将产品出口到美国佛罗里达州和葡萄牙。1992 年，它在秘鲁开设了一家公司，启动了在拉丁美洲的扩张步伐。2005 年，将业务扩展到大西洋彼岸的法国（Kogut et al.，2022）。Natura 收购了澳大利亚高端化妆品公司 Aesop、美国雅芳（Avon）和英国 The Body Shop，但迫于业绩表现差的经营压力，又不得不出售它们。从全球市场布局结构来看，2023 年，Natura 在巴西的营业收入占其总营业收入的 45%，拉美其他国家的营业收入占比为 26%，而全球最大的化妆品市场美国所在的北美市场的营业收入占比仅为 2%，全球第二大市场中国所在的亚太地区的营业收入占比也仅为 5%。① 相比之下，欧莱雅、雅诗兰黛和资生堂等全球美妆巨头的全球市场布局都非常均衡，全球品牌认知度高得多，但在巴西市场，Natura 拥有显著的竞争优势。

其次，拉美国家的跨国公司，较难在拉美和非洲之外的其他发展中国家的市场中与本地跨国公司开展正面竞争。拉尔（Lall，1983）指出，发展中国家有时候更加偏好和欢迎那些来自与它们相似的发展中国家的跨国公司，因为这些发展中国家的跨国公司能够更灵活地适应东道国的政治经济、社会文化和自然气候条件，它们的企业规模更小，占用的资本量更小，谈合资合作的条件不像发达国家跨国公司那样强硬与刻板，产品技术性价比更高，更愿意利用当地的资源要素，给当地带来更多的就业机会，也不需要向母国股东提供那么高的利润回报。当然，当这些企业成长到实力与发达国家跨国公司相当的水平时，它们的行为表现也会趋同于发达国家的跨国公司。由于发展中国家的跨国公司发展水平相接近，因此，发展中国家的跨国公司与本地企业之间，以及来自不同发展中国家的跨国公司之间，都有可能发生激烈的竞争。

拉尔和韦斯（Lall & Weiss，2005）指出，拉美国家和中国的贸易结构大体

---

① 青眼. 这家全球美妆十强又要卖子？[EB/OL]. [2024 - 05 - 27]. https://36kr.com/p/2793591103128710.

上是互补的，在第三国市场上，拉美国家跨国公司可能会面临来自中国跨国公司的竞争，相比之下，中国跨国公司拥有一定的竞争优势。例如，巴西最大的服装企业 Hering 在国际化扩张进程中，就受到了来自中国企业的竞争冲击。Hering 于 1880 年由一对移民到巴西的德国兄弟设立。Hering 先是为欧美品牌代工，后来发展了自有品牌，成为南美最大的服装企业。由于巴西经济经常会起起落落，Hering 面临如何在国内经济低迷期适应季度性市场需求波动，维持自身的高产能利用率（保产能和保生产运转）（Gehrke et al.，2017）的挑战。为拓宽国外市场需求，1966 年，Hering 将第一批自有品牌的睡衣卖到了邻国巴拉圭，这是其国际化的第一步。Hering 意识到，像巴拉圭、乌拉圭和玻利维亚这样的邻近国家人口太少，与邻近大国阿根廷之间又有贸易壁垒等方面的问题，因此，Hering 转向了寻找欧美客户。但进入 21 世纪，在全球竞争中，Hering 遇到了来自中国竞争对手的强劲挑战。目前，Hering 主要在巴西和几个毗邻的国家拥有相对稳固的竞争优势。

最后，拉美地区跨国公司的国际化进程，有可能受非经济因素的阻滞。专栏 8-9 给出了一家引人注目的巴西建筑行业巨头奥德布雷希特（Odebrecht）的案例，该公司腐败案是在 2014 年初拉美地区最大的企业巴西石油公司腐败案调查过程中被发现的。而触发巴西石油公司腐败调查的起因，是巴西议会附近的一家加油站老板参与了洗钱等非法活动。随着巴西石油公司腐败案不断发酵，奥德布雷希特公司被发现也牵涉其中，随着调查的持续深入，该公司的海内外行贿丑闻逐渐浮出水面——在十年间，巴西石油前任高管总计收受了 20 多亿美元贿赂，行贿方多为建筑和工程企业。许多类似的腐败案，损害了拉美地区企业的声誉和形象，严重阻碍了它们的公平竞争和健康运营发展。由于腐败现象的存在，未牵涉腐败案的企业在市场竞争中往往处于不公平的地位，限制了自身的发展潜力；而腐败使参与其中的企业内部管理混乱、效率低下，又制约和影响了这些企业的竞争力和创新能力的提升。与腐败案相关的各种非经济因素对拉美地区经济和政治环境产生了重大影响，在奥德布雷希特腐败案发生后，拉美国家的多个大型项目因腐败调查被暂停或放弃，公众对基础设施投资的信心下降，该案件还引发了各国民众对政治精英的广泛不满。只有致力于削减非经济因素的负面影响，抑制政府部门官僚主义和过度干预，提高法治与公共管理水平，坚决打击腐败，规范国有企业治理，培育公开透明的营商环境，拉美地区跨国公司的健康发展才能获得有力的制度保障。

深陷腐败案的奥德布雷希特

奥德布雷希特(Odebrecht)被认为是最国际化的巴西公司之一，这家建筑和石化集团的历史可以追溯到1856年。1971年，该公司是巴西第19大建筑公司，两年后，凭借与巴西军政府的紧密关系，跃居第三位。20世纪60年代末70年代初，巴西政府提供了激励性措施，支持民族企业发展。20世纪70年代末，随着巴西"经济奇迹"的放缓，奥德布雷希特预见到，由于公共预算问题，政府为大型公共工程项目签订利润丰厚的合同的时代即将结束，于是决定将业务多样化。

1979年，奥德布雷希特进入石化领域，并于同期开始了国际化进程，将业务扩展到秘鲁和智利的特定水电项目。1984年，开始在非洲开展业务，成为安哥拉水力发电厂的承包商，还参与了卫生和水处理系统、石油开采和钻石矿的开采项目；在加蓬和印度海岸钻探石油，在厄瓜多尔和秘鲁建造灌溉堤防；在阿根廷、墨西哥和巴拉圭建造发电厂；在智利建造纸浆和造纸厂。1988年，奥德布雷希特通过收购一家葡萄牙公路和铁路建造商进入了欧洲，并于1991年通过收购一家英国公司SLP Engineering Ltd获得北海石油钻探合同，还赢得了迈阿密高架交通系统的扩建合同及随后的40多个美国建设项目。

2005~2009年，奥德布雷希特销售额翻了五倍，已成为拉丁美洲最大的工程和建筑公司，在国际承包商中排名第18位(2009年《工程新闻记录》杂志)。2010年，瑞士洛桑国际管理发展学院(IMD)因其在业务持续增长及履行社会和环境责任方面的出色表现，将公司评为全球最佳家族企业。在国际业务方面，1994年，奥德布雷希特总营收为20亿美元，其中，海外收入8.11亿美元，占比37%；2013年，公司在23个国家的总营收超过400亿美元，2/3的业务来自海外市场。2014年，奥德布雷希特居巴西的五大家族企业之列，且是仅次于巴西国家石油公司的巴西第二大雇主。在2015年的鼎盛时期，公司3/4的营收来自海外市场。

2015年，公司CEO马塞洛·奥德布雷希特(Marcelo Odebrecht)因腐败、洗钱等指控被捕，并于次年辞去了公司领导职务。美国司法部和其他10个拉丁美洲国家开展了调查，证实奥德布雷希特在20年间，贿赂了12个国家的总统、前总统和政府官员。公司贿赂行为是通过一个名为"结构化运营部"

（DSO）的独立部门进行的，DSO 通过法律和非法的政治竞选捐款以及向公职人员和政治家支付贿赂来购买影响力。对经高层确认的贿赂活动，DSO 会通过一系列空壳公司、账外交易和海外银行账户注册、管理和支付贿赂。

最后，马塞洛和他的父亲与巴西、美国和瑞士政府签署了宽大处理协议，承认腐败并支付了 35 亿美元的罚款，巴西将保留其中的 80%，另外 20% 将由美国和瑞士政府平分。之前，奥德布雷希特家族是集团的大股东，拥有绝对控股权。但在腐败案发生后，奥德布雷希特家族不再有任何成员进入公司董事会，也不再在旗下任何公司担任高管职位。在最动荡的时期里，奥德布雷希特通过收缩来谋生存——2016 年，解雇了 5 万名员工，将员工人数减少到 12.8 万名；还出售了各种业务部门和参与的项目。目前，公司只在十几个国家开展业务，总收入为 200 亿美元，主要市场集中在拉丁美洲和非洲。

资料来源：笔者根据 Bedinelli（2016）、Castro 和 Crosta（2020）及 Campos 等（2021）的相关内容编写。

| 第九章 |

展望：学会在"不平"的世界中行走

本书站在人类历史进程的一个交汇点上去回顾过去和展望未来，基本观点是：运用全球思维，跨国公司将持续学习和不断增进在"不平"的世界中自如行走的管理智慧。21世纪，无论面对多么复杂的全球政治经济局势，终将会有一批中国企业冲破重围，破茧成蝶。这个时代，需要中国企业以无比的勇气、想象力和创造力，与未来的不确定性主动接触，作激情碰撞，需要中国企业以血肉之躯，如履薄冰地探寻通向远方的道路。在这条道路上，中国企业要学会运用全球思维，接纳与适应我们所能观察到的全球政治经济冲突与矛盾起伏波动的现状，对未来发展的可能性，抱持开放与包容的管理心智，进而为共建全球性的国家与跨国公司之间的合作生态系统做出最为务实的努力与贡献。在这个过程中，这些中国企业的精神、骨骼与肌腱将在前行的道路上得到焙烧与淬炼——直至它们的苦难、辉煌与荣耀被国际商业史研究者记录于笔下。

一、全球思维下的新视界

无论全球化的浪潮向何方涌动，各国政治经济的命运始终紧密相连为一体。错综复杂的命运之网时刻经历着各种起伏、波动与不确定性的考验，这是个体活力与人类社会整体向前发展的自然律动。对于出乎我们意料的那些现象，保持一颗平常心至关重要。时局变化，总是在为我们学习、适应和形成创造性思考提供新的机会。在这个过程中，我们需要学会从全球思维出发，正确看待不同国家和地区之间既相互依存又彼此博弈，甚至加剧对抗的互动关系，以及这种复杂互动关系如何作用于全球政治经济的走向。通过深入理解全球政治经济格局的变化潜力，我们能够更好地把握时代脉搏，为应对未来的挑战做好充分准备。

全球思维：
世界大变局下跨国公司的演进与成长

1. 以平常心看待全球政治经济的起伏波动

当前的中美博弈，放在历史长河中来看，并不是太阳下的新鲜事。有人认为，美国打压中国，就像20世纪八九十年代打压日本一样，是西方世界对新兴的东方经济强国的经济民族主义情绪使然。其实，从全球商业史来看，随着各国政治经济实力此起彼伏的变化，经济民族主义情绪由来已久，在西方世界内部各国政治经济的长期交往中一直时隐时现。按照科斯特曼和费什巴赫（Kosterman & Feshbach，1989）的定义，民族主义情绪是"不平"的世界的衍生物，因为它是"一种对国家优越性的感知和对国家主导地位的倾向，这种倾向始终暗示着对其他国家的向下比较"。威尔金斯（Wilkins，1974）研究了1914~1970年欧美跨国公司的发展情况，并指出，历经两次世界大战、大萧条及战后时期，欧美国家的跨国公司所组成的超国家经济力量在全球市场上广泛开展了竞争与合作，它们承受了国有化、征用、经营中断等各种环境挑战与压力，努力维持自身的海外扩张和运营，以应对国际政治形势中各国地位与力量对比关系变幻不定的局面。

19世纪末20世纪初，欧洲人便惊呼"美国入侵"了。像"一战"前的德国政府和工业界就讨论过"美国危险"（American Danger）及其他欧洲公司并购德国企业的信任威胁问题。而当时德国工业的外国化现象只发生在了三个行业：一是英美烟草公司并购了一家德累斯顿的公司，控制了约25%的德国市场；二是英国与荷兰公司控制了60%~70%的德国人造黄油工业；三是8家平板玻璃公司中，有6家被法国和比利时的合资公司控制了（Feldman，1989）。可见，西方国家对来自国家的经济竞争冲突是非常敏感和警惕的。半个世纪后，当美国企业在欧洲快速扩张时，尽管它们帮助欧洲国家开展了战后重建，给欧洲企业带去了先进技术和管理方法，但欧洲国家又一次对"美国入侵"感到了担忧与反感。在更早的年代里，英国对美国大举进行对外直接投资时，美国同样表达过对"英国入侵"的担忧。

20世纪80年代末，美国对墨西哥的水泥产品提出了反倾销调查，这一政策主要针对的是墨西哥最大的水泥生产商西麦克斯（Cemex）。当时的西麦克斯投资了卫星通信系统CEMEXNET，为其全球扩张奠定了重要的运营管理基础。由于《北美自由贸易协定》（NAFTA）及后来的《美国-墨西哥-加拿大协定》（USMCA）的存在，西麦克斯作为一家墨西哥企业，免受诸多政治和贸易争端的不利影响，从美国的建筑热潮中受益良多。然而，由于这类自由贸易活动损害了美国的利益，美国政府选择对墨西哥水泥公司加增关税。类似的情况，无论是一个世纪前德国人和英国人对美国跨国公司的态度，还是当代美国人对英国、墨西哥或其他国家跨国公司的态度，都是如出一辙的（Wilkins，1990）。为应对挑战，西麦克斯打出了市场策略与非市场策略相结合的一套组合拳，其目标是保持在美国市场的竞争优势地位，并尝试降低关税和推翻美国政府的决定（见专栏9-1）。西麦克斯的努力取得了一部分成效——为应对制裁，西麦克斯聘请了美国顶尖的法律和媒体顾问来解释公司立场，还收购了委内瑞拉、加勒比地区等地的公司，经由这些公司向美国出口水泥，绕过了美国政府的裁决。西麦克斯还发布了《全球制裁、出口管制和反抵制合规政策》，确保公司业务活动符合各国法律法规，维护公司声誉和商业利益。在国际化并购方面，西麦克斯相继收购了西班牙的两家水泥公司 Valenciana 和 Sanson、英国的 RMC、澳大利亚的 Rinker，获得了这些国家的重要市场份额。但是，在尝试改变美国政府的裁决方面，西麦克斯的努力是失败的。直到2005年，墨西哥政府还在提议美国取消对进口的墨西哥水泥征收55%的关税，以及减少对西麦克斯的制裁。到2017年特朗普就任美国总统时，又对墨西哥水泥产品挥舞起了关税大棒。2025年，特朗普再次当选美国总统后，推行了对墨西哥、加拿大和中国加征关税的新举措。

 **专栏 9-1**

西麦克斯的抗争

20世纪80年代后期，西麦克斯作为全球第四大水泥生产商，开始进入美国市场，并在美国南部各州顺利建立了分销机构，实现了扩张。当时，美国经济特别是建筑业正处于衰退期，但西麦克斯对美国的出口却大幅增加。于是，8家美国水泥企业和2个工会向美国政府提交了反倾销申诉。1990年8月，美国国际贸易委员会（ITC）和国际贸易管理局（ITA）裁定从墨西哥进口的产品对美国工业造成了实质性损害，致使7家水泥厂关闭，并使当地水泥价格下降了50%以上。美国商务部对从西麦克斯进口的产品作出了征收58%关税的裁决。

为应对挑战，西麦克斯采用的市场策略是从水泥价格相对较低的佛罗里达州等市场撤出，减少出口，并留在价格较高的亚利桑那州和加利福尼亚州等市场。该策略具有降低倾销幅度的效果，一个因素是倾销幅度是根据进口产品销售市场上墨西哥净磨价和美国净磨价之间的差额确定的。将销售限制在价格较高的市场上，可以有效降低价差，这为降低关税提供了基础。同时，西麦克斯的销售利润率既因价格上涨而直接提高，也因关税降低而间接提高。

另一个重要因素是，用于计算反倾销税的最低价格是针对相同的或可比的产品。在美国，水泥市场主要销售散装水泥。而在墨西哥，78%的销售额是通过销售袋装水泥实现的。袋装水泥在墨西哥的售价高于散装水泥。为此，西麦克斯继续在墨西哥销售散装水泥，以确保更合适的可比产品，并就此要求对倾销幅度进行行政复议。美国企业指称西麦克斯在墨西哥维持着一个虚构的散装水泥市场。最终，美国商务部裁定西麦克斯有罪，但将关税降至30.74%。

西麦克斯试图推翻美国征收关税的裁决，就ITC关于美国工业受到墨西哥水泥损害的裁决和征收关税的决定，向美国国际贸易法院（CIT）提出了上诉。CIT驳回了这两项上诉，西麦克斯向美国联邦上诉法院上诉ITC的裁决，但再次败诉。随后，墨西哥向贸易及关税总协定（GATT）请愿，要求成立一个由3人组成的小组来审理西麦克斯的申诉。美国同意成立专家组，1992年专家组作出有利于墨西哥的裁决，理由是作为申诉者的美国企业不能充分代表美国工业界。不过，专家组的决定只有在所有GATT签署国同意的情况下才能实施，但美国拒绝同意。

资料来源：笔者根据Baron(1995)的相关内容编写。

20世纪80年代，日本跨国公司在美国发展迅速，随着这些企业日益接近美国技术前沿，它们变得越来越引人注目，也就越来越多地遭遇到了美国公众严重的敌意和负面的舆论情绪。不过，我们也要看到，即使是美国在20世纪八九十年代打压日本的时候，美国对待日本企业的态度，也不是铁板一块的。经济利益的矛盾与冲突问题，总能够找到经济上的解决方案，日本企业就成功捕捉到了"美国不是平的"这一事实的新的发展机会。在美国加利福尼亚州的硅谷，美国本土企业强手林立。在硅谷碰钉子之后，日本电气、京瓷、富士通、爱普生和夏普等50多家日本公司在20世纪80年代中后期，相继聚集到了华盛顿州温哥华-俄勒冈州波特兰地区，它们与惠普、英特尔等美国企业一道在那里打造了"硅森林"（Silicon Forest）。俄勒冈州经济的传统支柱原本是林业，但20世纪80年代木材价格下跌，使这一地区亟须培育半导体工业这样有前景的高科技产业。在"硅森林"，日本跨国公司拥有了比硅谷更友好和更低成本的商业环境，也获得了相对多一些的政策话语权。在发展过程中，"硅森林"经历了半导体产业产能过剩、在繁荣与萧条之间摆动的周期性波动以及日本企业和美国企业之间的"微芯片大战"（Hamilton，1987），最终收获了超过美国平均水平的 GDP 和就业增长，区域经济竞争力和企业集群的竞争力得到了显著提升，实现了双赢。前文在论述日本跨国公司发展策略时已经提到，日本跨国公司在英国设立子公司时优先考虑经济不那么发达和失业率较高的地区，如英国东北部的桑德兰或西部的威尔士地区，在这些地区，日本跨国公司能够获得当地政府和社区更多的认同与支持。

2. 绕开"修昔底德陷阱"的理论假说

美国哈佛大学肯尼迪政府学院的格雷厄姆·艾利森（Graham Allison）提出了"修昔底德陷阱"的理论假说。该理论假说描述了一种"危险的历史模式"，即后发国家实力的增长会引起领先国家的恐惧，进而将国际关系推入冲突丛生的陷阱，甚至是战争冲突的边缘。"修昔底德陷阱"反映了典型的西方文化背景下零和博弈的思维和争霸夺利的思维，这一理论假说绘制的平面图，装不下当今的世界。在艾利森的笔下，历史使每一位读者都成为"事后诸葛亮"，身在历史之中的人们，很难有知晓后世真相的智慧。在某一历史时点上，可能有多个后发国家对旧秩序下的领先国家构成挑战。在变动不居的历史进程中，旧秩序下的领先国家很有可能根本无法准确预测，谁是对其领导地位构成决定性威胁的真正挑战者。就像前文中阐述过的，20 世纪末，德国和美国同时对英国这一欧洲领导者和昔日的世界经济霸主发起挑战。激烈的政治军事冲突，发生在德国与英国之间；但在英国经历了与德国争斗的消耗后，美国轻而易举地夺走了英国的全球霸主地位。在两个世纪前的英法争霸中，也没有谁能够提前料定英国必将胜出。任何一场争霸战，注定是消耗战，参与争霸战的任何一方，都无力独自掌控历史车轮的前进方向。

"修昔底德陷阱"将领先国家与后发国家之间经济与政治实力较量呈现在大众面前。但国家的经济与政治实力，在每个时点上，都呈现为复杂多变的组合。当今世界的基本形势是，美国的经济综合实力仍然是强大的，但其内部不平等的社会现实破坏了其政治经济制度的合法性和稳定性。多年来，美国社会政治功能失调所引发的经济波动，不断地向全球市场体系蔓延与扩散，加剧了美国与其他国家之间的各种摩擦与对抗。中国这个迅速崛起的大国，同时也是与美国相互依存的最重要贸易伙伴，非常被动地且主要在美国的压力驱使下，渐进式地被美国视为地缘政治对手。中美两国之间的博弈与冲突，在很大程度上是美国消极回避自身难以摆脱的国内政治经济运行困境而盲目向外转嫁矛盾的产物。未来的历史走向大有可能会证实，当下美国选择与中国之间开展对抗性博弈的短视做法，属于严重的战略误判。

面对当前的形势，全球政治经济体系的参与者有两种基本立场：一是信奉有限游戏中的零和博弈法则，相信强者将摧毁弱者或弱者将战胜强者，相信任何一方的收益必然导致另一方的损失，并将两者之间的胜负分定作为走出现代版"修昔底德陷阱"的唯一出路。采用这样的立场，会影响当事方正视自身内在的矛盾与问题。在这种境况下，一味向外求解，通常不是解决问题的正道。但不幸的是，越是在自身低迷不振和信心不足的状态下，越容易采取这种错误立场，他们总是克制不住要去怀疑和攻击别人，而不是积极努力通过自身的改善来解决问题。二是选择相信世界的未来发展属于一种无限的游戏，通过不断改变全球政治经济的边界条件和规则，将有更多的力量参与到此游戏中来，让整个游戏变得生生不息，真正成为突破各种限制条件和创新全新的可能性的艺术（Carse，1986）。

各个国家及其跨国公司作为全球政治经济的主要参与者，应该选择哪种基本立场呢？赖克（Reich，1991）指出，一个国家应该提防零和博弈假设，因为彼此在全球经济中的相互依赖如此之深，零和策略将适得其反。他倡导积极的经济民族主义情绪，即一个国家在全球经济中的角色，不是增加悬挂有其旗帜的公司的盈利能力，也不是扩大其公民在全球的资产，而应该是通过增加本国公民对世界经济的贡献来提高本国公民的生活水平。这属于典型的正和博弈（Positive-Sum Game）的全球思维，强调全球经济的参与者应该在世界有无限发展可能性的前提下来思考未来的行动策略。习近平总书记反复重申，地球足够大，容得下中美两国共同发展。这就是中国的选择、中国的立场，出于正和博弈的全球思维。

绕开"修昔底德陷阱"，不能只靠讲道理。努力跳出零和博弈思维的中国，既不会靠武力打压来解决问题，也不会靠意识形态压制来解决问题，而追求慎战、和平发展和以"文"化人。对待任何打压我们的力量，我们坚持以"战"止战，以最坚决的战斗意志，让对手明白任何对我们的进攻都不会有好结果。《墨子·公输》记载了墨子劝阻公输盘（鲁班）和楚王进攻宋国的故事，在这个故事中，墨子以逻辑严密的论辩和实际演示，让公输盘和楚王清楚明白，楚国攻打宋国不会有好结果。在全球政治经济舞台上，中国始终如一地倡导协商合作共赢，但也不怕任何一个国家搞冲突对抗。有的国家追求一己私利至上、以邻为壑，在国际社会搞贸易战、科技战、"新冷战"和"小院高墙"，动不动就挥舞脱钩、断供、制裁的大棒，排斥、威胁、恐吓我们，想将我们隔绝于世界之外，想将国际政治经济形势推向分裂与对抗。对于这些做法，我们的应对之策只有一条：奉陪到底，让它搞不成功。只有经历一个势均力敌的、切磋较量高下和洞察彼此深浅的博弈过程之后，国家之间才能达成对彼此的真正尊重与公平交易的和谐交往关系。

从历史走向未来，这条道路上，有各种的可能性。竞争与对抗并不必然导致战争。修昔底德认为因雅典崛起而导致的战争是不可避免的，雅典的独断变成了傲慢，斯巴达的不安化为了偏执，两个国家所选择的路径让避免战争变得越发困难，但事实上，情形并非如此。如艾利森（2018）所说，雅典和斯巴达，是"修昔底德陷阱"困住的历史中的第一批猎物。在本质上，"修昔底德陷阱"之所以出现，是因为雅典和斯巴达在心态上出现了偏差，走入了视域受限的无路可走的困局。21世纪的中国及中国跨国公司，不会成为被"修昔底德陷阱"困住的猎物。面对不确定时局下的严峻挑战，我们所要做的就是坚守自己的初心，既要避免过分保守、怯弱或恐惧，又要避免过分自信、傲慢或偏执，充分运用想象力，运用好历史经验与哲理智慧，不断消解对抗形势中的各种风险因素，不断稳固和增强己方所拥有的优势，直到将大国关系全面导向互利共赢的新方向。

3. 以更宽阔的时空观来探索新视界

本书的中心议题是考察跨国公司如何在国家之间冲突林立的不利的全球政治经济形势下生存与发展之道。很多人对当前变乱交织的动荡形势表现得忧心忡忡，笔者在此希望强调的是，以史为鉴，放眼世界，我们身处其中的世界，从来不是一个一马平川的世界。即使我们大而化之地将世界分为两个世界，即西方世界和西方之外的亚洲及全球南方世界，在这两个世界中，不同的国家仍然各自以不同的路径与方式融入全球政治经济体系。一旦我们洞察了世界的客观复杂性，就完全有可能改变那些早已固化的认知观念，脱离一时一隅之局限，创造性地去创造机会，努力使自己融入不同世界的各种大不同的面貌之中。

以冰激凌这一为人们广泛熟悉的甜品作一个小小的例证。人们普遍以为欧洲国家有更高的乳制品质量标准，但主要欧洲国家在有关冰激凌的质量立法上曾经出现过历史性的差异。在两次世界大战发生之前，英国的冰激凌遵循含乳脂的传统食谱，总体质量与乳制品成分相一致，有对含最低量乳脂的立法要求。在两次世界大战期间，为应对严重的食物短缺和配给，英国政府允许甚至鼓励在许多食品产品（包括冰激凌）中使用更便宜的替代品。这就从根本上改变了英国冰激凌的成分，企业开始大量使用植物油和糖来代替乳脂制作冰激凌。两次世界大战结束了，但英国企业制作冰激凌的做法却一直沿用至今。德国和法国比英国更尊重传统食谱，德国的立法坚持要求冰激凌中含有至少10%的乳脂；法国的法定要求为7%，法国的法律甚至规定了冰激凌中可以使用的天然香料的最低含量（Jones，2005）。欧盟成立后，取消了各国的质量标准，允许各国企业在冰激凌中使用的原料有更多的变化。这意味着，欧盟企业不再被法律强制要求遵守传统食谱配方生产冰激凌，许多欧洲国家的冰激凌里可能根本没有乳脂。只有那些标明乳制品冰激凌（dairy ice cream）的产品，才必须至少含有5%的完全来自乳制品的乳脂。这个非常小的例子提醒我们，不要先入为主地作预设性判断，发达国家也不是恒定地表现为"铁板一块式"的发达或先进的状态。

再以北欧国家为例，这些国家堪称欧洲民主程度最高和现代化水平最高的国家。我们通常的理解是，从全球角度来看，北欧这几个小型开放经济体在政治、文化、法律和经济体制因素方面是高度相似的。不过，桑德斯等（Sanders et al.，2016）的研究表明，从19世纪80年代起，斯堪的纳维亚半岛在回应经济全球化以及对待外来跨国公司投资的政治态度上，仍表现出了非常明显的差异化的态度。丹麦的态度是普遍积极的却又带有多面性；挪威和瑞典的态度要复杂一些，其中，瑞典效仿过德国转向保护主义，挪威既像丹麦一样主张自由贸易，有时也会更偏向强硬派；芬兰的情况则更复杂，它在历史上曾是瑞典的一部分，后来作为自治的大公国移交给俄罗斯，在历史上实行过国有制和对跨国公司的限制政策。总体看来，表面看似高度一体化的北欧四国，如果我们结合各国的历史和地理区位去作更加深入的考察，就不难发现这四国的政治经济中既有国家干预主义的元素，也有相对自由、开放和民主的，更加强调个人权利的元素。

以上的两个例子旨在提醒我们，借助更宽阔的时空观，我们才有可能跳出各种先入为主的偏见陷阱，洞察周遭的现实世界中精微的差异变化，一旦视界改变了，我们就有可能穿越自身所处时代的不确定性的迷雾，去更好地与不同的世界相处，并为现实世界中的各种"不可能三角"难题找到解决方案。全球思维的意义在于它引导我们铭记：在这世界上，每一个伟大国家都具有政治经济的双重属性，并始终奋力地在世界之林中塑造自己的独特个性。有全球思维的跨国公司及其管理者应学会接纳如下事实：不同国家在自然地理样貌上的多元化程度与国家之间在文化制度上的多元化程度，可谓是等量齐观的。正是各国在制度与社会文化上的丰富差异性，才为跨国公司提供了施展自身才能的舞台。在如此"不平坦的"世界中行走，恰如彭罗斯（Penrose，1995）所指出的，企业成长并不完全受外部环境条件的掣肘，即使面临再大的困难，总是有企业能够创造性地发现新的市场机会，跳脱出现有环境条件束缚下的经营困局。在彭罗斯看来，企业成长的主要限制来自组织管理方面的内部因素。高瞻远瞩的管理者总是能为企业成长提供驱动力，实现企业的可持续成长；只有遇到了管理瓶颈，企业成长才会真正受到阻滞。以这种积极乐观的企业成长观来审视当下的时局，其实不过是"彭罗斯效应"（Penrose Effect）的一个放大版本——全球化及跨国公司在经历了几十年的快速增长后，自然而然地进入一个增长放缓的新阶段。破除新阶段的发展困局，需要跨国公司拿出新的经营管理智慧。

艾登和伦韦（Eden & Lenway，2001）写道，我们可以将"世界想象成一个棋盘，那么不可移动的方块就是国家边界和贸易墙，政府和企业在这些边界和贸易墙后面找到了避难所。在政治壁垒的保护下，各国可以保持自己的文化、传统和生活方式，以及自己选择的治理模式。政策墙提供了与外界的绝缘和保护；生活更慢、更安全，风险更小……有些人会想出避开方块的方法，还有人会利用它们来阻碍对手……一些旧的策略不再有效，个人可能会输掉他们通常赢的游戏。学习新策略要付出代价。很可能灵活性和扫描能力将是影响成功的关键因素……（新）技术允许代理绕过、穿过甚至利用这些块（避免、逃避、套利），从而使它们变得无效"。就当前的科技封锁而言，显然，在先发展的跨国公司拥有绝对领先优势的前沿产品技术领域，后发展的跨国公司不可能在短时间内找到自己的位置。不过，只要时间足够长，竞争博弈的游戏次数足够多，市场经济的不完备性决定了后发展的跨国公司总能找到大大小小的市场机会去与先发展的跨国公司竞争并不断发展壮大。如果先发展的跨国公司开放包容地给予常规性的技术支持，后发展的跨国公司就能以更低的成本来提供这些常规性的产品技术；如果先发展的跨国公司心怀芥蒂，拒绝分享与提供技术支持，那么，后发展的跨国公司也有各种可能，如创造性地通过连绵不断的微小技术创新与服务改进，来形成自身独特的竞争优势，甚至是另辟蹊径实现"弯道超车"。近日，我国自主研发的大模型 Deepseek 震惊了全球 AI 世界，突破了发达国家的科技封锁，在算力资源受限的情况下，走出了与国外 AI 公司不尽相同的技术路线并形成了强大竞争优势，就是一个经典例证。

人类的一种动物本能是，我们在充满优越感和缺乏有效的威胁的环境条件下，会表现得相对平和与友好；而越是实力弱小者，在遇到威胁或注定即将失去自身优势的情况下，越发容易产生忧惧和对抗的情绪。霍夫斯泰德等（Hofstede et al.，2010）写道："今天的人类群体生活在分裂中……我们的环境类似于海洋鲸目动物（海豚和鲸鱼）生活的海洋……鲸目动物非常和平，而且具有社交智慧。它们是两千多万年前回归海洋的陆地哺乳动物的后代。很可能是它们先前存在的大脑容量和社会结构，再加上环境因素和在海洋中远距离交流的潜力，导致了进化压力，以增加它们和平共处的能力。例如，抹香鲸是世界上最大的狩猎动物，拥有所有动物中最大的大脑……人们发现抹香鲸的社会组织至少有四个层次的巢状结构，其中包括跨越一千公里的数千个个体，它们的社会组织范围甚至可能更广。"跨国公司恰如海洋中的鲸目动物，它们既是全球市场上最大的狩猎动物，同时也是因承受了最多的进化压力而最具有组织合作与社交智慧的物种。

综观史料，过去几百年间，跨国公司从来不是在政治真空中运作的，它们坚韧不拔地发展壮大自己，它们的经营活动影响到了数以亿计人的福祉（Bucheli，2008）。21 世纪的跨国公司需要继续学习穿越所处时代的迷雾，突破旧有视界的桎梏，找准自身在全球政治经济、社会文化和制度环境中应该发挥的桥梁与文明使者的作用，积极去修复和扭转因各国不均衡的发展而带来的不安全、不稳定以及国际社会信任感和凝聚力持续下降的不良趋势，全心全意地为世界开启合作共赢的新机会。随着越来越多的跨国公司投身于建设美好世界的事业中，全球政治经济形势将向趋于稳定与和谐的方向转变，这又将为跨国公司提供更广阔和更可持续的发展空间。

二、中国跨国公司的时代责任与国际形象

21 世纪的中国企业面临着来自高不确定性世界的艰巨竞争挑战。历史地看，中国企业是国际市场体系中的"新后来者"，比西方先行工业化国家的跨国公司晚发展了一两个世纪。改革开放以来，中国企业在三四十年的时间里创造了快速增长的经济奇迹，推动中国发展成为世界上第二大经济体。而今，中国企业已经成为国际舞台上重要的参与主体，它们如何与世界共处？如何

顶住国际政治经济形势诡谲多变的重重压力，规避风险、成功构筑竞争优势和发展壮大一批能够融入全球市场，并且能够因服务全球市场从而获得国际社会广泛认同与尊重的中国跨国公司？这是中国企业与中国企业研究者需要共同努力作答的时代性问题（余菁和刘陆禄，2023）。本书的出发点是，中国企业应该在放眼全球和遍观全球跨国公司历史发展经验的基础上，来积极探索符合自身国情和企业实际情况的成长之路。坚持胸怀天下，是中国共产党百年奋斗的十条历史经验之一。大道之行，天下为公，始终以世界眼光关注人类前途命运，从人类发展大潮流、世界变化大格局、中国发展大历史中正确认识和处理同外部世界的关系，坚持开放、不搞封闭，坚持互利共赢、不搞零和博弈，坚持主持公道、伸张正义，站在历史正确的一边，站在人类进步的一边。① 正是从这一历史经验出发，本书才有阐述全球思维的重要意义与时代意涵的种种思考。

在历史上，英国和美国的跨国公司，都扮演过或正在扮演国际市场体系中最有竞争力的经济主体的角色，担当了其所处时代的先进产业技术领导者的角色，与其所在国家作为全球性帝国或霸权国家的地位是相匹配的，其发展的中心任务也是维护公司自身及所在国家在全球体系中的领导者地位。其他国家的跨国公司是在居于领导者地位的国家及其跨国公司群体主导的国际市场体系中各自拾遗补缺的，在局部领域建立并不断巩固自身相对独特的国际竞争优势。西方跨国公司的上述竞争理念与传统做法，是自 4 个世纪前欧洲霸主国家在殖民时代设立荷兰东印度公司与英国东印度公司这类公司时确立下来的。在鼎盛时期，英国东印度公司拥有强大的军事力量和国家职能，在其公司治理体制中，政治权力与经济财富是交织在一起的，政治强权与军事实力始终是为经济财富最大化而服务的。

在中国跨国公司兴盛的 21 世纪，人类文明已经行进到了新的轨道上。21世纪国际社会的理想秩序应该是，没有哪一个强国通过争权夺利去称霸，没有哪一个强国要去掠夺弱国，也没有哪一个弱国要去臣服或依附于哪一个强国。在新的时代背景下，21 世纪跨国公司的国际身份，将获得朝更文明的方向发展的全新可能性。21 世纪的跨国公司，应该不同于 4 个世纪前的东印度公司，它们不应该再充当野蛮掠夺者和奴役压迫者的组织手段与工具；同时，

---

① 参见 2021 年 11 月 11 日中国共产党第十九届中央委员会第六次全体会议通过的《中共中央关于党的百年奋斗重大成就和历史经验的决议》。

它们也应该不同于一两个世纪以来发展起来的欧美日跨国公司，不应该再纯粹是股东利益至上的挣钱机器或霸权国家用以维护自身相对有利的国际竞争地位的手段与工具。如果 21 世纪的跨国公司，仍然重复着 17 世纪的东印度公司模式或者是 19 世纪末 20 世纪初的国家竞争模式，那么，它们日渐积聚起来的巨大的且不对等的经济与政治力量，仍然有可能将世界各国重新推进战争冲突与对抗的灾难场景之中。

中国优秀的传统文化和推进中国式现代化的使命任务决定了，中国始终坚持和平发展道路，既通过维护世界和平发展自己，又通过自身发展维护世界和平。当中国企业以跨国公司的身份走向世界时，它们将向世界呈现出打上中国文化烙印的独特价值观。这些独特的价值观，是内生于中国特色的社会主义市场经济体制的，是充分尊重市场经济公平竞争与公平交易规则的，同时又不是一味计较自身的狭隘公司利益或国家利益的；是内生于中华五千年悠久文化之中的，是在比西方大航海时代更早的郑和下西洋时就展现出来的崇尚开放与友好文化交流互鉴的对外交流方式；是尊重技术进步的，是包容多元化人文情怀的，是深受人类和谐大同社会的共同价值观念与使命感、责任感滋养的。我们相信，中国跨国公司的有益实践与积极奉献，将有望推动对过去几个世纪以来西方跨国公司主导的全球经济体系的结构性和系统性变革，其发展远景是要与世界上一切进步力量、友好力量合作共赢，不断为人类社会进步贡献新的解决方案和可持续的增长动能。

从人类工业文明的长远视角来看，21 世纪中国的时代性任务是要跳出由美西方设定的工业化与现代化的话语体系，重构贴合于中国式现代化建设实践需要的话语体系。当今世界面临的艰巨挑战之一是，先行实现工业化的西方发达国家与仍在努力推进工业化的全球南方国家之间，形成了难以跨越的综合了技术、经济、社会制度和文化价值观等差异的鸿沟，这是全球工业文明全景图上的一条"大断裂带"，是美西方工业文明模式已经无力解决的时代发展之痛点与难点。中国式现代化的成功推进，有望为修复全球工业文明"大断裂带"提供全新的可能性和更加丰富的路径选择。中国跨国公司，作为 21 世纪全球最有发展活力的微观主体之一，应该积极承担起修复"大断裂带"的时代重任，在人类历史的伟大进程中发挥好桥梁作用。

第一，中国跨国公司将承担把中国的现代化经验，向更多国家传播与推广的时代责任。中国的 14 亿人口，正处于整体性地迈进现代化的历史进程之中，这是人口数量相对有限的西方各个发达国家未曾有过的发展经验，中国的经验对以人口众多为基本国情特点的发展中国家有着良好的示范作用。中国跨国公司，是推动人口规模巨大的中国式现代化的关键力量，一方面，它们要先使14亿人民群众能够从超大规模的国内市场受益，率先享受到世界一流的产品与服务；另一方面，它们还要努力将世界范围内的充沛人力资源，培养和发展成为具有创造活力的人力资源，通过全面开放地吸收和整合全球先进生产要素，为每个人提供通过勤劳奋斗而在全球市场以及人类社会进步的各项伟大事业中实现自身发展与释放创造潜能的最大机会。

第二，中国跨国公司将承担以经济社会的高质量发展促进实现人民共同富裕的时代责任。西方主要发达国家跨国公司以追求经济增长与利润积累最大化为目标，它们曾走过的现代化之路是一条以资本积累为中心和以不平等为社会代价的发展道路。前文提到了像吉百利这样的极少数企业典范，它们先知先觉地意识到了，企业作为现代社会的微观组织细胞所应该承担的社会使命与社会服务功能。直到20世纪末，越来越多的跨国公司开始崇尚履行企业社会责任；进入21世纪，西方企业又大力发展了ESG投资。但总体而言，西方企业的发展取向仍然以追求自我发展和私利最大化为中心。中国式现代化是全体人民共同富裕的现代化，始终把人民群众的利益放在首位，我们走的现代化之路，是以人民为中心、维护和促进社会公平正义、追求经济社会高质量发展和全体人民共同富裕的道路。为此，中国跨国公司应该积极主动地承担形式多样的企业公民义务，不仅要尊重市场经济发展规律，通过在全球市场上开展公平竞争，不断提高和优化资本配置效率；更要大力促进发展消费者、员工、股东和更广泛的利益相关群体之间多元互惠共赢的经营理念与和谐社会关系，通过创造性地组织开展各种经济社会发展事业，更好服务于世界各国人民群众实现共同富裕和持续增进社会福祉的发展需要。

第三，中国跨国公司将承担探索促进物质文明和精神文明相协调的跨国公司未来形态的重要任务。工业革命以来，西方企业通过持续的科技创新，极大地推动了人类物质文明繁荣与进步。不过，现代化不仅是一种具有物质或技术属性的现象，更是一种具有鲜明的精神与文化属性的现象。换一个辩证的视角来审视西方的现代化成就，我们将看到，西方的大企业取得的成就，伴生了缺失符合人的全面发展要求的价值观和精神文明相对滞后发展的弊病。许多西方学者已经批判性地指出，这种微观组织层次的不协调性，必然会加剧那些信奉自由市场竞争和现代公司制度的国家经济社会秩序运行不稳定的长期风险。物质文明与精神文明之间的错位，已经成为全球霸权主义、单边主义、民族主义、贸易保护主义兴盛与加剧国际形势动荡的根源。中国拥有悠久历史和博大精深的文化传统，历来重视理想信念教育和正确的世界观、价值观培养，这些精神给养有助于帮助我们克服盲目追求单向度的物质文明进步的精神弊病。中华优秀传统文化中蕴含的天下为公、天人合一、革故鼎新、自强不息、厚德载物、任人唯贤、讲信修睦、亲仁善邻等思想，是中国人民在长期生产与生活中积累的宇宙观、天下观和道德观的集中体现，同科学社会主义主张具有高度的契合性。中国跨国公司应坚持历史自信与文化自信，积极探索能促进物质文明和精神文明协调发展的跨国公司未来形态，在为进一步富足人类物质文明贡献中国力量的同时，也要为弥合企业生产经营活动与文化建设中的思想鸿沟贡献更多的中国智慧。

第四，中国跨国公司将承载弘扬以人为本、人与自然和谐共生的可持续商业文明的时代重任。大航海时代以来，商业文明一直在顺应时代进步而不断演化。几个世纪里，西方发达国家主导并发展形成了相对成熟的、以资本和科技为核心的商业文明形态。进入 21 世纪，在新一轮科技和产业革命的冲击下，西方商业文明形态越来越难以适应全球政治经济形势的新变化。针对不受节制的西方商业文明所造成的各种难以调和的社会冲突和人与自然生态环境之间的尖锐矛盾，马克思主义给出了关于实现人的全面发展的理论主张，深化了我们对人与自然界关系的规律性认识，引导我们深刻反思人与社会、人与自然的和谐共生关系，进而构造和弘扬新时代的商业文明，以保障商业文明与人类自身的可持续性。过去的十多年里，中国在绿色、循环、低碳发展方向上，已经迈出了坚实的步伐。中国跨国公司在绿色清洁技术领域已经形成了不容小视的产业技术实力，有望成为全球绿色转型的引领者，以绿色减碳技术驱动并加速全球价值链重构（余菁，2024）。在参与应对气候变暖和严峻的生态环境问题这类全球性挑战的过程中，中国跨国公司将成为保护地球生态和发展绿色经济最积极的一个企业群体，不断提出应对全球性资源环境危机更加丰富且具有建设性的解决方案。

第五，中国跨国公司将在大力推动构建人类命运共同体和世界和平发展新格局方面发挥积极作用。自两次世界大战结束后，持续了大半个世纪的世界和平发展总体格局正在松动。在全球大变局下，不同的治理规则正处于激烈的博弈之中。面对风险与不确定性交织的复杂形势，我国始终坚持倡导践行真正的多边主义，致力于改革、完善和促进世界各国团结合作的全球治理体系。中国跨国公司，是中国参与塑造全球治理新格局的能动力量。几百年前，西方国家及其大企业走过了靠侵略扩张和殖民掠夺落后国家来壮大自身的道路。当今世界，以美国数字巨头为代表的少数巨型跨国公司日渐拥有了"数字极权"，在一定程度上构成了超越国家权力的、加速国际地缘政治经济紧张形势的深层次力量。中国及中国跨国公司不会再去重复这样的发展模式，而要从全球思维出发，探索出一条为人类谋进步、为世界谋大同，以自身发展带动和助力更多国家及更多企业共同实现和平发展的新型现代化道路。中国跨国公司将紧密围绕构建人类命运共同体这一发展目标，密切关注全球政治经济形势，着眼于应对全球性挑战的实际需要，在各行各业分享中国发展故事、中国发展经验与中国发展成就，将中国利益同世界各国利益结合起来，为全面解决各国面临的共同问题作贡献，使不同国家、不同阶层和不同群体的人们都能从世界发展中受益并成长壮大为新的建设者与贡献者，共同为建设持久和平、普遍安全、共同繁荣、开放包容和清洁美好的世界努力奋斗。

参考文献

［1］Aaslestad K. Blockade and Economic Warfare［M］// Forrest A, Hicks P. The Cambridge History of the Napoleonic Wars, Vol. 3. Experience, Culture and Memory. Cambridge: Cambridge University Press, 2022.

［2］Abelshauser W. The Dynamics of German Industry: Germany's Path toward the New Economy and the American Challenge［M］. London: Berghahn Books, 2005.

［3］Abo T. A Comparison of Japanese "Hybrid Factories" in U. S. , Europe, and Asia［J］. Management International Review, 1995, 35(1): 79–93.

［4］Adner R, Helfat C E. Corporate Effects and Dynamic Managerial Capabilities［J］. Strategic Management Journal, 2003, 24(10): 1011–1025.

［5］Aharoni Y. The Foreign Investment Decision Process［J］. The International Executive, 1966, 8(4): 13–14.

［6］Aharoni Y. How Small Firms Can Achieve Competitive Advantage in an Interdependent World［M］// Agmon T, Drobnick R. Small Firms in Global Competition. Oxford: Oxford University Press, 1994.

［7］Akamatsu K. A Theory of Unbalanced Growth in the World Economy［J］. Weltwirts Chaftliches Archiv, 1961, 86(2): 196–217.

［8］Akhter S H, Lusch R F. Environmental Determinants of U. S. Foreign Direct Investment in Developed and Developing Countries: A Structural Analysis ［J］. The International Trade Journal, 1991, 5(3): 329–360.

［9］Akira K. The United Germany and the Future of German Firms: A Japanese View［M］// Akira K. The Japanese and German Economies in the 20th and 21st Centuries: Business Relations in Historical Perspective. Amsterdam: Amsterdam University Press, 2018.

［10］Akyildiz F. The Failure of Multinational Companies in Developing

Countries in Sharing Environmental Responsibilities: The Case of Turkey[J]. Social Responsibility Journal, 2006, 2(2): 142-150.

[11]Amsden A H. Asia's Next Giant: South Korea and Late Industrialization [M]. New York: Oxford University Press, 1989.

[12]Amsden A H. The Rise of "The Rest": Challenges to the West from Late-Industrializing Economies[M]. New York: Oxford University Press, 1989.

[13] Anand J, Delios A. Competing Globally: How Japanese MNCs have Matched Goals and Strategies in India and China[J]. Columbia Journal of World Business, 1996, 31(3): 50-62.

[14] Rao A. Flashback Friday: Revisiting the 1944 "Bombay Plan" and its vision for India. WION. [EB/OL]. [2024-01-26]. https://www.wionews.com/business-economy/flashback-friday-revisiting-the-1944-bombay-plan-and-its-vision-for-india-683930.

[15] Archer H J. The Role of the Entrepreneur in the Emergence and Development of UK Multinational Enterprises[J]. Journal of European Economic History, 1990, 19(2): 293-309.

[16]Arel M S. English Trade and Adventure to Russia in the Early Modern Era: The Muscovy Company, 1603-1649[M]. Lanham, MD: Lexington Books, 2019.

[17]Arora A, Jajub A, Kefalas A G, et al. An Exploratory Analysis of Global Managerial Mindsets: A Case of U. S. Textile and Apparel Industry[J]. Journal of International Management, 2004, 10(3): 393-411.

[18] Arregle J-L, Miller T L, Hitt M A, et al. Do Regions Matter? An Integrated Institutional and Semiglobalization Perspective on the Internationalization of MNEs[J]. Strategic Management Journal, 2013, 34(8): 910-934.

[19] Arte P, Barron A. Early Internationalisation of New and Small Indian Firms: An Exploratory Study[M]// Van Tulder R, Verbeke A, Voinea L. New Policy Challenges for European Multinationals, Vol. 7. Bradford: Emerald Group Publishing, 2016.

[20]Ashwin A S, Krishnan R T, George, R. Family Firms in India: Family Involvement, Innovation and Agency and Stewardship Behaviors[J]. Asia Pacific Journal of Management, 2015, 32(4): 869-900.

［21］Awate S, Larsen M M, Mudambi R. EMNE Catch-up Strategies in the Wind Turbine Industry: Is there a Trade-off between Output and Innovation Capabilities?［J］. Global Strategy Journal, 2012, 2(3): 205-223.

［22］Bairoch P. International Industrialization Levels from 1750 to 1980［J］. Journal of European Economic History, 1982, 11(1-2): 269-333.

［23］Bang P F. The Roman Bazaar: A Comparative Study of Trade and Markets in a Tributary Empire［M］. Cambridge: Cambridge University Press, 2008.

［24］Bang P F. Commanding and Consuming the World: Empire, Tribute, and Trade in Roman and Chinese History［M］// Scheidel W. Rome and China: Comparative Perspectives on Ancient World Empires. New York: Oxford University Press, 2009.

［25］Bang V V. Beware of Large Base Effect. The Economic Times［EB/OL］.［2010-12-11］. https://economictimes. indiatimes. com/policy/beware-of-large-base-effect/articleshow/7080557. cms? from = mdr.

［26］Bang V V, Joshi S L, Singha M C. Marketing Strategy in Emerging Markets: A Conceptual Framework［J］. Journal of Strategic Marketing, 2016, 24(2): 104-117.

［27］Baron D P. Integrated Strategy: Market and Nonmarket Components［J］. California Management Review, 1995, 37(2): 47-65.

［28］Baron D P. Lobbying Dynamics［J］. Journal of Theoretical Politics, 2019, 31(3): 403-452.

［29］Bartlett C A, Ghoshal S. Managing Across Borders: The Transnational Solution (2nd ed.)［M］. Boston: Harvard Business School Press, 1998.

［30］Bartlett C A, Yoshihara H. New Challenges for Japanese Multinationals: Is Organization Adaptation their Achilles Heel?［J］. Human Resource Management, 1988, 27(1): 19-43.

［31］Bausch A, Krist M. The Effect of Context-Related Moderators on the Internationalization-Performance Relationship: Evidence from Meta-Analysis［J］. Management International Review, 2007, 47(3): 319-347.

［32］Becker S O, Ekholm K, Jäckle R, et al. Location Choice and Employment Decisions: A Comparison of German and Swedish Multinationals［J］. Review of World Economics, 2005, 141(4): 693-731.

[33]Bedinelli T. Odebrecht e Braskem pagar? o a maior multa por corrup?? o da história. [EB/OL]. [2016-12-21]. https：//brasil. elpais. com/brasil/2016/12/21/politica/1482347716_003844. html.

[34]Bell J, McNaughton R, Young S. "Born-Again Global" Firms: An Extension to the "Born Global" Phenomenon [J]. Journal of International Management, 2001, 7(1): 173-189.

[35]Bellak C. Austrian Manufacturing MNEs: Long-Term Perspectives[J]. Business History, 1997, 39(1): 47-71.

[36]Bernard A B, Jensen J B, Redding S J, et al. Firms in International Trade[J]. Journal of Economic Perspectives, 2007(21): 105-130.

[37]Bloom N, Sadun R, Van Reenen J. Americans Do IT Better: US Multinationals and the Productivity Miracle[J]. The American Economic Review, 2012, 102(1): 167-201.

[38]Blough R. International Business[J]. The International Executive, 1966, 8(4): 19-22.

[39]Blough R. Review of the Book American Business Abroad: Six Lectures on Direct Investment by C. P. Kindleberger[J]. Journal of Economic Literature, 1970, 8(4): 1257-1259.

[40]Bowen H V. The Business of Empire: The East India Company and Imperial Britain, 1756-1833[M]. Cambridge: Cambridge University Press, 2005.

[41]Bradley H. "Saluti da Londra": Italian Merchants in the City of London in the Late Fourteenth and Early Fifteenth Centuries[M]// Campopiano M, Fulton H. Anglo-Italian Cultural Relations in the Later Middle Ages. York: York Medieval Press, 2018.

[42]Brush C G. Factors Motivating Small Companies to Internationalize: The Effect of Firm Age [D]. Boston: Boston University, 1992.

[43]Bucheli M. Multinational Corporations, Totalitarian Regimes and Economic Nationalism: United Fruit Company in Central America, 1899-1975[J]. Business History, 2008, 50(4): 433-454.

[44]Buckley P J. Is the International Business Research Agenda Running out of Steam? [J]. Journal of International Business Studies, 2002, 33(2): 365-373.

[45]Buckley P J, Casson M. The Future of the Multinational Enterprise in

Retrospect and in Prospect[J]. Journal of International Business Studies, 2003, 34 (2): 219-222.

[46]Buckley P J. Business History and International Business[J]. Business History, 2009, 51(3): 307-333.

[47] Buckley P J. The Theory of International Business Pre-Hymer[J]. Journal of World Business, 2011, 46(1): 61-73.

[48]Buckley P J, Casson M. The Internationalization Theory of the Multinational Enterprise: Past, Present and Future[J]. British Journal of Management, 2020, 31(2): 239-252.

[49]Buckley P J. The Role of History in International Business: Evidence, Research Practices, Methods and Theory[J]. British Journal of Management, 2021, 32(3): 797-811.

[50]Cairns G, As-Saber S. The Dark Side of MNCs[M]// Dörrenbächer C, Geppert M. Multinational Corporations and Organization Theory: Post Millennium Perspectives. Bradford: Emerald Publishing Limited, 2017.

[51] Calof J L. The Relationship Between Firm Size and Export Behavior Revisited[J]. Journal of International Business Studies, 1994, 25(2): 367-388.

[52] Campos N, Engel E, Fischer R D, et al. The Ways of Corruption in Infrastructure: Lessons from the Odebrecht Case. Journal of Economic Perspectives, 2021, 35(2): 171-190.

[53]Cannone G, Ughetto E. Born Globals: A Cross-Country Survey on High-Tech Start-Ups[J]. International Business Review, 2014, 23(1): 272-283.

[54]Caprioni P J, Lenway S A, Murtha T P. Understanding Internationalization: Sense-Making Processes in Multinational Corporations[M]// Agmon T. Drobnick R. Small Firms in Global Competition. Oxford: Oxford University Press, 1994.

[55]Carse J P. Finite and Infinite Games[M]. New York: Ballantine Books, 1986.

[56] Casella B, Formenti L. FDI in the Digital Economy: A Shift to Asset-Light International Footprints[J]. Transnational Corporations, 2018, 25(1): 101-130.

[57] Casson M C. Entrepreneurship and The Dynamics of Foreign Direct Investment[M]// Buckley P J, Casson M C. The Economic Theory of the

Multinational Enterprise. London: MacMillan, 1985.

[58] Casson M C, Lopes T S. Foreign Direct Investment in High – Risk Environments: An Historical Perspective [J]. Business History, 2013, 55 (3): 375-404.

[59] Casson M. International Business Policy in an Age of Political Turbulence [J]. Journal of World Business, 2021, 56(6): 1-7.

[60] Castellani D, Driffield N, Lavoratori K. The Source of Heterogeneous Externalities: Evidence from Foreign Multinationals in the UK [J]. Regional Studies, 2024, 58(8): 1636-1651.

[61] Castro A, Crosta G. Odebrecht S. A. : The Rise, Fall and the Future of Latin America's Construction and Petrochemical Giant [EB/OL]. [2020-02-21]. https: //discovery. ucl. ac. uk/id/eprint/10092032/1/Odebrecht%20Case%20Study. pdf.

[62] Caves R E. Multinational Enterprise and Economic Analysis (3rd ed.) [M]. Cambridge: Cambridge University Press, 2007.

[63] Cavusgil S T, Knight G. The Born Global Firm: An Entrepreneurial and Capabilities Perspective on Early and Rapid Internationalization [J]. Journal of International Business Studies, 2015, 46(1): 3-16.

[64] Chadha P, Berrill J. Multinationality of UK Firms: A Longitudinal Study Based on Sales and Subsidiaries Data[J]. Multinational Business Review, 2021, 29 (2): 281-299.

[65] Chandler A D. Growth of the Transnational Industrial Firm in the United States and the United Kingdom: A Comparative Analysis[J]. The Economic History Review, 1980, 33(3): 396-410.

[66] Chandler A D. The Enduring Logic of Industrial Success[J]. Harvard Business Review, 1990, 68(2): 130-140.

[67] Chang H –J. Kicking Away the Ladder: Infant Industry Promotion in Historical Perspective. Oxford Development Studies, 2003, 31(1): 17-33.

[68] Chang H –J. The Changing Terrain of International Strategy for Korean Multinationals[J]. Asian Business and Management, 2020, 19(2): 171-174.

[69] Chang S –C, Wang C –F. The Effect of Product Diversification Strategies on the Relationship between International Diversification and Firm Performance[J].

Journal of World Business, 2007, 42(1): 61-79.

[70]Chittoor R R, Aulakh P S. Organizational landscape in India: Historical Development, Multiplicity of Forms and Implications for Practice and Research[J]. Long Range Planning, 2015, 48(5): 291-300.

[71]Choudhury P, Khanna T. Charting Dynamic Trajectories: Multinational Enterprises in India[J]. Business History Review, 2014, 88(1): 133-169.

[72]Christopherson S. Barriers to "US Style" Lean Retailing: The Case of Wal-Mart's Failure in Germany[J]. Journal of Economic Geography, 2007, 7(4): 451-469.

[73]Cobham A, Janský P. Measuring Misalignment: The Location of US Multinationals' Economic Activity Versus the Location of their Profits [J]. Development Policy Review, 2019, 37(1): 91-110.

[74]Conefrey T, Keenan E, O'Grady M, et al. The Role of the ICT Services Sector in the Irish Economy[R]. Central Bank of Ireland, 2023.

[75]Corley T A B. The Nature of Multinationals, 1870-1939[M]// Teichova A, Lévy-Leboyer M, Nussbaum H. Historical Studies in International Corporate Business. Cambridge: Cambridge University Press, 1989.

[76]Coviello N E, McAuley A. Internationalisation and the Smaller Firm: A Review of Contemporary Empirical Research[J]. Management International Review, 1999, 39(3): 223-257.

[77]Cox W. Gramsci, Hegemony and International Relations: An Essay in Method[J]. Journal of International Studies, 1983, 12(2): 162-175.

[78]Criscuolo C, Martin R. Multinationals and U. S. Productivity Leadership: Evidence from Great Britain[J]. The Review of Economics and Statistics, 2009, 91(2): 263-281.

[79]Cuervo-Cazurra A, Gene M. Transforming Disadvantages into Advantages: Developing Country MNEs in the Least Developed Countries[J]. Journal of International Business Studies, 2008, 39(6): 957-979.

[80]Dalgic T, Leeuw M. Niche Marketing Revisited: Concept, Applications and Some European Cases[J]. European Journal of Marketing, 1994, 28(4): 39-55.

[81]Cyert R M, March J G. A Behavioral Theory of the Firm[M]. Englewood Cliffs, NJ: Prentice-Hall, 1963.

[82]Dastidar P. International Corporate Diversification and Performance: Does Firm Self-selection Matter? [J]. Journal of International Business Studies, 2009, 40(1): 71-85.

[83]Davenport-Hines R P T. Vickers and Schneider: A Comparison of New British and French Multinational Strategies 1916-1926 [M]// Teichova A, Lévy-Leboyer M, Nussbaum H. Historical Studies in International Corporate Business. Cambridge: Cambridge University Press, 1989.

[84]Denza E. Nationality and Diplomatic Protection[J]. Netherlands International Law Review, 2018, 65(3): 463-480.

[85]Dewhurst M, Harris J, Heywood S. Next-Generation Global Organizations. [EB/OL]. [2012]. https://www.mckinsey.com/~/media/mckinsey/dotcom/client_service/Organization/PDFs/Next_generation_global_organizations.ashx.

[86]Dhanaraj C, Parkhe A. Orchestrating Innovation Networks [J]. The Academy of Management Review, 2006, 31(3): 659-669.

[87]Dicken P. The Roepke Lecture in Economic Geography Global-Local Tensions: Firms and States in the Global Space-Economy [J]. Economic Geography, 1994, 70(2): 101-128.

[88]Dicken P, Malmberg A. Firms in Territories: A Relational Perspective [J]. Economic Geography, 2001, 77(4): 345-363.

[89]Dicken P, Miyamachi Y. From Noodles to Satellites: The Changing Geography of the Japanese Sogo Shosha[J]. Transactions of the Institute of British Geographers, 1998, 23(1): 55-78.

[90]Dicken P. Global Shift: Mapping the Changing Contours of the World Economy(6th ed.)[M]. Now York: The Guilford Press, 2011.

[91]Dimitratos P, Liouka I, Ross D, et al. The Multinational Enterprise and Subsidiary Evolution: Scotland Since 1945[J]. Business History, 2009, 51(3): 401-425.

[92]Dimitratos P, Amorós J E, Etchebarne M S, et al. Micro-Multinational or Not? International Entrepreneurship, Networking, and Learning Effects [J]. Journal of Business Research, 2014, 67(5): 908-915.

[93]Donzé P. The Advantage of Being Swiss: Nestlé and Political Risk in Asia During the Early Cold War, 1945-1970[J]. Business History Review, 2020, 94

（2）：373-397.

[94]Doremus P N, Keller W W, Pauly L W, et al. The Myth of the Global Corporation[M]. Princeton：Princeton University Press，1999.

[95]Dornelas B, Esteves F, Carneiro J. Naturā—The International Expansion of Brazilian Cosmetics Leader Natura：In search of a European scent[M]// Van Tulder R, Verbeke A, Voinea L. New Policy Challenges for European Multinationals, Vol：7. Brodford：Emerald Group Publishing，2016.

[96] Drutman L. The Business of America is Lobbying：How Corporations Became Politicized and Politics Became More Corporate [M]. Oxford：Oxford University Press，2015.

[97]Dunning J H. Trade, Location of Economic Activity and the MNE：A Search for an Eclectic Paradigm[M]// Ohlin B, Hesselborn P -O, Wijkman P. International Allocation of Economic Activity：Proceedings of a Nobel Symposium Held at Stockholm. London：Macmillan，1977.

[98] Dunning J H. American Investment in British Manufacturing Industry [M]. London：Routledge，1998.

[99]Dunning J H. Japanese Participation in British Industry[M]. London：Routledge，1986.

[100]Dunning J H, Cantwell J. IRM Directory of Statistics of International Investment and Production[M]. London：Macmillan，1987.

[101]Dunning J H, Archer H. The Eclectic Paradigm and the Growth of UK Multinational Enterprise 1870-1983[J]. Business and Economic History，1987，16（2）：19-49.

[102]Dunning J H, Lundan S M. Multinational Enterprises and the Global Economy（2nd ed.）[M]. Cheltenhom：Edward Elgar Publishing，2008.

[103]Dunning J H. The Eclectic Paradigm as an Envelope for Economic and Business Theories of MNE Activity[J]. International Business Review，2000，9（2）：163-190.

[104]Dunning J H. The Key Literature on IB Activities：1960-2000 [M]// Rugman A M, Brewer T. The Oxford Handbook of International Business. Oxford：Oxford University Press，2001.

[105]Dunning J H. Location and the Multinational Enterprise：John Dunning's

Thoughts on Receiving the Journal of International Business Studies 2008 Decade Award[J]. Journal of International Business Studies, 2009, 40(1): 20-34.

[106]Eden L, Lenway S. Introduction to the Symposium Multinationals: The Janus Face of Globalization[J]. Journal of International Business Studies, 2001, 32 (3): 383-400.

[107]Dunning J H. When I Met Hymer: Some Personal Recollections [J]. International Business Review, 2006, 15(1): 115-123.

[108]Edman J, Cuypers I R P, Ertug G, et al. Nationalist Sentiments and the Multinational Enterprise: Insights from Organizational Sociology [J]. Journal of International Business Studies, 2024, 55(7): 825-839.

[109] Eduardsen J, Marinova S. Internationalisation and Risk: Literature Review, Integrative Framework and Research Agenda[J]. International Business Review, 2020, 29(3): 2-35.

[110] Elango B, Sethi S P. An Exploration of the Relationship Between Country of Origin (COE) and the Internationalization-Performance Paradigm[J]. Management International Review, 2007, 47(3): 369-392.

[111]Erramilli M K, Srivastava R, Kim S -S. Internationalization Theory and Korean Multinationals[J]. Asia Pacific Journal of Management, 1999, 16(1): 29-45.

[112] Eurofound. Born global: The potential of job creation in new international businesses. Publications Office of the European Union [EB/OL]. [2012]. https://www. eurofound. europa. eu/en/publications/2013/born - global-potential-job-creation-new-international-businesses.

[113]Fang T, Tung R L, Berg N, et al. Parachuting Internationalization: A Study of Four Scandinavian Firms Entering China[J]. Cross Cultural & Strategic Management, 2017, 24(4): 554-589.

[114]Fuad M, Sinha A K. Entry-Timing, Business Groups, and Early-Mover Advantage within Industry Merger Waves in Emerging Markets: A Study of Indian Firms[J]. Asia Pacific Journal of Management, 2017, 35(4): 919-942.

[115] Faust J. Filling a Colonial Void? German Business Strategies and Development Assistance in India, 1947-1974[J]. Business History, 2022, 64(9): 1684-1708.

［116］Feldman G. Foreign Penetration of German Enterprises after the First World War: The Problem of Überfremdung［M］// Teichova A, Lévy-Leboyer M, Nussbaum H. Historical Studies in International Corporate Business. Cambridge: Cambridge University Press, 1989.

［117］Findley M G. Global Shell Games: Experiments in Transnational Relations, Crime, and Terrorism［M］. Cambridge: Cambridge University Press, 2014.

［118］Fitzgerald R. The Rise of the Global Company: Multinationals and the Making of the Modern World［M］. Cambridge: Cambridge University Press, 2016.

［119］Flores R G, Aguilera R V. Globalization and location choice: An Analysis of US Multinational Firms in 1980 and 2000［J］. Journal of International Business Studies, 2007, 38(7): 1187-1210.

［120］Forbes N, Kurosawa T, Wubs B. Multinational Enterprise, Political Risk and Organisational Change: From Total War to Cold War［M］. London: Routledge, 2019.

［121］French R. P II. Global Mindset: Cultivating Knowledge in Multinational Organizations［M］. Cambridge: Cambridge Scholars Publishing, 2018.

［122］Freund C, Pierola M D. Export Superstars［J］. The Review of Economics and Statistics, 2012, 97(5): 1023-1032.

［123］Friedman T L. The World is Flat: The Globalized World in the Twenty-First Century［M］. London: Penguin, 2006.

［124］Fukuyama F. The End of History and the Last Man［M］. London: Penguin, 1992.

［125］Fu X L, Toye J, Stewart F. John H. Dunning (1927-2009)［J］. Oxford Development Studies, 2010, 38(3): 261-262.

［126］Gehrke G A, Lins H. do N, Borba J A. Hering, from a Global Production Network Player to a Regional Retail Leader［M］// Tulder R V, Verbeke A, Carneiro J, et al. The Challenge of BRIC Multinationals. Bradford: Emerald Publishing Limited, 2017.

［127］Geletkanycz M A. The Salience of "Culture's Consequences": The Effects of Cultural Values on Top Executive Commitment to the Status Quo［J］. Strategic Management Journal, 1997, 18(8): 615-634.

[128] Ghemawat P. Distance Still Matters: The Hard Reality of Global Expansion[J]. Harvard Business Review, 2001, 79(9): 137-147.

[129] Ghemawat P. The Forgotten Strategy: Rethinking the Assumptions Behind Global Strategy[J]. Harvard Business Review, 2003, 81(11): 78-84.

[130] Ghemawat P. World 3.0: Global Prosperity and How to Achieve It [M]. Boston: Harvard Business Review Press, 2011.

[131] Ghemawat P, Ghadar F. Global Integration ≠ Global Concentration[J]. Industrial and Corporate Change, 2006, 15(4): 595-623.

[132] Ghemawat P, Vantrappen H. How Global is Your C-Suite? [J]. MIT Sloan Management Review, 2015, 56(4): 73-82.

[133] Ghoshal S, Bartlett C. The Multinational Corporation as an Interorganizational Network[J]. Academy of Management Review, 1990, 15(4): 603-625.

[134] Ghoshal S, Nohria N. Horses for Courses: Organizational Forms for Multinational Corporations[J]. Sloan Management Review, 1993, 34(2): 23-35.

[135] Gill M J, Gill D J. Coaxing Corporations: Enriching the Conceptualization of Governments as Strategic Actors [J]. Strategic Management Journal, 2004, 45(3): 588-615.

[136] Girma S. The Domestic Performance of UK Multinational Firms [J]. National Institute Economic Review, 2016(185): 78-92.

[137] Gobdon W L. Foreign Control of Canadian Industry [J]. Queen's Quarterly, 1966, 73(1): 1-12.

[138] Goerzen A, Beamish P W. Geographic Scope and Multinational Enterprise Performance[J]. Strategic Management Journal, 2003, 24(13): 1289-1306.

[139] Gomes-Casseres B. Alliance Strategies of Small Firms [J]. Small Business Economics, 1997, 9(1): 33-44.

[140] Hambrick D C, Mason P A. Upper Echelons: The Organization as a Reflection of Its Top Managers[J]. Academy of Management Review, 1984, 9(2): 193-206.

[141] Hamilton F. Silicon Forest[R]// Portland's Changing Landscape OP-4. Department of Geography, Portland State University, 1987.

[142]Harzing A −W. An Empirical Analysis and Extension of the Bartlett and Ghoshal Typology of Multinational Companies[J]. Journal of International Business Studies, 2000, 31(1): 101−120.

[143] Helfat C E, Peteraf M A. The Dynamic Resource − Based View: Capability Lifecycles[J]. Strategic Management Journal, 2003, 24(10): 997−1010.

[144]Helfat C E, Finkelstein S, Mitchell W, et al. Dynamic Capabilities: Understanding Strategic Change in Organizations [M]. New Jersey: Wiley − Blackwell, 2007.

[145] Helfat C E, Peteraf M A. Managerial Cognitive Capabilities and the Microfoundations of Dynamic Capabilities[J]. Strategic Management Journal, 2015, 36(6): 831−850.

[146] Hennart J. Down with MNE − Centric Theories! Market Entry and Expansion as the Bundling of MNE and Local Assets[J]. Journal of International Business Studies, 2009, 40(9): 1432−1454.

[147]Hennart J. A Theoretical Assessment of the Empirical Literature on the Impact of Multinationality on Performance[J]. Global Strategy Journal, 2011, 1(1−2): 135−151.

[148] Hennart J. Emerging Market Multinationals and the Theory of the Multinational Enterprise[J]. Global Strategy Journal, 2012, 2(3): 168−187.

[149] Hennart J. A Theory of Multinational Enterprise [M]. Ann Arbor: University of Michigan Press, 1982.

[150]Herman C R. What It Takes to Become a Globally Oriented Corporation [M]// Agmon T, Drobnick R. Small Firms in Global Competition. Oxford: Oxford University Press, 1994.

[151]Hennart J. What Is Internalization? [J]. Weltwirtschaftliches Archiv, 1986, 122(4): 791−804.

[152]Hillman A J, Hitt M A. Corporate Political Strategy Formulation: A Model of Approach, Participation, and Strategy Decisions [J]. Academy of Management Review, 1999, 24(4): 825−842.

[153] Hofstede G, Hofstede G J, Minkov M. Cultures and Organizations: Software of the Mind: Intercultural Cooperation and Its Importance for Survival (3rd

ed.)［M］. New York: McGraw Hill, 2010.

［154］Holtbrügge D, Berg N, Puck J F. To Bribe or to Convince? Political Stakeholders and Political Activities in German Multinational Corporations［J］. International Business Review, 2007, 16(1): 47-67.

［155］Hordes M W, Clancy J A, Baddaley J B. A Primer for Global Start-ups［J］. Academy of Management Executive, 1995, 9(2): 7-11.

［156］Hurta H, Koplyay T, Malouin M, et al. Nationality of a Company within an International Framework［J］. Polish Journal of Management Studies, 2018, 17 (2): 75-86.

［157］Hymer S. The International Operations of National Firms: A Study of Direct Foreign Investment［M］. Cambridge: MIT Press, 1976.

［158］Inklaar R, Timmer M P, Van Ark B. Market Services Productivity across Europe and the US［J］. Economic Policy, 2008, 23(53): 139-194.

［159］Jaworek M, Kuzel M. Transnational Corporations in the World Economy: Formation, Development and Present Position［J］. Copernican Journal of Finance and Accounting, 2015, 4(1): 55-70.

［160］Johanson J, Wiedersheim-Paul F. The Internationalization of the Firm: Four Swedish Cases［J］. Journal of Management Studies, 1975, 12(3): 305-322.

［161］Johanson J, Vahlne J -E. The Internationalization Process of the Firm: A Model of Knowledge Development and Increasing Commitments［J］. Journal of International Business Studies, 1977, 8(1): 23-32.

［162］Hymer S. The Efficiency (Contradictions) of Multinational Corporations［J］. The American Economic Review, 1970, 60(2): 441-448.

［163］Johanson J, Vahlne J -E. The Mechanism of Internationalisation［J］. International Marketing Review, 1990, 7(4): 11-23.

［164］Hymer S. The Internationalization of Capital［J］. Journal of Economic Issues, 1972, 6(1): 91-111.

［165］Johnson J H, Mirchandani D A, Meznar M B. The Impact of Internationalization of U. S. Multinationals on Public Affairs Strategy and Performance: A Comparison at 1993 and 2003［J］. Business & Society, 2015, 54(1): 89-125.

［166］Jones G. Multinationals［M］// Amatori F, Jones G. Business History around the World. Cambridge: Cambridge University Press, 2003.

[167]Jones G. Multinationals and Global Capitalism: From the Nineteenth to the Twenty-First Century[M]. Oxford: Oxford University Press, 2005.

[168]Jones G, Khanna T. Bringing History (Back) into International Business [J]. Journal of International Business Studies, 2006, 37(4): 453-468.

[169]Jones G, Lopes T. International Business History and the Strategy of Multinational Enterprises: How History Matters [M]// Mellahi K. The Oxford Handbook of International Business Strategy. Oxford: Oxford University Press, 2021.

[170] Kampik F, Dachs B. The Innovative Performance of German Multinationals Abroad: Evidence from the European Community Innovation Survey [J]. Industrial and Corporate Change, 2011, 20(2): 661-681.

[171]Kano L, Verbeke A, Tulder R. Third World Multinationals: Then and Now[M]// Van Tulder R, Verbeke A, Voinea L. New Policy Challenges for European Multinationals, Vol. 7. Bradford: Emerald Group Publishing, 2016.

[172] Katz J. Structural Reforms and Technological Behaviour: The Sources and Nature of Technological Change in Latin America in the 1990s[J]. Research Policy, 2001, 30(1): 1-19.

[173] Kedia B L, Mukherji A. Global Managers: Developing a Mindset for Global Competitiveness[J]. Journal of World Business, 1999, 34(3): 230-251.

[174]Kenen P B. Preface[M]// Ozawa T. Multinationalism, Japanese Style: The Political Economy of Outward Dependency. Princeton: Princeton University Press, 1978.

[175] Khanna T, Palepu K. Why Focused Strategies May be Wrong for Emerging Markets[J]. Harvard Business Review, 1999, 75(4): 41-54.

[176] Kim Y, Campbell N. Strategic control in Korean MNCs [J]. Management International Review, 1995(35): 95-108.

[177]Kindleberger C P. American Business Abroad: Six Lectures on Direct Investment[M]. New Haven: Yale University Press, 1969.

[178]Kindleberger C P. Marshall Plan Days[M]. London: Routledge, 1987.

[179] Kindleberger C P. Comparative Political Economy: A Retrospective [M]. Cambridge: MIT Press, 2000.

[180] Kiyoshi K. Transfer of Technology to Developing Countries: Japanese

Type versus American Type[J]. Hitotsubashi Journal of Economics, 1977, 17(2): 1-14.

[181] Klingler-Vidra R, Pacheco Pardo R. Beyond the Chaebol? The Social Purpose of Entrepreneurship Promotion in South Korea[J]. Asian Studies Review, 2019, 43(4): 637-656.

[182] Knight G. Born Global Firms: Evolution of a Contemporary Phenomenon [J]. Entrepreneurship in International Marketing, 2015(25): 3-19.

[183] Knight G A, Cavusgil S T. The Born Global Firm: A Challenge to Traditional Internationalization Theory[J]. Advances in International Marketing, 1996(8): 11-26.

[184] Kodama M. Dynamic Capabilities and Asset Orchestration [J]. Knowledge and Process Management, 2024, 31(2): 101-127.

[185] Kobrin S J. Expropriation as an Attempt to Control Foreign Firms in LDCs: Trends from 1960 to 1979[J]. International Studies Quarterly, 1984, 28(3): 329-348.

[186] Kobrin S J. Expatriate Reduction and Strategic Control in American Multinational Corporations[J]. Human Resource Management, 1988, 27(1): 63-75.

[187] Kogut C S, Boldrini P E H, De Mello R C, et al. Natura Goes Shopping: The Case of an Emerging Market Multinational [J]. Revista de Administração Contemporânea, 2022, 26(6): 1-17.

[188] Komera S, Lukose P J J, Sasidharan S. Does Business Group Affiliation Encourage R&D Activities? Evidence from India [J]. Asia Pacific Journal of Management, 2018, 35(4): 887-917.

[189] Korten D C. When Corporations Rule the World[J]. European Business Review, 1998, 98(1).

[190] Kossowska M, Rosiński J. Global Mindset and International Business: Driving Process Outsourcing Organizations [M]. Oxfordshine: Taylor & Francis Group, 2023.

[191] Kosterman R, Feshbach S. Toward a Measure of Patriotic and Nationalistic Attitudes[J]. Political Psychology, 1989, 10(2): 257-274.

[192] Kramer A. Blockade and Economic Warfare [M]// Winter J. The

Cambridge History of the First World War (Vol. 2): The State. Cambridge: Cambridge University Press, 2014.

[193] Kranias D S. Cultural Control: The Case of Japanese Multinational Companies and Their Subsidiaries in the UK[J]. Management Decision, 2000, 38 (9): 638-649.

[194] Krause J. Assessing the Danger of War: Parallels and Differences between Europe in 1914 and East Asia in 2014[J]. International Affairs, 2014, 90 (6): 1421-1451.

[195] Kravis I B, Lipsey R E. Sources of Competitiveness of the United States and of its Multinational Firms[J]. The Review of Economics and Statistics, 1992, 74(2): 193-201.

[196] Kriger M P, Solomon E E. Strategic Mindsets and Decision – Making Autonomy in U. S. and Japanese MNCs [J]. Management International Review, 1992, 32(4): 327-343.

[197] Kucera D C, Principi M. Democracy and Foreign Direct Investment at the Industry Level: Evidence for US Nultinationals [J]. Review of World Economics, 2014, 150(3): 595-617.

[198] Kudina A, Yip G S, Barkema H G. Born Global[J]. Business Strategy Review, 2008, 19(4): 38-44.

[199] Kumaraswamy A, Mudambi R, Saranga H, et al. Catch-up Strategies in the Indian Auto Components Industry: Domestic Firms' Responses to Market Liberalization[J]. Journal of International Business Studies, 2012, 43(4): 368-395.

[200] Kurosawa T, Wubs B. Swiss and (Anglo) – Dutch Multinationals and Organisational Change in the Era of Total War[M]// Forbes N, Kurosawa T, Wubs B. Multinational Enterprise, Political Risk and Organisational Change: From Total War to Cold War. London: Routledge, 2018.

[201] Lall S. The New Multinationals: The Spread of Third World Enterprises [M]. New York: John Wiley, 1983.

[202] Lall S. The East Asian Miracle: Does the Bell Toll for Industrial Strategy? [J]. World Development, 1994, 22(4): 645-654.

[203] Lall S. Learning from the Asian Tigers: Studies in Technology and

Industrial Policy[M]. London: Macmillan, 1996.

[204] Lall S. The Technological Structure and Performance of Developing Country Manufactured Exports, 1985 – 1998 [J]. Oxford Development Studies, 2000, 28(3): 165-186.

[205] Lall S, Wangwe S. Industrial Policy and Industrialisation in Sub – Saharan Africa[J]. Journal of African Economies, 1998(7): 70-107.

[206] Lall S, Weiss J. China's Competitive Threat to Latin America: An Analysis for 1990-2002[J]. Oxford: Oxford Development Studies, 2005, 33(2): 163-194.

[207] Lane H W, Maznevski M L. International Management Behavior: Global and Sustainable Leadership (8th ed.) [M]. Cambridge: Cambridge University Press, 2019.

[208] Larsen M. The Old Assyrian City – State and Its Colonies [M]. Copenhagen: Akademisk Forlag, 1976.

[209] Lederman D, Messina J, Pienknagura S, et al. Latin American Entrepreneurs: Many Firms but Little Innovation[R]. World Bank Publications, 2013.

[210] Leffler M P. China isn't the Soviet Union. Confusing the Two is Dangerous[EB/OL]. [2019 – 12 – 02]. https://www. theatlantic. com/ideas/archive/2019/12/cold-war-china-purely-optional/601969.

[211] Lendle A, Olarrega M, Schropp S. eBay's Anatomy[J]. Economics Letters, 2013, 121(1): 115-120.

[212] Lenway S A, Murtha T P. The State as Strategist in International Business Research[J]. Journal of International Business Studies, 1994, 25(3): 513-535.

[213] Lessard D R, Lucea R. Mexican Multinationals: Insights from CEMEX [M]// Ramamurti R, Singh J V. Emerging Multinationals in Emerging Markets. Cambridge: Cambridge University Press, 2009.

[214] Lessard D, Lucea R, Vives L. Building Your Company's Capabilities Through Global Expansion[J]. MIT Sloan Management Review, 2013, 54(2): 61-67.

[215] Levy O, Taylor S, Boyacigiller N A, . Global Mindset: A Review and Proposed Extensions[M]// Javidan M, Steers R M, Hitt M A. The Global Mindset

（Advances in International Management）. Braford：Emerald Group Publishing，2007.

［216］Li L. Is Regional Strategy more Effective than Global Strategy？［J］. Management International Review, 2005, 45(1)：37-57.

［217］Liesch P W, Håkanson L, McGaughey S L, et al. The Evolution of the International Business Field：A Scientometric Investigation of Articles Published in its Premier Journal［J］. Scientometrics, 2011, 88(1)：17-47.

［218］Liker J K, Fruin W M, Adler P S. Remade in America：Transplanting and Transforming Japanese Management Systems［M］. Oxford：Oxford University Press, 1999.

［219］Lubinski C. Liability of Foreignness in Historical Context：German Business in Preindependence India（1880-1940）［J］. Enterprise & Society, 2014, 15(4)：722-758.

［220］Lubinski C. Navigating Nationalism in Global Enterprise：A Century of Indo-German Business Relations［M］. Cambridge：Cambridge University Press, 2022.

［221］Luo Y. Toward a Cooperative View of MNC-Host Government Relations：Building Blocks and Performance Implications［J］. Journal of International Business Studies, 2001, 32(3)：401-419.

［222］Luo Y, Tung R. International Expansion of Emerging Market Enterprises：A Springboard Perspective［J］. Journal of International Business Studies, 2007, 38(4)：481-498.

［223］Luo Y, Rui H. An Ambidexterity Perspective toward Multinational Enterprises From Emerging Economies［J］. Academy of Management Perspectives, 2009, 23(4)：49-70.

［224］Luo Y, Tung R. A General Theory of Springboard MNEs［J］. Journal of International Business Studies, 2018, 49(2)：129-152.

［225］Lux S, Crook T R, Woehr D J. Mixing Business with Politics：A Meta-Analysis of the Antecedents and Outcomes of Corporate Political Activity［J］. Journal of Management, 2011, 37(1)：223-247.

［226］Mamis R A. Global Start-up：Why Gerald Hascoet Took His Company International Even Before He Had a Product to Sell［J］. Inc. , 1989, 11(8)：38-

47.

[227] Markusen A. Fuzzy Concepts, Scanty Evidence, Policy Distance: The Case for Rigour and Policy Relevance in Critical Regional Studies [J]. Regional Studies, 2003, 37(6-7): 701-717.

[228] Mason M. The Origins and Evolution of Japanese Direct Investment in Europe [J]. Business History Review, 1992, 66(3): 435-474.

[229] Mathews J. Competitive Advantages of the Latecomer Firm: A Resource-Based Account of Industrial Catch – up Strategies [J]. Asia Pacific Journal of Management, 2002, 19(4): 467-488.

[230] Mathews J. Dragon multinationals: New Players in 21st – Century Globalization [J]. Asia Pacific Journal of Management, 2006, 23(1): 5-27.

[231] Mathur A N. Chemistry Looks to the Future at Innovassynth [M] // Tulder R V, Verbeke A, Carneiro J, et al. The Challenge of BRIC Multinationals. Braford: Emerald Publishing Limited, 2016.

[232] McDougall P P. International Versus Domestic Entrepreneurship: New Venture Strategic Behavior and Industry Structure [J]. Journal of Business Venturing, 1989, 4(6): 387-400.

[233] McNeill W H. The Rise of the West: A History of the Human Community [M]. Chicago: The University of Chicago Press, 1991.

[234] Meyer K E. Perspectives on Multinational Enterprises in Emerging Economies [J]. Journal of International Business Studies, 2004, 35(4): 259-276.

[235] Meyer K E, Li J, Brouthers K D, et al. International Business in the Digital Age: Global Strategies in a World of National Institutions [J]. Journal of International Business Studies, 2023, 54(4): 577-598.

[236] Merced M J. Unilever Decides One Headquarters Is Better Than Two [N/OL]. [2020-06-11]. New York Times, https://www. nytimes. com/2020/06/11/business/unilever-headquarters. html.

[237] Monaghan S, Tippmann E, Coviello N. Born Digitals: Thoughts on Their Internationalization and a Research Agenda [J]. Journal of International Business Studies, 2020, 51(1): 11-22.

[238] Moore K, Lewis D. The First Multinationals: Assyria Circa 2000 B. C. [J]. Management International Review, 1998, 38(2): 95-107.

[239]Moore K, Lewis D. Multinational Enterprise in Ancient Phoenicia[J]. Business History, 2000, 2(42): 17-42.

[240] Morgado A. Logoplaste: Innovation in the Global Market [J]. Management Decision, 2008, 46(9): 1414-1436.

[241]Nachum L, Dunning J H, Jones G G. UK FDI and the Comparative Advantage of the UK[J]. World Economy, 2000, 23(5): 701-720.

[242]Nachum L, Jones G G, Dunning J H. The International Competitiveness of the UK and its Multinational Enterprises[J]. Structural Change and Economic Dynamics, 2001, 12(3): 277-294.

[243] Narula R, Asmussen C, Chi T, et al. Applying and Advancing Internalization Theory: The Multinational Enterprise in the 21st Century[J]. Journal of International Business Studies, 2019, 50(8): 1231-1252.

[244] Narula R, Dunning J H. Multinational Enterprises, Development and Globalization: Some Clarifications and a Research Agenda [J]. Oxford: Oxford Development Studies, 2010, 38(3): 263-287.

[245] Narula R, Marin A. Exploring the Relationship between Direct and Indirect Spillovers from FDI in Argentina [R]. MERIT Infonomics Research Memorandum Series, No. 24, 2005.

[246]Narula R. Do We Need Different Frameworks to Explain Infant MNEs from Developing Countries? [J] Global Strategy Journal, 2012, 2(3): 188-204.

[247]Natsuda K, Sýkora J, Blažek J. Transfer of Japanese-Style Management to the Czech Republic: The Case of Japanese Manufacturing Firms[J]. Asia Europe Journal, 2020, 18(1): 75-97.

[248] Nicolaides P. International Perspective: The Globalization of Japanese Corporations: Investment in Europe[J]. Business Economics, 1991, 26(3): 38-44.

[249]Nielsen B B, Nielsen S. A Multilevel Approach to Understanding the Multinationality-Performance Relationship[M]// Devinney T, Pedersen T, Tihanyi L, et al. The Past, Present and Future of International Business & Management. Braford: Emerald Group Publishing, 2010.

[250] Niosi J. Canadian Multinationals[M]. Toronto: University of Toronto Press, 1985.

[251] North D C. Institutions, Institutional Change, and Economic Performance[M]. New York: Cambridge: Cambridge University Press, 1990.

[252] Nummela N, Saarenketo S, Loane S. The Dynamics of Failure in International New Ventures: A Case Study of Finnish and Irish Software Companies [J]. International Small Business Journal, 2016, 34(1): 51-69.

[253] O'Brien R, Williams M. Global Political Economy: Evolution and Dynamics (2nd Ed.)[M]. London: Palgrave Macmillan, 2007.

[254] O'Brien R, Williams M. Global Political Economy: Evolution and Dynamics (5th Ed.)[M]. London: Palgrave Macmillan, 2016.

[255] O'Brien R, Williams M. Global Political Economy: Evolution and Dynamics (6th Ed.)[M]. London: Red Globe Press, 2020.

[256] Ohmae K. The Borderless World: Power and Strategy in the Interlinked Economy[M]. New York: Harper Business, 1990.

[257] Oliver C, Holzinger, I. The Effectiveness of Strategic Political Management: A dynamic Capabilities Framework [J]. Academy of Management Review, 2008, 33(2): 496-520.

[258] Oliver N, Wilkinson B. The Japanization of British Industry: New Developments in the 1990s (2nd ed.)[M]. Oxford: Blackwell, 1992.

[259] Orton J D, Weick K E. Loosely Coupled Systems: A Reconceptualization [J]. The Academy of Management Review, 1990, 15(2): 203-223.

[260] Ostrom E. Beyond Markets and States: Polycentric Governance of Complex Economic Systems[J]. The American Economic Review, 2010, 100(3): 641-672.

[261] Oviatt B M, McDougall P P. Toward a Theory of International New Ventures[J]. Journal of International Business Studies, 1994, 25(1): 45-64.

[262] Oviatt B M, McDougall P P, Loper M. Global Start-ups: Entrepreneurs on a Worldwide Stage[J]. The Academy of Management Executive, 1995, 9(2): 30-44.

[263] Owen G. Corporate Strategy and National Institutions: The Case of the Man-made Fibres Industry[J]. Capitalism and Society, 2011, 6(1): 3-3.

[264] Ozawa T. Multinationalism, Japanese Style: The Political Economy of Outward Dependency[M]. Princeton: Princeton University Press, 1979.

［265］Park S. Chaebol reforms are crucial for South Korea's Future［J］. East Asia Forum Quarterly, 2021, 13(1): 22-25.

［266］Paul J, Rosado - Serrano A. Gradual Internationalization vs Born - Global/International New Venture Models: A Review and Research Agenda［J］. International Marketing Review, 2019, 36(6): 830-858.

［267］Paul J, Feliciano-Cestero M M. Five Decades of Research on Foreign Direct Investment by MNEs: An Overview and Research Agenda［J］. Journal of Business Research, 2021(124): 800-812.

［268］Penrose E T. The Theory of the Growth of the Firm (3rd ed.)［M］. Oxford: Oxford: Oxford University Press, 1995.

［269］Perlmutter H V. The Tortuous Evolution of the Multinational Corporation ［J］. Columbia Journal of World Business, 1969, 4(1): 9-18.

［270］Petricevic O, Teece D J. The Structural Reshaping of Globalization: Implications for Strategic Sectors, Profiting from Innovation, and the Multinational Enterprise［J］. Journal of International Business Studies, 2019, 50(9): 1487-1512.

［271］Pitelis C N, Teece D J. The New MNE: "Orchestration" Theory as Envelope of "Internalisation" Theory［J］. Management International Review, 2018, 58(4): 523-539.

［272］Pitteloud S. "American Management" vs "Swiss Labour Peace": The Closure of the Swiss Firestone Factory in 1978［J］. Business History, 2022, 64(9): 1648-1665.

［273］Polo M. The Description of the World［M］. Translated by Kinoshita S. Jndianapolis: Hackett Publishing, 2016.

［274］Pomeranz K. The Great Divergence: China, Europe, and the Making of the Modern World Economy［M］. State of New Jersey: Princeton University Press, 2001.

［275］Prabhu J, Jain S. Innovation and Entrepreneurship in India: Understanding Jugaad［J］. Asia Pacific Journal of Management, 2015, 32(4): 843-868.

［276］Pradhan J P, Sauvant K P. Introduction: The Rise of Indian Multinational Enterprises: Revisiting Key Issues［M］// Sauvant K P, Pradhan J P,

Chatterjee A, et al. The Rise of Indian Multinationals. New York: Palgrave Macmillan, 2010.

[277] Prashantham S, Dhanaraj C. MNE Ties and New Venture Internationalization: Exploratory Insights from India[J]. Asia Pacific Journal of Management, 2014, 32(4): 901-924.

[278] Prokopy S. Merging The CEMEX Way[J]. Concrete Products, 2006, 109(5): 27-29.

[279] Puhr H, Müllner J, Trentini C. An Innovative Measure for Digital Firms' Internationalization[J]. Transnational Corporations, 2023, 30(3): 129-159.

[280] Ramamurti R. Why Study Emerging-Market Multinationals?[M]// Ramamurti R, Singh J. Emerging Multinationals from Emerging Markets. Cambridge: Cambridge University Press, 2009.

[281] Ramamurti R. What have We Learned about Emerging MNEs?[M]// Ramamurti R, Singh J. Emerging Multinationals from Emerging Markets. Cambridge: Cambridge University Press, 2009.

[282] Ramamurti R, Singh J. Emerging Multinationals in Emerging Markets [M]. Cambridge: Cambridge University Press, 2009.

[283] Reckendrees A, Gehlen B, Marx C. International Business, Multinational Enterprises and Nationality of the Company: A Constructive Review of Literature[J]. Business History, 2022, 64(9): 1567-1599.

[284] Reich R B. What Is a Nation?[J]. Political Science Quarterly, 1991, 106(2): 193-209.

[285] Rennie M. Global Competitiveness: Born Global[J]. McKinsey Quarterly, 1993(4): 45-52.

[286] Rhinesmith S H. Global Mindsets for Global Managers[J]. Training & Development Journal, 1992, 46(10): 63-68.

[287] Rhinesmith S H. Open Door to the Global Mindset[J]. Training & Development Journal, 1995, 49(5): 36-43.

[288] Rhinesmith S H, Williamson J N, Ehlen D M, et al. Developing Leaders for the Global Enterprise[J]. Training & Development Journal, 1989, 43 (4): 24-34.

[289]Ridgeway G L. The International Congress of Chambers of Commerce and Commercial and Industrial Associations 1905 – 1914 [R]// Merchants of Peace: Twenty Years of Business Diplomacy Through the International Chamber of Commerce 1919-1938. Columbia: Columbia University Press, 1938.

[290]Rodrigues S B, Dieleman M. Internationalization as Co – Evolution of Market and Non-market Strategies: The Case of Vale[M]// Tulder R V, Verbeke A, Carneiro J. The Challenge of BRIC Multinationals. Braford: Emerald Publishing Limited, 2010.

[291]Rugman A M. Internalization as a General Theory of Foreign Direct Investment: A Reappraisal of the Literature [J]. Review of World Economics, 1980, 116(2): 365-379.

[292]Rugman A M. Multinationals and the New Theory of Internalization [M]// Inside the Multinationals 25th Anniversary Edition: The Economics of Internal Markets. New York: Palgrave Macmillan, 2006.

[293]Rugman A M, Collinson S. Multinational Enterprises in the New Europe: Are They Really Global? [J]. Organizational Dynamics, 2005, 34(3): 258-272.

[294]Rugman A M, D'Cruz J R. The "Double Diamond" Model of International Competitiveness: The Canadian Experience [J]. Management International Review, 1993, 33(Special Issue): 17-39.

[295]Rugman A M, Hodgetts R. The End of Global Strategy[J]. European Management Journal, 2001, 19(4): 333-343.

[296]Samant S, Thakur-Wernz P, Hatfield D E. The Impact of Differences in Internationalization Processes on Innovation by Emerging Economy firms [J]. International Journal of Emerging Markets, 2023, 18(5): 1254-1281.

[297]Ritter D S. Switzerland's Patent Law History[J]. Fordham Intellectual Property, Media & Entertainment Law Journal, 2004, 14(2): 463-496.

[298]Rowthorn B, Hymer S. International Big Business 1957-1967: A Study of Comparative Growth [M]. Cambridge: Cambridge: Cambridge University Press, 1971.

[299]Sanders A R D, Sandvik P T, Storli E. Dealing with Globalisation: The Nordic Countries and Inward FDI, 1900 – 1939[J]. Business History, 2016, 58

（8）：1210-1235.

[300]Sanders W G, Hambrick D C. Swinging for the Fences: The Effects of CEO Stock Options on Company Risk Taking and Performance[J]. The Academy of Management Journal, 2007, 50(5): 1055-1078.

[301]Sangster A. The Emergence of Double Entry Bookkeeping[J]. Economic History Review, Published on-line on 23 May, 2024: 1-30.

[302]Schaufelbuehl J M. Becoming the Advocate for US-Based Multinationals: The United States Council of the International Chamber of Commerce, 1945-1974 [J]. Business History, 2023, 65(2): 284-301.

[303]Schneider S C. Strategy Formulation: The Impact of National Culture [J]. Organization Studies, 1989, 10(2): 149-168.

[304]Schoff W H. The Eastern Iron Trade of the Roman Empire[J]. Journal of the American Oriental Society, 1915(35): 224-239.

[305]Scholl R B. The International Investment Position of the United States in 1990[J]. Survey of Current Business, 1991, 71(6): 23-35.

[306]Shenkar O. One More Time: International Business in a Global Economy [J]. Journal of International Business Studies, 2004, 35(2): 161-171.

[307]Shirodkar V, Rajwani T, Stadler C, et al. Corporate Political Activity and Firm Performance: The Moderating Effects of International and Product Diversification[J]. Journal of International Management, 2022(28): 100941.

[308]Shu E, Lewin A Y. A Resource Dependence Perspective on Low-Power Actors Shaping Their Regulatory Environment: The Case of Honda[J]. Organization Studies, 2017, 38(8): 1039-1058.

[309]Sirmon D G, Hitt M A, Ireland R D, et al. Resource Orchestration to Create Competitive Advantage: Breadth, Depth, and Life Cycle Effects[J]. Journal of Management, 2011, 37(5): 1390-1412.

[310] Sluyterman K E. Dutch Enterprise in the 20th Century: Business Strategies in Small Open Country[M]. London: Routledge, 2005.

[311]Smith A, Umemura M. The Defence of Cosmopolitan Capitalism by Sir Charles Addis, 1914-1919: A Microhistorical Study of a Classical Liberal Banker in Wartime[J]. Business History, 2022, 64(9): 1666-1683.

[312]Smith-Hillman A V. FDI, International Business and Regulation: The

Behaviour of UK Multinational Corporations[J]. European Business Review, 2005, 17(1): 69-82.

[313]Srinivas K M. Globalization of Business and the Third World Challenge of Expanding the Mindsets[J]. Journal of Management Development, 1995, 14 (3): 26-49.

[314] Stark D, Vedres B. Political Holes in the Economy: The Business Network of Partisan Firms in Hungary[J]. American Sociological Review, 2012, 77 (5): 700-722.

[315]Stopford J M. The Origins of British-Based Multinational Manufacturing Enterprise[J]. Business History Review, 1974, 48(3): 303-335.

[316] Straaten K, Narula R, Giuliani E. The Multinational Enterprise, Development, and the Inequality of Opportunities: A Research Agenda[J]. Journal of International Business Studies, 2023(54): 1623-1640.

[317]Sullivan D. Measuring the Degree of Internationalization of a Firm[J]. Journal of International Business Studies, 1994, 25(2): 325-342.

[318]Sullivan D, Bauerschmidt A. Incremental Internationalization: A Test of Johanson and Vahlne's Thesis[J]. Management International Review, 1990, 30 (1): 19-30.

[319]Supple B. Introduction: Multinational Enterprise [M]// Teichova A, Lévy-Leboyer M, Nussbaum H. Historical Studies in International Corporate Business. Cambridge: Cambridge University Press, 1989.

[320] Supple B. War Economies [M]// Broadberry S, Harrison M. The Economics of World War I, Cambridge: Cambridge: Cambridge University Press, 2014.

[321] Sutton T, Devine R A, Lamont B, et al. Resource Dependence, Uncertainty, and the Allocation of Corporate Political Activity Across Multiple Jurisdictions[J]. Academy of Management Journal, 2021, 64(1): 38-62.

[322] Teece D J. Explicating Dynamic Capabilities: The Nature and Microfoundations of (Sustainable) Enterprise Performance[J]. Strategic Management Journal, 2007, 28(13): 1319-1350.

[323]Teece D J. A Wider-Aperture Lens for Global Strategic Management: The Multinational Enterprise in a Bifurcated Global Economy[J]. Global Strategy

Journal, 2022, 12(3): 488-519.

[324] Temouri Y, Pereira V, Delis A, et al. How Does Protectionism Impact Multinational Firm Reshoring? Evidence from the UK[J]. Management International Review, 2023, 63(5): 791-822.

[325] The Economist[J]. Walkman Factories Don't Walk, 1988, 306(7541): 76.

[326] The Economist [J]. The Multinational, Eastern Style, 1989, 311 (7608): 81.

[327] The Economist[J]. From Walkman to Hollow Men, 2010, 397(8707): 79.

[328] Tiddeman M. Money Talks: Anglo – Norman, Italian and English Language Contact in Medieval Merchant Documents, c1200-c1450 [D]. Wales: Aberystwyth University, 2017.

[329] UNCTAD. World Investment Report 2002: Transnational Corporations and Export Competitiveness[R]. Geneva: UNCTAD, 2002.

[330] UNCTAD. World Investment Report 2007: Transnational Corporations, Extractive Industries and Development[R]. Geneva: UNCTAD, 2007.

[331] UNCTAD. World Investment Report 2017: Investment and the Digital Economy[R]. Geneva: UNCTAD, 2017.

[332] UNCTAD. World Investment Report 2023: Investing in Sustainable Energy for All[R]. Geneva: UNCTAD, 2023.

[333] Vahlne J, Ivarsson I. The Globalization of Swedish MNEs: Empirical Evidence and Theoretical Explanations [J]. Journal of International Business Studies, 2014, 45(3): 227-247.

[334] Vahlne J, Johanson J. The Uppsala Model on Evolution of the Multinational Business Enterprise: From Internalization to Coordination of Networks [J]. International Marketing Review, 2013, 30(3): 189-208.

[335] Vahlne J, Schweizer R, Johanson J. Overcoming the Liability of Outsidership: The Challenge of HQ of the Global Firm[J]. Journal of International Management, 2012, 18(3): 224-232.

[336] Van Ark B, O'Mahony M, Timmer M P. The Productivity Gap between Europe and the United States: Trends and Causes[J]. The Journal of Economic

Perspectives, 2008, 22(1): 25-44.

[337] Vanninen H, Keränen J, Kuivalainen O. Becoming a Small Multinational Enterprise: Four Multinationalization Strategies for SMEs [J]. International Business Review, 2022, 31(1): 101917.

[338] Vanninen H, McNaughton R B, Kuivalainen O. The Multiple Dimensions of Embeddedness of Small Multinational Enterprises[J]. Management International Review, 2022, 62(6): 785-816.

[339] Verbeke A, Brugman P. Triple Testing the Quality of Multinationality-Performance Research: An Internalization Theory Perspective [J]. International Business Review, 2009, 18(3): 265-275.

[340] Verbeke A, Kano L. The New Internalization Theory and Multinational Enterprises from Emerging Economies: A Business History Perspective[J]. Business History Review, 2015, 89(3): 415-445.

[341] Vernon R. International Investments and International Trade in the Product Life Cycle[J]. Quarterly Journal of Economics, 1966, 80(2): 190-207.

[342] Vernon R. Multinational Enterprise and the Nation State: Project Report from the Harvard Business School[J]. Journal of Common Market Studies, 1969, 8(2): 160-170.

[343] Vernon R. In the Hurricane's Eye: The Troubled Prospects of Multinational Enterprises[M]. Cambridge: Harvard University Press, 1998.

[344] Vernon R. Big Business and National Governments: Reshaping the Compact in a Globalizing Economy[J]. Journal of International Business Studies, 2001, 32(3): 509-518.

[345] Vézina P -L, Melin H. eBay and the Rise of the Micro-Multinationals [J]. The OECD Observer, 2013, 295: 36-37.

[346] Wallerstein I. World-Systems Analysis: An Introduction[M]. Durham: Duke University Press, 2004.

[347] Weick K E. Educational Organizations as Loosely Coupled Systems[J]. Administrative Science Quarterly, 1976, 21(1): 1-19.

[348] Wellhausen R L. The Shield of Nationality: When Governments Break Contracts with Foreign Firms[M]. Cambridge: Cambridge University Press, 2014.

[349] Wells L T. Multinationals and the Developing Countries[J]. Journal of

International Business Studies, 1998, 29(1): 101-114.

[350] Wells L T. Conflict or Indifference: US Multinationals in a World of Regional Trading Blocs [R]. OECD Development Centre Working Paper No. 57, 1992.

[351] Wells L T. Third World Multinationals: A Retrospective [M]// Van Tulder R, Verbeke A, Voinea L. New Policy Challenges for European Multinationals: Vol. 7. Brodford: Emerald Group Publishing, 2016.

[352] Welch L S, Luostarinen R. Internationalization: Evolution of a Concept [J]. Journal of General Management, 1988, 14(2): 34-55.

[353] Wijen F, Slangen A. The Dark Side of Globalization for Mature European Multinationals: An Extended Network Perspective [M]// Van Tulder R, Verbeke A, Voinea L. New Policy Challenges for European Multinationals, Vol. 7. Bradford: Emerald Group Publishing, 2016.

[354] Wilkins M. The Emergence of Multinational Enterprise: American Business Abroad from the Colonial Era to 1914 [M]. Cambridge: Harvard University Press, 1970.

[355] Wilkins M. The Maturing of Multinational Enterprise: American Business Abroad from 1914 to 1970 [M]. Cambridge: Harvard University Press, 1974.

[356] Wilkins M. Japanese Multinational Enterprise before 1914 [J]. Business History Review, 1986, 60(2): 199-231.

[357] Wilkins M. The Free-Standing Company, 1870-1914: An important Type of British Foreign Direct Investment [J]. Economic History Review, 1988, 41(2): 259-282.

[358] Wilkins M. Japanese Multinationals in the United States: Continuity and Change, 1879-1990 [J]. Business History Review, 1990, 64(4): 585-629.

[359] Wilkins M. Comparative Hosts [J]. Business History, 1994, 36(1): 18-50.

[360] Wilkins M. The History of Foreign Investment in the United States to 1914- 1945 [M]. Cambridge: Harvard University Press, 2004.

[361] Williams M. The Extent and Significance of the Nationalization of Foreign Owned Assets in Developing Countries, 1956-1972 [J]. Oxford Economic

Papers, 1975, 27(2): 267-270.

[362] Wind Y, Douglas S P, Perlmutter H V. Guidelines for Developing International Marketing Strategies[J]. Journal of Marketing, 1973, 37(2): 14-23.

[363] Witt M A, Lewin A Y. Outward Foreign Direct Investment as Escape Response to Home Country Institutional Constraints [J]. Journal of International Business Studies, 2007, 38(4): 579-594.

[364] Yip G S, Johansson J K, Roos J. Effects of Nationality on Global Strategy[J]. Management International Review, 1997, 37(4): 365-385.

[365] Zadek S, McGillivray A. Responsible Competitiveness: Making Sustainability Count in Global Markets[J]. Harvard International Review, 2008, 30 (2): 72-77.

[366] Zeira Y, Banai M. Selection of Expatriate Managers in MNCs: The Host Country Point of View[J]. International Studies of Management and Organization, 1985, 15(1): 33-51.

[367] 斌椿, 张德彝. 世界著名游记丛书(第二辑): 乘槎笔记 航海述奇 [M]. 北京: 商务印书馆、中国旅游出版社, 2016.

[368] [美] 布拉德·史密斯, 卡罗尔·安·布朗. 工具, 还是武器? 直面人类科技最紧迫的争议性问题[M]. 杨静娴, 赵磊译. 北京: 中信出版集团, 2020.

[369] [美] 格雷厄姆·艾利森. 注定一战: 中美能避免修昔底德陷阱吗? [M]. 陈定定, 傅强译. 北京: 中信出版集团, 2018.

[370] [美] 切斯特·巴纳德. 经理人员的职能[M]. 王永贵译. 北京: 机械工业出版社, 2020.

[371] 王汎森. 历史是扩充心量之学[M]. 北京: 生活·读书·新知三联书店, 2024.

[372] 习近平. 高举中国特色社会主义伟大旗帜 为全面建设社会主义现代化国家而团结奋斗——在中国共产党第二十次全国代表大会上的报告[N]. 人民日报, 2022-10-16(1).

[373] 习近平. 在企业家座谈会上的讲话[N]. 人民日报, 2020-07-22 (02).

[374] 余菁. 科学把握企业家精神的时代意涵[J]. 国家治理, 2024 (20): 32-36.

［375］余菁，刘陆禄. 新时代中国企业国际化的实践探索——基于以河钢集团为代表的"新后来者"的研究［J］. 北京工业大学学报（社会科学版），2023，23（6）：30-45.

［376］中共中央关于党的百年奋斗重大成就和历史经验的决议［N］. 人民日报，2021-11-17（1）.

后 记

　　2022 年初，我开始承担中国社会科学院创新工程项目"新时代中国企业国际化成长研究"的研究工作，也在这一年中期，我申请了英国访学计划。当时，有一种深切的感受是世界形势不断变化，使中国企业自加入世界贸易组织以来渐渐适应的国际化成长环境正面临着严峻挑战。许多微观层次的企业经营管理实践活动，不再单纯地属于经济范畴的问题，而与高度复杂的制度环境因素变化紧密关联在一起。在这样的时代背景下，中国企业在国际化成长过程中需要格外注重适应环境条件的变化，不能再一味地低头赶路，也不宜停留于计较一城一池的得失，而需要拓宽国际视野，放眼看世界，深入思考世界大变局下跨国公司发展的总体方向与重大策略。心里怀着这种想法，我将访学时的研究选题设定为"全球经济体系变迁背景下跨国企业战略与多变制度环境的协同演化关系研究"，希望借访学之旅帮助自己答疑释惑。按照访学计划，2024 年，我带着这一研究主题，来到了英国杜伦大学。

　　在英国，学习与生活的常态是将自己深度浸泡在文献资料里。每天，我像一个在海边拾贝壳的游客，游荡在白纸黑字的海洋里，一旦发现耀目的思想片段，便趁着那股欣喜劲，将它收纳进书中。就这样，找出来了最吸引我的问题：过去几百年，在波澜壮阔的时代变迁以及全球政治经济形势的风云际会中，跨国公司这个企业组织物种是如何存活下来并不断发展壮大的？历史给出的答案是，跨国公司的组织功能与作用随时间而不断演变，它们能适应全球政治经济复杂无常的起伏而变化多端。当跨国公司力量弱小时，它们臣服于全球化的无形之手、技术创新和各个国家的管制政策；当跨国公司力量壮大时，它们将反向作用于参与全球化的各方势力、技术创新和国际政治经济规则体系。历史告诉我们，无论时局如何艰难，我们应该对跨国公司的未来充满信心。作为研究对象，跨国公司呈现为我们在经济生活中可以观察到的一个个充满活力和有传奇故事的知名企业。通过丰富多彩的商业实践活动，这些企业组成了一个整体性的社群。在我看来，这个社群成员的共同基因是拥有全球思维。

于是，全球思维成为本书的写作主题。全球思维，是见过天下之大的世界观，是为参与全球化的商业文明范式所需的思维方法，是通行于全球市场体系和各国制度文化连接而成的大经济社会的行为信条。全球思维，对应的是深藏中国"丝绸之路"的历史深处的音韵、是哥伦布的冒险精神、是达尔文的进化史观、是康德的道德律、是爱因斯坦的相对论、是薛定谔的量子纠缠与叠加态，同时，也对应当代中国人矢志构建人类命运共同体的强烈使命感、勇气与坚韧的时代故事。强化和提升全球思维，必将有助于中国企业在既相互依存又相互冲突的混沌世界中生存与发展。

在访学期间，我很有幸拥有了一段天马行空的漫游知识海洋的自由阅读、思考与写作的美好时光，并使此书有了成形的契机。在此，我首先要感谢家人给予的包容，多年来，我的父母、先生与女儿，一直允许我照自己的愿望去做一个无拘无束和保持赤子之心的思考者，没有他们的爱，我不可能放下人到中年的琐碎责任，任性和纯粹地沉浸在研究的惬意中。

其次，我要感谢国家留学基金委、中国社会科学院工业经济研究所及院里各位领导和同事，还有杜伦大学商学院副院长颜霁教授——如果没有这些温暖的帮助，我不可能如此顺利地开启人在异乡的另一段工作与生活的旅程。我还要感谢在英国结识的良师益友——厦门大学的郑若娟教授，郑教授教给我在英国独立生活的技能，帮我打开了解英国社会的窗口，我们每周见一次面，直到告别彼此。还有郑教授在纽卡斯尔孔子学院的同事们，她们像欢快的小蜜蜂，为多雨多风多云雾的英国日子涂抹上了甜蜜的中国味道。

再次，我还要感谢中共中央党校（国家行政学院）经济学部田应奎教授、中国人民大学商学院王凤彬教授、北京大学国家发展研究院邓子梁教授、中国社会科学院中国式现代化研究院副院长李晓华研究员和中国社会科学院工业经济研究所王燕梅研究员为我提出完善书稿的意见。同时，还要感谢经济管理出版社及陈力副社长对本书出版工作给予的支持与帮助。

最后，我要感谢在一本本书或一篇篇文章中遇到的优秀学者们和卓越的跨国公司，书中记下了它们的名字，仿佛遇到了一位位新结交的好友。当我缩在小小的书桌前，从电脑中涌现而出的思想力量，时不时带给我心灵的震颤与共鸣——在这样的时刻，我深感自己是将头偶尔探出洞穴的小小原始人，正仰天眺望那星空浩瀚与星光璀璨的世界之壮美——古往今来，曾经有多少同道中人，与我共度此情此景。

当然，我深知自己所知的浅显，数不尽的人物在全球政治经济和跨国公司的研究领域及实践活动中皓首穷经，此书只是我在英国北部海岸边"拾了一年贝壳"后的一项粗陋成果。文责自负，敬请读者们批评与海涵。

余 菁

2024 年 12 月 5 日